イスラーム国

アブドルバーリ・アトワーン 著

集英社
インターナショナル

イスラーム国

アブドルバーリ・アトワーン 著

本書を、亡き母、ザリーファ・アトワーンと、
亡き父、ムハンマド・アブー・アトワーンの
魂に捧げる。もし両親が生きていたならば、
この著作をきっと誇りに思ってくれたであろう。
――生前、二人とも教育を受けられず、文字が読めなかったにもかかわらず。

日本の読者のみなさまへ――日本版への序にかえて

私が同志社大学の招きで来日し、「イスラーム国」の問題について講演をしたとき、日本人ジャーナリストの後藤健二《ごとうけんじ》氏と、小規模な警備会社の経営者、湯川《ゆかわ》遥菜《はるな》氏が人質となった事件が最も重大な局面にあった。二人を人質に取った「イスラーム国」は、二人の解放条件として二億USドル（約二四六億円。以下、二〇一五年七月現在でのレート、一USドル＝約一二四円で換算した場合の額）の支払いを日本側に要求した。「イスラーム国」側はのちに条件を変更し、二〇〇五年にアンマンで起きた爆破事件（一〇〇人以上が死傷）に関与し、死刑判決を受けヨルダンに収監されていたサージダ・リーシャーウィーの釈放を要求した。

多くの日本人が二人の安否を気遣い、安倍首相はヨルダンに特使を派遣したが結果は失敗に終わった。「イスラーム国」はリーシャーウィーの釈放に七二時間の期限を設けたが、ヨルダン当局が彼女を釈放することはなかったためである。

ヨルダン当局の誤りは、リーシャーウィーを釈放しなかったことにある。ヨルダン当局は、日本人の人質の映像が発表される約一カ月前に「イスラーム国」が拘束していたヨルダン人パイロットのムアーズ・カサースバの「生存が確認できなかったため」と説明し、決定を正当化した。リーシャーウィー死刑囚の釈放によって日本人の人質二人が釈放され、ヨルダンの国内状況も改善される可能性があったにもかかわらず、である。ヨルダン当局がこのような決定を下した背景には、私達の知らない事情が隠されている可能性もあるが、その背景を知るには時間を要するだろう。

後藤健二氏と湯川遥菜氏の二人の人質に対して行なわれた野蛮な処刑は、「イスラーム国」の脅威が中東地域に留まらず、中東から遠く離れた日本を含めた、世界全域に及んでいることを示したといえる。アラブ人とムスリムにとって、日本は尊敬と敬愛の対象である。日本は西欧諸国と異なり、アラブやムスリムの土地を植民地化することはこれまでになく、日本が奇跡的な経済発展を遂げ、彼らの模範となったためだ。

「イスラーム国」は世界で最も大きい脅威の一つであり、それは全く新しいタイプの脅威といえるが、その理由は三つある。

一つ目は、「イスラーム国」が経済的に自立した組織であるということだ。彼らはモスルのイラク中央銀行から五億USドル(約六一五億円)を強奪したうえ、石油の販売で一日あたり約二〇〇万USドル(約二四六億円)の収入を得ているほか、シリアの約半分、イラクの約半分を占める広大な支配地域の住民約一〇〇〇万人から税金を徴収している。

二つ目は、兵器の自給体制である。「イスラーム国」は、イラクとシリア両国の政府軍拠点を制圧し、アメリカ・ロシア製の最新兵器を大量に鹵獲《ろかく》した。また、二七〇〇を超える戦車、装甲車、軍用車両を所有している。

三つ目は、自ら制圧した地域を統治する能力を有していることである。こうした能力は「アルカーイダ」は持ち得なかった。「アルカーイダ」は、スーダンや「ターリバーン運動」の客人に過ぎなかったのである。このことは、「イスラーム国」を支配地域から排除するには、強大な軍事力を必要とすることを意味する。

アメリカが主導し、六〇カ国が参加する「有志連合」による空爆は、「イスラーム国」を弱体化することに成功していない。「有志連合」は地上作戦の任務をイラク軍に託しているが、これも成功するかは疑わしい。地上作戦は宗派主義的な動機に基づいており、イラク国民すべてが結束して作戦を行なっていないからだ。加えて、訓練と兵器支援に二七〇億USドル(約三兆二〇〇〇億円)を費やしたイラク軍の士気は低い。

国際社会が結束して綿密で完璧な戦略を建てないかぎり、「イスラーム国」に対する作戦が成功することはないだろう。この「戦略」の主柱は、思想的なものである必要がある。

私は本書の執筆にあたり、「イスラーム国」の全体像を示すべく努めた。そして「イスラーム国」がシリアとイラクの地において何を母体としていかに勃興し、伸張したか、そして、いかに彼らがSNS(ソーシャル・ネットワーキング・サービス）などのメディアを駆使し、世界中の多くの若者を惹きつけ、取り込んでいったかについても示したつもりである。「イスラーム国」の強力なメディア戦略については、一章を費やして詳しく解説した。

日本のみなさまは、この血塗られた組織の実態を直視する必要があると思う。彼らを分析することが、自らの身を守ることにつながると知ってほしい。彼らの脅威が、遠く離れた日本に及ぶことはないと楽観することは禁物である。コミュニケーションの発達により、世界は一つの「村」になりつつある。「イスラーム国」の「電子軍」は、世界各地のありとあらゆる目標に達する力を持っていることは、既に証明されている。

「イスラーム国」が再び、日本人の人質を取り、多額の身代金を要求する事態は今後もあり得るだろう。身代金は彼らの重要な収入源であるからだ。

本書は日本語のほか、英語、フランス語、イタリア語、スペイン語、ポルトガル語、ペルシャ語に翻訳されることになっている。本書を通して一人でも多くの人が、「イスラーム国」が今も領土を拡大しより残虐となっていること、そしてその脅威は日に日に増していることに気付いていただければ幸いである。

二〇一五年七月一日　ロンドンにて

著者　アブドルバーリ・アトワーン

訳者 まえがき

本書の著者、アブドルバーリ・アトワーン氏に初めて会ったのは、二〇一一年夏、カタールの首都ドーハでのことである。私はこの頃、仕事の関係でシリアの首都ダマスカスとドーハを行き来する生活を送っていた。いわゆる「アラブの春」がシリアに波及、四〇年にわたり独裁制を敷いてきたアサド政権に対する反体制運動が始まって半年になろうという頃で、大規模な反体制デモと武装蜂起、これらに対する当局の苛烈な弾圧でシリア国内は大混乱に陥っていた。カタールの「アルジャジーラ」に代表されるアラブ湾岸諸国のメディアは、反体制派支持の姿勢を打ち出し、反体制派の主張やシリア国内の惨状を連日大きく報じる一方、シリア国営メディアは弾圧を真っ向から否定、「欧米・アラブ湾岸諸国に使嗾《しそう》されたテロ組織と戦っている」と主張、衛星放送チャンネルを舞台とした「メディア戦争」も激化していた。

アラブ湾岸諸国メディアを中心としたアサド政権非難の嵐に対し、アサド政権側が用いた対抗策は、「遮断」という従来通りの古典的なものであった。「アルジャジーラ」等の衛星放送チャンネルは当局による電波妨害で視聴困難となり、多くのニュースサイトがインターネット上で閲覧不能となった。

バッシャール・アサド大統領就任(二〇〇〇年)直後より、政権は「開放・改革

・進歩」といった言葉を盛んに使いながら「新生シリア」を国内外にアピールしたが、その象徴が国内メディアとインターネットの自由化だった。政府に批判的な論調の新聞が発行され、政府や独裁制を揶揄《やゆ》するドラマが国営テレビで放映された。しかし二〇一一年の反体制運動を前にした政権は、これまでの自由化をいとも簡単に否定した。そもそも政権は、自らの支配の正統化のために「開放・改革・進歩」という言葉を玩《もてあそ》んでいただけだったのだろう。

二〇一一年当時、いったいどれほどの新聞やニュースサイトが販売・閲覧禁止になっていたのだろうか。反体制活動家が数人で運営しているような自称・通信社を含めれば、数百に上ったと思われる。その中で最も有名な新聞の一つが、アブドルバーリ・アトワーン氏が当時主筆を務めていた、イギリスのアラビア語日刊紙『クドス・アラビー』であった。電子版は、アクセス規制を解除するソフトウェアを使えばなんとか読むことができた(正しく表示されないことがよくあった)が、紙版はまず手に入らなかった。

あの頃、ドーハに居る間のささやかな楽しみは、寒いほどにエアコンを利かせた部屋で、パパイヤを食べながら、『クドス・アラビー』のような、シリアで販売が禁止されている新聞を読むことだった。電力不足で停電が続き、政情不安で輸入品が高騰していたシリアに頻繁に渡航する身には、エアコンもパパイヤも、販売禁止の新聞同様に貴重なものに思われた。

愛読していた『クドス・アラビー』主筆との出会いは、思いがけないものだった。ある日本のメディアとアトワーン氏の対談の通訳を、私が務めることになったのである。ホテルで予約したアメリカ車のハイヤーでドーハ空港に迎えに行った私に、アトワーン氏は開口一番、ＢＢＣの討論番組等で聞き慣れた、あのよく通る声で、「君は日本人だろう？　日本車に乗って迎えに来るべきだとは思わないか？」と笑った。

『クドス・アラビー』がシリア当局によって販売・閲覧が禁止されているにもかかわらず、シリア反体制派の間でのアトワーン氏の評判はあまり芳しくなかった。二〇一一年の初夏、ダマスカスに住む反体制派の知人は苦い顔でこう言った。

「アトワーン氏はフェアだが、『アサド政権が揺らぐとアルカーイダがシリアで台頭する』『アサド政権は延命し、ジハード主義者の伸張を危惧する欧米アラブ諸国もこれを容認する』と、シリア革命に対しネガティブなことを言って不安を煽《あお》っている。シリアでアルカーイダが台頭することなどあり得ないのに……」

アトワーン氏自身、こうした「不評」を十分承知しており、ドーハでのインタビューの合間の雑談の際には「私は何を書いても嫌われるからね」と苦笑していた。ちょうどこの時、リビアのカダフィー政権が崩壊間近と盛んに報じられていたが、アトワーン氏は「カダフィー政権崩壊後に強力な暫定政府がすぐに樹立されなければ、リビアはアルカーイダの『楽園』となる。アルカーイダは『ＮＡＴ

Oがカダフィーの武器庫を開放してくれた』と感謝するだろう。そしてマリやアルジェリアは、アルカーイダの第一目標となる」と警告していた。二〇一三年一月にアルジェリア人質事件が発生した際、私は真っ先にアトワーン氏のこの言葉を思い出した。そしてその後、「ヌスラ戦線」や「イスラーム国」がシリアで台頭した経緯については、改めてここに書くまでもない。

私が最後にダマスカスに滞在した二〇一二年の夏、複数の知人からシリアの現状について話を聞く機会があった。彼らの中には政権支持派も反体制派もいたが、誰もが「『アルジャジーラ』などを視聴していると、まるでアサド政権が明日にでも崩壊するような気がしてくる」と話していた。政権支持派の知人の場合は、その後に「欧米アラブ諸国のメディアがこのような演出を行なって、国内の反体制派を扇動している」と続けて息巻き、反体制派の知人は「『リビアのように、欧米アラブ諸国がアサド政権打倒のために私達と戦ってくれる』という幻想を抱いてしまった」と続けて、嘆息するのであった。

アトワーン氏は「アルジャジーラ」等とは逆の見方で「アサド政権が短期間で崩壊することはない。当の欧米アラブ諸国がそれを望んでいない」と発言し続け、アサド政権の早期崩壊を信じる反体制派、「アサド政権は欧米アラブ諸国の陰謀に勇敢に立ち向かっている」と信じる政権支持派双方から嫌われることになった。しかし、シリア情勢はアトワーン氏が二〇一一年に予測した通りにほぼ推移した。

多くのアラブ諸国メディアのシリア報道が、自らの希望的観測をあたかも冷徹な分析の結果であるかのように披瀝《ひれき》した「専門家」によって占められたことは、「シリア革命」最大の悲劇の一つであろう。

ダマスカス市内での自爆攻撃や暗殺が、そう珍しいものでなくなってきた頃のことである。私の家の近所に住む初老の男性が自宅で殺害された。彼は「反体制武装勢力の自由シリア軍に協力した」との嫌疑で治安部隊に逮捕され、数カ月拘留されていたが、「証拠不十分」で釈放されたばかりだった。釈放された翌日、自宅に押し入って来た覆面の男達によって、彼はナイフで首を切り裂かれ殺されたのだった。凶行の直後、反体制派の住民は「彼を立件できずに釈放せざるを得なかった当局の連中が、シャッビーハ（親政府系の民兵）に命じて殺害させたのだ」と噂し合った。すると政権支持派の住民がこれに対抗するかのように、「当局への情報の漏洩《ろうえい》を恐れた自由シリア軍が口封じで殺した」という噂を流し始めた。人々の噂は止むことはなく、政治に全く無関心な住民が「彼を殺したのはシャッビーハでも自由シリア軍でもない。離縁された前の奥さんが、どさくさに紛れて人を雇って殺害させたに違いない」という噂を流し始めた時には暗然とした。

この殺人事件への住民達の関心が薄れ始めた頃、私は、殺された男性を子供の頃から知っているという老人を訪ねた。彼は「近所の人間達が、勝手なことを言っているが、いったい誰があいつを殺したんだ。いったい誰が……」と、暗い目で自問し続けていた。数日後、私は再びこの老人を訪ねた。他愛のない世間話をするはずが、また不穏な世情の話題になった。すると、彼の傍らにいた次女が、「この国で一体何が起きているのか、何が起きるのか、誰にもわからない。ロンドンのアトワーンさんは知っているかもしれないけれど……」と、アトワーン氏の名前を口にした。これを聞いた老人は、少し元気を取り戻した様子で「そうだ、アトワーンなら知っているだろう。彼は我々の革命に難癖をつけることもあるが、情勢を良くわかっている男だ」と言った後、「カリフが再来するまで、アトワーンにシリアの暫定大統領になってもらうのも悪くないな」と、不思議な冗談を口にして、少しだけ笑ったのだった。

春日雄宇

イスラーム国

目次

ム諸国全図

ウズベキスタン
タシケント
アゼルバイジャン
レバン
黒海
トルクメニスタン
タジキスタン
ドシャンベ
アジガバート
テヘラン
カブール
アフガニスタン
イスラマバード
グダード
イラン
パキスタン
クウェート
ペルシャ湾
バーレーン
リヤド
カタール
アブ・ダビ
オマーン湾
マスカット
インド
UAE
ウディアラビア
オマーン
イエメン

中東・イスラ

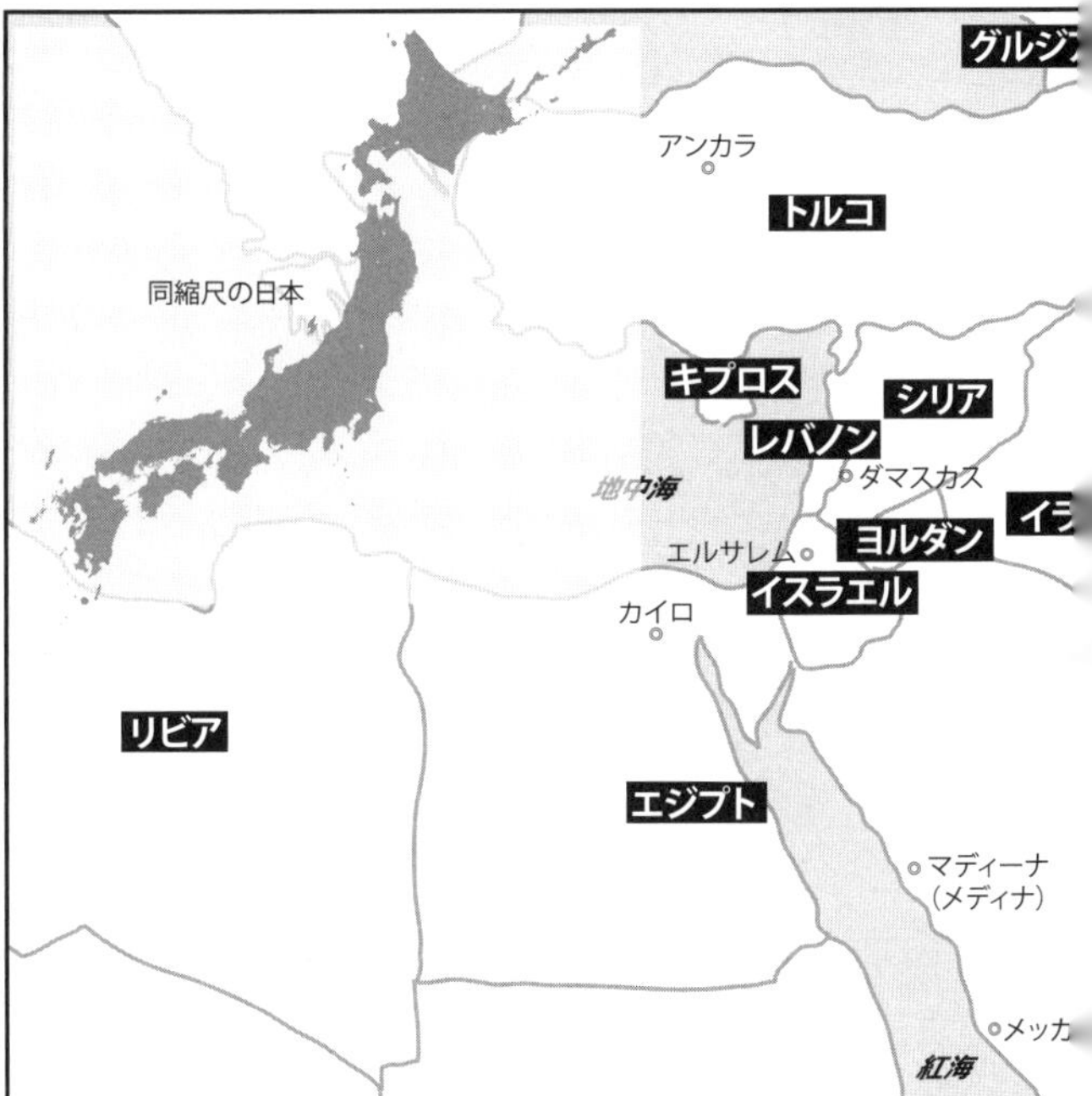

グルジア
アンカラ
トルコ
同縮尺の日本
キプロス
シリア
レバノン
ダマスカス
地中海
イラ
ヨルダン
エルサレム
イスラエル
カイロ
リビア
エジプト
マディーナ
（メディナ）
メッカ
紅海
スーダン
ハルツーム

はじめに

知っておくべきこと

ヒラリー・クリントン前米国務長官は、あるインタビューにおいて「イスラーム国は『イスラーム』でもなければ、『国』でもない」と発言した。しかし実際に起きていることは、彼女の見解とは異なる。たしかに彼女の発言は、イスラーム国を他の諸テロ組織、特にアルカーイダと同じようなものと見做し、「テロとの戦い」で一致団結しようとしている西欧諸国、アラブ・イスラーム諸国にとって都合のいいものであり、好意的に受け取られたことであろう。しかし、イスラーム国のルーツと急速な伸張を探ると、この組織が国境を越える組織というよりはむしろ「国家」に近いものであることに気づかされるのである。

近現代史で最大の大英帝国を打ち立てたイギリスの面積よりも広い地域を、一組織が支配下に置くことに成功する、このような事態が起きたのは、過去数百年の歴史でおそらく初めてであろう。本書の執筆の時点でイスラーム国は、イラクの半分、そしてシリアの半分を支配下におさめ、「サイクス・ピコ協定」(第一次世界大戦中の一九一六年五月、イギリス、フランス、ロシアの間で結ばれ、オスマン帝国領の分割を約した秘密協定。後述P.116〜)以来初めて、新たな国境線を画定した。過去に栄えた帝国が行なったように、イスラーム国は完全に支配し自立可能な国境線を引いたのである。本書は、イスラーム国の成功や失敗の事例ではなくむしろ、形成に至る過程、伸張と将来の目標に焦点を当てて論じたいと思う。

イスラーム国は、アルカーイダの「新たなコピー」ではない。アルカーイダとは異なるイデオロギーや形成過程、目標を持った組織である。アルカーイダは、第一目標を「西洋、特にアメリカとの戦い」に据え、アラビア半島からの欧米の軍隊の放逐、ユダヤ人と「十字軍」の殺害を企図している。そしてイエメンで発足して以来二〇年もの間、他のイスラーム組織との戦いを避け続け、ようやく最近になって自らの生存のためにイスラーム組織との戦闘を行なうようになった。

一方、イスラーム国は、地域社会の崩壊や中央政府の弱体化、西欧の軍事介入、国民的リーダーの不在、宗派対立の激化、政府によって周縁化し遠ざけられた国民の怒りといった事態を好機と捉え、混乱に乗じる形で、自らのイデオロギーに基づいた国家を建設することを第一の目標としている。

イスラーム国のイデオロギーは、アルカーイダや他のサラフィー・ジハード主義組織（「厳格派」とも呼ばれ、初期イスラームの時代［サラフ］を模範とし、それに回帰すべきであるとする、イスラーム教スンナ派の思想を信ずる人々）と共通している。例えば「ハーキミーヤ」（マディーナ［アラビア半島の都市で、メッカに次ぐイスラームの第二の聖地。「メディナ」ともいう］において行なわれたように、シャリーアに確固として基づく統治を行なうとする）、圧制者（ターグート）に対する不信仰者認定（タクフィール。シャリーア（コーランと預言者ムハンマドの言行［スンナ］を法源とする法律。一〇〇〇年以上の運用実績があり、イスラーム法、イスラーム聖法などとも呼ばれる）に基づく統治を行なわない体制はすべて不信仰者の体制とみなす）、「忠誠と絶縁」（純正な一神教を奉ずるムスリム共同体への忠誠、不信仰者や背教者との絶縁）、変革と目的達成の手段としてイスラームの理論的、信条的宣教から武力によるジハードへの移行、といったものであるが、特に重要なのは圧制者たちの打倒とシャリーアの強制である。

しかしイスラーム国が他のジハード主義組織と異なる点は、自らのイデオロギーに基づき社会を根底から変革すること、変革のためには残忍な行為も厭わず、むしろ敢行すること、圧制者と西欧(彼らにとっての「不信仰者」)による植民地支配を区別して考えないことである。

アルカーイダは国家を建設せず、あくまで一個の「ジハード主義組織」であり続けている。自らの拠点作りのために土地を占拠することもなく、常にアフガニスタンやイラク、イエメン領内の「客人」であった。一方イスラーム国は、イラクとシリアの広大な土地、石油と水(チグリス・ユーフラテス川)を手中に収め、自らの法律を施行し税(マクス)を徴収し、そして「シャリーアとアキーダ」に反した領民に法定刑(フドゥード)を科しているのである。

安定と伸張

ジハード主義組織が土地を占領して完全な支配下に置いた事例は、これまでにないと思われる。他のジハード主義組織が成し得なかった行為を、イスラーム国は実行に移したのである。これを可能にしたのが、イスラーム国の自給体制である。彼らはシリア東部と北部(デリゾール、ラッカ)の油田と精油所を制圧、石油の販売で毎日二〇〇万USドル(約二四六億円)の収入を得ているとみられている。また、制圧したイラクの都市にある中央銀行から五億USドル(約六一五億円)(の現金、つまり現地通貨、USドル、その他の通貨）、純金を得た。これに加え「マクス」と呼ばれる税金、誘拐で得た身代金も「財源」となっている。湾岸諸国政府や個人の資金援助に依存するアルカーイダや他のジハード主義組織とは異なり、イスラーム国は経済的に自立している。

また武器の「自給」に関しては、イスラーム国はイラクのモスル（イラク北部に位置し、古代のニネヴェの遺跡と世界有数の石油生産で知られるイラク第二の都市）を制圧した際、政府軍の武器庫から大量の武器を入手、加えてアメリカ製の戦車、航空機、大砲も鹵獲《ろかく》した。シリアにおいても、彼らは北西部のアーザーズで「自由シリア軍」が所有していたアメリカ製を含む多数の武器を鹵獲しているほか、ラッカやデリゾール、アレッポ（シリア北部、トルコとの国境に近い都市）では政府軍の基地や軍用空港でも武器を鹵獲した。

アラブ諸国の人々、特にSNS（ソーシャル・ネットワーキング・サービス）で広く流布している説に「イスラーム国はアメリカが作った」というものがある。しかし実態は、アメリカがイスラーム国を設立したのではなく、アメリカがアラブ人、ムスリムを標的として引き起こした敵対的で破滅的な戦争——アメリカと同盟者の湾岸諸国によるイラク戦争とイラク占領など——の結果、イスラーム国が誕生したと考えられる。アメリカのイラク占領以降の一一年間は、国内のスンナ派を周縁化し、無視、蔑視する政策が採られたが、この政策によりイスラーム国誕生のための種が蒔かれ、やがて成長していったのであった。それは、同じように抑圧された世界各国の数十万人のムスリムをこの「国」が作り出したモデルに惹きつけることになる。

イスラーム国の誕生は、アメリカのイラク占領の当然の帰結ともいえる。占領が宗派対立の種を蒔き、スンナ派が占領に対する抵抗組織を結成し活動を開始した後、復讐の応酬が激化した。シーア派側にも占領に対する激しい抵抗運動は存在したが、それは例外にとどまり運動の主力にはならなかった。

アメリカは「中庸《ちゅうよう》なイスラーム主義者」を自らの目的達成——ジハード主義者との戦い——に利用してきた。アフガニスタンにおいて、アメリカは「中庸なイスラーム主義者」を「悪の帝国」の共産国と戦うために支援したが、同時に、独裁政権を「地域の安定」を名目に支援する政策をとった。

アラブの春とそれに代わるもの

「アラブの春」と呼ばれる革命はしかし、発生から一年と経たぬうちに内部抗争に陥り、破綻国家の誕生と血塗られた混乱を引き起こした。主に湾岸諸国とイランの介入により、それらの革命は破綻国家と化し、内戦、宗派対立、地域間・部族間抗争が勃発した。

この混乱は結果的に、イスラーム国を筆頭とするジハード主義組織を利することとなった。悲劇的状況は、彼らにとって強大化の好機となったのである。

トニー・ブレア（イギリスの元首相。在任期間は一九九七年五月—二〇〇七年六月）は、西欧のアラブ地域支配を専門とする「思想家」であり、「イラク戦争の技師」ともいえるが、彼は「アラブの春」の当初、「こうした変革運動は良い兆候だ」と歓迎する一方、「ただし、こうした運動は西欧の利益に資するようにコントロールされる必要がある」とも述べていた。これはアラブの春を失敗させ、正しい発展を歪め、軍事化と武装闘争へと舵を切らせるための西欧諸国の介入の隠れた意図を説明する。

アラブの革命は、必然の動きであったことは間違いない。腐敗した暴力的なアラブ独裁政権は、結果としてアメリカとイスラエルの安全を保障していた。が、こうした革命運動にも欧米の介入が存在していた。リビア革命は、ドーハのシェラトンホテルの厨房で作られたようなものである。ドーハこそが「革命の司令室」だったのだ。同様のことは、シリアにおいても言える。国民評議会の結成は、パリのホテルで行なわれた。パリのホテルは、シリアの革命家の「聖地」となり、政権を離反した人々の拠点ともなったのだ。

イタリアのベルルスコーニ元首相は地元通信社のインタビューにおいて「フランスのサルコジ大統領こそが、リビア革命を実行した」と述べた。フランスの哲学者アンリ・レヴィは「イスラエルのために、この革命を称揚した」旨の発言をしている。

ロンドンがシリア反体制派の政治活動・メディア活動の拠点となったことは決して偶然ではない。ウィキリークスによれば、シリア革命が起きる二年前、米ＣＩＡがシリア反体制派のテレビ局に多額の資金援助をしたことが判明している。フランスのデュマ元外相は、フランスのテレビ局のインタビューで「革命の二年前、ロンドンを訪問し英外務省高官に面会した際、『イギリスはシリアの体制を混乱させるために行動する用意がある』と私に語り、この行動に参加するようオファーを受けたが、その時は拒否した」と認めた。

アメリカによるイラク占領と占領がもたらした数十万人の国民の死は、イスラーム国の種に「肥沃な土地」を提供したようなものであった。

マリへの軍事介入、「独裁政権打倒を目指すシリア革命の支援」と称して行なわれた欧米アラブ諸国によるシリアへの介入もまた、イスラーム国台頭と強大化、短期間での急速な拡大の原因を作った。サウディアラビアとカタールは「穏健なシリア反体制派」支援のため、数十億ＵＳドルを費やした。カタール政府の諜報部門のトップはＢＢＣに対し「アメリカ政府とＣＩＡとの調整のもと、穏健な反体制武装勢力への軍事支援を行なった」と述べた。彼は、「カタールがテロリストを支援している」との批判に反論する形で、この軍事支援を認めたのである。

二〇〇三年のイラク占領はアルカーイダの「再興」を結果的に助けた。アルカーイダは「九・一一」に端を発する米軍のアフガニスタンへの軍事作戦(民間人の死者が戦闘員の死者を上回った)により大きな打撃を受けた。この時、組織の九〇%が壊滅する状態に陥ったとみられている。しかしイラク戦争の後、イラクは様々な武装組織のシェルターとなった。この過程で、アブー・ムスアブ・ザルカーウィー(後述)が大きな役割を果たすことになる。その後イラクのアルカーイダは、米軍の空爆、駐イラク米軍司令官のペトレイアスの主導により対アルカーイダの目的で設立された「覚醒《かくせい》評議会」(イラクで勢力を拡大するアルカーイダへ対抗するため、各地の地元部族が中心となり設立された自警団的組織。実質的な設立者はアメリカ軍人・元ＣＩＡ長官のペトレイアス。後述P.152)により弱体化した。シリアで平和的に開始された革命はやがて武装闘争に変容していったが、イラクのアルカーイダは、隣国の混乱に目をつけたのである。

預言者ムハンマドがクライシュ族の弾圧を逃れて移住したように、イラクのアルカーイダはシリアに移住した。初期の移住者の中には、アブー・ムハンマド・ジャウラーニーがいた。ジャウラーニーはイラクのアルカーイダのシリア支部「ヌスラ戦線」(シリアで活動するサラフィー・ジハード主義の反政府武装組織)設立の命を受け、送り込まれたのである。本書では、「ヌスラ戦線」設立に至る経緯と、イスラーム国の指導者アブー・バクル・バグダーディーとジャウラーニーの対立についても詳述する(P.113)。

イラクのフセインが、イスラーム国の最初の種を蒔いた

「イラクの元大統領サッダーム・フセインこそが、イスラーム国の思想と機構の基盤を作った」と言うとき、それは決して誇張ではない。フセインは、イラク北部と南部に飛行禁止区域が設定され、イラク反体制派への支援がメディアによって報じられるようになった時、アメリカが政権の打倒を企図していることを悟った。イラク国民を苦しめる苛烈な経済制裁が開始された頃、フセインは将来起きるであろうイラク占領に対抗すべく、イスラーム主義、ジハード主義の宣揚を開始した。

サッダーム・フセインは「イスラーム化」を至る所で実施した。酒屋やバーの閉鎖、世俗主義者(国家における「世俗主義」「世俗的」とは、政治や個人の行動の規範が、特定の宗教の影響から独立していなければならないとすること)による政権支持デモの廃止など、「信仰運動」と称される一連のキャンペーン

が行なわれた。サッダームが自らの血で国旗に「アッラーは偉大なり」と書き込んだのもその一環であった。若者の志願者を集め「サッダーム挺身隊」も結成された。

イスラーム国がモスルを制圧した時、モスル防衛のために駐留していた三万人の兵士は、私服に着替え逃亡した。私はこれまでに複数のメディアに、このイラク現代史で最大の危機ともいえる事件について寄稿し、イスラーム国の成功の背景にあるジハード主義者の戦闘と殉教のイデオロギーと熱情について解説した。記事が発表されたのち、私はある人物から電話でコンタクトを受けた。彼は旧フセイン政権時代の軍将校と名乗り、「このモスルにおける輝かしい勝利は、私の同僚達によるものだ。彼らはジハード主義者に転じ、自発的にイスラーム国に合流し共闘したのだ」と語った。

私がアンマンで会った著名なサラフィー・ジハード主義の理論的指導者であるアブー・ムハンマド・マクデスィーは、イスラーム国とヌスラ戦線の対立について語っていたとき、「新たなイスラーム主義者」あるいは「イスラームの新参者」という言葉を用いた。彼が言う「新たなイスラーム主義者」「イスラームの新参者」とは、旧フセイン政権時代に「イラク共和国防衛隊」や「サッダーム挺身隊」に所属し、のちにジハード主義に感化され自ら信じて自発的に「転向」した者たちのことである。アブー・バクル・バグダーディーの側近の幹部らに、連合暫定施政当局代表のポール・ブレマーの命によって解体された旧イラク軍の上級将校が多く含まれていることは、決して偶然によるものではないのだ。ブレマーは、旧イラク軍の将校らが宗派によって選別され、排除された将校が暗殺の犠牲となるのを放置した。

イスラーム国の下に世界中から集まったジハード主義者は、ミサイルの取り扱い方、航空機や戦車の操縦、大砲の撃ち方もわからなかった。こうしたジハード主義者の訓練、戦略的な軍事作戦の策定、制圧した都市の統治、諸機関の運営に至るまでを担当しているのが、旧政権の将校達であり、彼らこそがイスラーム国の中枢部を担っているといえるだろう。

異なる世代

イスラーム国の戦闘員の多くが、殉教に憧れシャリーアによって統治された国家の建設を夢想する熱情に溢れた若者で占められていることは事実であろう。しかし同時に、西欧の大学で理工、経済、法学、メディア、文学などの教育を受けたインテリのイスラーム主義者も数多く含まれているであろう。そのことは、ＹｏｕＴｕｂｅなどに公開されるイスラーム国が製作した映像や、数カ国語に翻訳された機関紙『ダービク』の内容、ツイッターなどのＳＮＳを駆使したインターネット上の広報活動からもうかがい知ることができる。パレスチナ人医師アドナーン・アブー・カイアーンはその一例である。彼は占領地を後にしイスラーム国に参加、トルコ国境近くでの軍事作戦で戦死した。

一九九六年一一月、私はアフガニスタンのトラボラにおいて、アルカーイダの指導者ウサーマ・ビンラーディンのインタビューを行なった。当時、ビンラーディンは一〇〇〇人程度のイスラーム諸国出身の外国人戦闘員を配下に従えていた。彼らの出身地はイエメン、エジプト、シリア、サウディアラビア、リビアであり、その中には一九八〇年代にアフガニスタン人と共に戦った、経験豊富なムジャーヒディーンも含まれていた。インタビューの中でビンラーディンは次のように語った。「アメリカに兵士を送ったとしても、私たちは勝つことはできないだろう。しかし、もしアメリカがアラブ人やムスリムの土地に兵士を送ってきたならば、われわれはこれを打ち負かすことができよう。過去の例からもそれは明らかだ」

イスラーム国はこの戦略をアルカーイダから受け継いだ。彼らは「イラクの罠」に欧米諸国を引き付け、落とし込むことに成功した。モスル、シリア―イラク国境、ヨルダン―イラク国境を制圧し、アルビル（イラク北部、クルド人自治区の主都）とサウディアラビア―イラク国境のアルアル、ラフハ両検問所に軍を進めることにより、アメリカと同盟のアラブ諸国に揺さぶりをかけた。アメリカはイラクのクルド自治区と、キルクーク、バイジの油田や製油所が制圧されることを懸念した。アメリカの中東における重要な同盟国であるサウディアラビアは五〇カ国の同盟国をまとめ、シリアのラッカ、デリゾール、アイン・アラブ（コバニ）（シリア北西部の都市で、人口のほとんどはクルド人）にあるイスラーム国拠点を空爆するべく航空機を派遣した。イスラーム国は、アメリカをシリアとイラクという「血の池」に徐々に引き込むことを狙っているようである。

アメリカ政府と情報機関は、イスラーム国を「容易に打倒できる組織」と考え、その実力を見誤った。ＣＩＡは当初、「イスラーム国の戦闘員は一万人前後」と見積もっていたが、後に「三万人」と修正した。私の推測では、戦闘員は一二万人あまりに達し、さらに増え続けているとも考えられるが。

ムスリムの若者がイスラーム国に参加している理由は複数存在する。腐敗した独裁政権、宗派対立の激化、経済危機と失業率の増加などがその理由として挙げられるが、主要な理由は、リベラルな世俗国家が若者の理想を実現できなかったことである。

これらの世俗国家は、西洋、特にアメリカの中東地域における支配を阻むことができなかった。そしていわゆる「アラブの春」と呼ばれた運動も、若者の理想を実現する結果とはならなかったのである。

多くのムスリムは当初、「イスラーム国はアメリカとイスラエルによって作られた」と信じていたが、イスラーム国がシリアとイラクで広大な地域を制圧し、欧米諸国の軍事介入が行なわれたことによってその考えは改められ、「イスラーム国は欧米と腐敗したアラブ諸国によって弾圧されている」と信じるようになった。

SNSで行なわれたアンケートで、サウディアラビア人の若者の九二%が「正しいイスラームを体現するイスラーム国を支持する」と答えたこと、そしてサウディアラビアの「覚醒したウラマー(イスラーム学者)」グループが、アブドッラー国王が呼びかけた「イスラーム国の否定」を拒否したことは決して意外ではない。アブドッラー国王は、サウディアラビア国民の間にイスラーム国のイデオロギーが浸透することを懸念し、思想的に対抗しイスラーム国の影響力を排除しようと試みた。国王は、軍事的に対抗するだけでは不十分と考えたのである。

「覚醒したウラマー」はサウディアラビアの若者に「シリアにおけるジハード」を奨励し、アサド政権の打倒を目指すシリア国内のジハード組織のために募金活動を実施した。「覚醒したウラマー」は国王の呼びかけに呼応せず沈黙した。その沈黙はイスラーム国に対する密かな支持表明であると同時に、イスラーム国を非難することでイスラーム国側の復讐が行なわれることを恐れたのでもあろう。SNSのような空間においても、イスラーム国を批判する者は誰でも、脅迫などの攻撃に晒されるのである。

イスラーム国は「電子軍」と呼ばれる、高度な技術を持ったサイバー集団を有している。彼らはイスラーム国の思想や行動をインターネット上で批判する者に対して激しい攻撃を加えている。加えて、イスラーム国が「イスラーム改革運動」であり、ワッハーブ主義の創始者であるムハンマド・ブン・アブドルワッハーブの本来の教えに回帰であると信じる人々が存在する。彼らは、イスラーム国とその思想の源となっているワッハーブ主義との関係、そして「電子軍」に関しては後ほど、独立の章を設けて詳述したいと思う。

野蛮さのルーツ

多くの人々がイスラーム国が使う過剰な暴力に驚いているが、私にとっては、驚くべきことではないように思われる。なぜならシリアとイラクは、アラブ諸国の中で最も血塗られた歴史を持つ国々であるからだ。イスラーム国の「揺籃の地」であるイラクは以前より、血気盛んな国民性で知られていた。イラクの著名な歴史学者アリー・ワルディー博士は次のように述べている。「流血を好むイラク人の気質は、初期イスラーム時代に遡る。彼らにクルアーン(コーラン)を教えた暗唱者たちは、ナジドから派遣されたベドゥイン、粗野な人々であった。一方、シャームの地の人々にイスラームの教えを伝えたのは、ヒジャーズの文明的な商人であった」

また、一九六三年から二〇〇三年までイラク・バース党の幹部らが、彼らに反対する人々にどれほど暴虐の限りを尽くしたかについては、ここで説明するまでもないだろう。一九七九年に全権を掌握したサッダーム・フセインがまず初めに行なったことは、バース党幹部の大量処刑であったことも周知の通りである。一九七九年当時、私は『シャルク・アウサト』紙のアラブ諸国報道部に所属していた。報道部の電話担当者の女性から、在ロンドンの「イラク報道センター」のサアド・バッザーズ所長から数度にわたって電話をかけてきたと告げられた。彼は怒った様子で、私に「話したいことがある」と伝えてきたのだという。

バッザーズと話すにあたり、私は覚悟を決め、神のご加護を願った。イラクの政権は、ミスを犯す人物を決して許さないことを知っていたからである。ちょうどその頃、サッダーム・フセインの政敵であるアブドッラッザーク・ナーイフ元首相が、ロンドンのインターコンチネンタルホテルの前で暗殺される事件が起きた。サッダームが刺客をロンドンに送り込んだのは明らかであった。

電話口のバッザーズは(彼は後に離反し反体制派に合流、衛星放送局「シャルキーヤ」を開設し成功をおさめ、現在は日刊紙も発刊している)は怒り心頭に発していた。彼は私に「君が新聞の第一面で報じた記事は何だ。『イラク革命を主導した一三人の党幹部がクーデター未遂で処刑、アブドルハーリク・サーマライ、アドナーン・フサインも含まれる』とは!」と喚き散らし、「このようなデマに基づいた記事を直ちに訂正し、謝罪せよ」と命じた。

私はバッザーズに対して「政権転覆のクーデターは計画されておらず、誰も処刑されてなどいない、とおっしゃりたいのですか？」と尋ねた。するとバッザーズはこう答えたのだった。「彼らの処刑は事実だが、クーデターは計画されていなかった。彼らはクーデターを計画しようと思っていただけだ。われわれは、誰にも『計画』する隙も与えない」

当時、サッダームはイスラーム主義者などではなかった。生粋のバース主義者であり、世俗主義者であり、国家主義者であった。凶暴な振る舞いをしたのは、イスラーム主義者だけではなかったのだ。一九八二年にシリアのハマで起きた残忍な虐殺事件は、イスラーム主義者によって行なわれただろうか？　事実はその逆で、イスラーム主義者は虐殺の犠牲者だった。

作家のアブー・バクル・ナージー（コード・ネーム）は、『野蛮さのマネージメント―共同体が経験することになる最も危険な時代―』の著者である。同書は、イスラーム国や類似のジハード主義組織の行動を説明する上で最も重要な本となっているが、ナージーはこの中で「不信仰者の政権によってもたらされる安定は、ジハード主義者が実行する凶暴な行ないよりも、より凶悪である。野蛮さをマネージメントすることによってもたらされる成功は、カリフ（預言者ムハンマド亡き後のイスラーム共同体、イスラーム国家の指導者、最高権威者の称号。後述P.49）制の終焉以来、再来が待たれていたイスラーム国家の復興への第一歩となろう。ゆえにジハード主義者は、運動が暴力的になるのを待つのではなく、敵を攻撃し疲弊させることを自ら実行に移すべきである」と述べている。

イスラーム国の特異な性格

　ヨルダンの首都アンマンで、私はある若い男と会った。彼は「戦線に赴《おもむ》き、殉教するまで、自分の名前は明かさないでほしい」とした上で、「自分は四年間、イラクのブッカ監獄で、アブー・バクル・バグダーディー・フサイニー・クラシーと共に収監された。同じ監房にいたこともある」と認めた。彼によると、イスラーム国は自らの暴虐をあえて宣伝することによって、すべての人々を恐怖に陥れることを狙っており、これこそがイスラーム国の基本方針であるという。彼らは自らの敵ばかりか、敵に協力していると看做した者をも、最も残虐な方法で死に至らしめ、誰も彼らに反抗しないようにしている、というのだ。これを彼らはクルアーンの次の一節、「われは不信仰者の心に恐怖をもたらす」（3章151節）、そして「私は一カ月の間に、恐怖によって勝利することができた」という預言者ムハンマドの言行（ハディース）を用いて正当化する。男はこう付け加えた。「デリゾール、ラッカ、モスル、ラマーディー、ヒート、ハディーサといった都市を、戦火を交えずに制圧できたのは、この暴虐のイメージがあったからだ」

　アメリカが主導した、六〇カ国もが参加しイスラーム国の弱体化と壊滅を目標とした有志連合は、果たしてその目的を達成することができるだろうか？　空爆のみで、彼らは果たして、この目標を達成できるのだろうか？　もし地上軍の派遣が不可欠な場合、どの国が派遣に合意するのか？――こうした疑問は、これから述べる諸前提を十分に吟味する本書の最後で答えを見つけたいと思うが、前書きで私が述べておきたいのは、アメリカ等によるイスラーム国を標的とした空爆は、逆にイスラーム国を利したと言える。アメリカの空爆によりイスラーム国は多くのムスリムの若者たちが抱いていたその(イスラーム国はアメリカとイスラエルの手先という)イメージを正すことができ、数千人の若者の獲得に成功した。加えて彼らは、自らの血塗られた残虐なイデオロギーが正しいものであったことを再確認し、他のサラフィー・ジハード主義者との間で生じていた対立を解消することができたのである。前出のアブー・ムハンマド・マクデスィーがその一例である。彼は有志連合の空爆の後、イスラーム国に対する非難を止めたばかりか、有志連合に参加する国々を「背教者」と決め付け、「アメリカ—シオニスト連合」に立ち向かうためにジハード主義者たちは団結すべきと主張し始めたのである。同時期、イスラーム国が「ヌスラ戦線」との統合を目指す動きがあるとの情報が流れたが、それは失敗に終わったようである。マクデスィーはこうした言動が元で再び逮捕されることになった。

イスラーム国の中枢部、そして戦場における外国人戦闘員の存在は重要である。彼らはアラブ人、ないしは西欧諸国から来たムスリムである。アラブ人の戦闘員のなかでは、サウディアラビア人が多数を占め、その数は七〇〇〇人とされる。次いで多いのがチュニジア人であり、五〇〇〇人が参加しているとみられる。一方、もっとも少ないのはパレスチナ(一九四八年の国境線＝現イスラエル領)出身者で、一二〇人前後とみられている。

西欧諸国から流入した外国人戦闘員の総数は五〇〇〇人、うち一〇〇〇人が英国出身とみられる。西欧諸国政府はこうした事態に際し、自国民のシリアへの渡航とジハード主義組織への参加を阻止すべく、国籍剥奪の罰則を含む特別な法令を施行せざるを得なくなった。

西欧諸国が感じている脅威は主に二つある。一つは、シリアから帰還した元戦闘員による自国内でのテロ実行――二〇〇一年の九・一一米国同時多発テロ事件、二〇〇四年のマドリードの鉄道駅におけるテロ、二〇〇五年のロンドンでのテロ事件の再来――である。もう一つは、自国の対イスラーム国戦争に反感を抱いた国内のムスリムコミュニティーが過激化し、報復として暴動やテロ活動に走ることである。この問題についても、後述したいと思う。

イスラーム国は当初、「ムスリム同胞団」的なものだったか？

この章での最後の問いであり、決して避けては通れない問いは、「この無口で経歴不詳のミステリアスな男は、いかにイスラーム国を主導する立場にまで上り詰め、カリフを自称し、他のジハード主義組織の忠誠を勝ち取ることができたのか？」という問いである。

この問いに答えることは、想像以上に困難である。私はこの問いの回答を求めるため、アブー・バクル・バグダーディーを知る多くの人々に接触を試みた。バグダーディーの「ジハードの世界への旅路」(バグダーディーの知人らはこう表現した)を辿《たど》るためである。

私は、バグダーディーと近しい人々――同年代の友人、自ら学びイスラーム法学の博士号を取得した「サッダーム・イスラーム大学」の元同窓生ら、住居があったバグダードのトウバジー地区の近隣住民ら――へのインタビューを行った(彼らの全員が、匿名でのインタビューを希望した)。

彼らの証言によれば、バグダーディーとムスリム同胞団(二〇世紀前半のエジプトで生まれ、長い間、非合法組織として政権に抑圧された歴史を持ち、中東地域に広がるスンナ派の代表的な社会運動・宗教運動組織)との接点は一切ないばかりか、バグダーディーはムスリム同胞団を「不信仰者」、「イスラームの宗派から外れた集団」と決めつけていたという。特に、イラクのムスリム同胞団系政党「イスラーム党」に属するターリク・ハーシミーが政界入りして「アメリカに取り入る」形で副大統領の座を得て以降、バグダーディーはムスリム同胞団を激しく嫌悪するようになった。

バグダーディーは、サラフィー・ジハード思想に傾倒しており、ブッカ、アブー・グレイブ監獄(イラクの首都バグダードから西へ約三二キロの場所に位置する施設)に収容されていたときも、周囲の囚人らに「講義」を行なっていたという。

国際ムスリム法学者連盟のユースフ・カラダーウィー師が以前、「バグダーディーはかつてムスリム同胞団に属していた」と発言し、のちにそれを撤回するという出来事があった(この発言の撤回には、何らかの圧力が加えられたのであろう)。

本書では、バグダーディーの人格、彼のジハード思想への傾倒と「ムジャーヒディーン・シューラー評議会」参加への経緯、イスラーム国の指導者に上り詰めるまでの道のりについて詳述するほか、イスラーム国政治・軍事両機構とその運営の実態、急速な伸張を可能にした要因についても考察したい。

なお、私がイスラーム国という名称を本書で使用し、多くのアラブ諸国の放送局や新聞雑誌が使用している「ダーイシュ」の名称を用いないのは、以下の理由によるものである。まず、「ダーイシュ」(「イラクとレバントのイスラーム国」の略)が、すでに使われなくなった名称であること、またイスラーム国の名称は、ロイター、AFP通信の通信社、『タイムス』、『ガーディアン』、『ニューヨークタイムス』や『エコノミスト』などの欧米主要紙によって現在も使用されているためである。

中立の観点からしても、この名称(イスラーム国)は適当であると思う。以前私はあるテレビ番組の出演中、別の出演者から「あなたは『ダーイシュ』ではなくイスラーム国という名称を用いることによって、彼らを美化している」と非難されたことがある。私はこう答えた。「あなたの名前はサルマーンだが、私があなたをウマルと呼ぶことに、果たしてあなたは同意するだろうか?」この出演者は黙ってしまった。

私は本書の執筆にあたり、中立性、事実、学術的客観性を心がけ、最近盛んな、イスラーム国を単に擁護したり、逆に攻撃したりする論調から距離を置くことを心がけ、(明確な立場で主張したいので)本当は好まない中立を選んだ。読者の皆さんに、真実にもっとも近づいてほしいと願っているためである。

本書の執筆は、私のこれまでの文筆生活の中で最も困難な作業であった。それは、本書が取り上げる話題がセンシティブであり、さまざまな見解・意見が存在するためではなく、昨今の政治・軍事情勢が目まぐるしく変化し、さまざまな事件が進行し続けているためである。これらの情勢を追い、分析することは大変な労力を必要としたのである。

私は本書の執筆にベストを尽くしたつもりであり、本書がたとえわずかであっても、現在起きていることを理解する上での一助となれば幸いである。もしそうならなかったとしても、私には努力をした者が（来世で）賜《たまわ》る一つの報償をいただければ十分である。

アブドルバーリ・アトワーン

第一章　イスラーム国の構造と構成員

イスラーム国の出現は、一九一六年の「サイクス・ピコ協定」に基づき大シリアが複数の国家に分断されて以降、最も革命的な出来事として記憶されるだろう。また、この「国家」の出現は、「アラブの春」よりも重要な出来事であろう。それはまるで活発な海底火山のようであり、中東という「大海」に、島が隆起したような事態であった。

世界各国の政府やメディア、シリア・イラク両政府、いずれもイスラーム国の勃興について大きな関心を払って来ず、そのため、この事態に際しても十分な評価すらできない状態であった。彼らはイスラーム国を「小規模な武装組織で、広範な地域を制圧するほど伸張はしない」と見ていた。そして今も、「イスラーム国はあくまで自称であり、国家ではない」とみなしている。

本章ではまず、国家の定義とは何かを考え、その上で「カリフ制」として建国されたイスラーム国が果たして「国家」と呼べる機能を持っているかどうかを、そしてイスラーム国の運営、武装組織がいかに政治体制へと急速に進化した過程も検証していきたいと思う。

「国家」とは何か？

「国家」に関するシンプルな規定は、国際法に見出すことができる。一九三三年のモンテビデオ条約、いわゆる「国家の権利および義務に関する条約」に則れば、二種類の「国家」が存在するという。

一つ目は、宣言によって存在する国家、二つ目は建国された国家である。一つ目は、ある政治体制が国家であることを宣言する場合、一定の条件――明確な国境を有する、永住民を有する、領内の民と資源に権力を行使できる政府が存在する――が揃えば国家とみなされるというものである。モンテビデオ条約の規定では、前出の条件を備え存在する国家に、他国の承認は必須ではないとしている。二つ目は建国に際し、既存の国家群からの承認が必須である国家である。しかし現実には、全世界から承認される国家は存在しない。全世界を代表して国家承認を与える機関が存在しない（国連もその権限を持たない）ためである。一部の国家によって承認される一方で、一部の国家に承認されないながらも実体として存在している、イスラエルという国家がその一例である。

国際社会で認知されているところでは、建国を宣言した諸国家の政府が行使する権力は司法制度を設けて、外国政府との外交関係を構築する能力があることであるが、いかなる憲法であるかは決まっていない。世界には民主国家、宗教国家、独裁国家、王制国家が現状として存在する。

では、国家を称するイスラーム国の場合はどうであろうか。イスラーム国はまず、統治領域を発表した。それは連合王国（英国）に匹敵する、シリアとイラクにまたがる広大な領域である。この領域には、六〇〇万人の永住民が住む（国際法では、永住民の意思や置かれた状況――自由であるか否か――に関する言及はない）。イスラーム国はデンマークやフィンランド以上の人口を

イスラーム国の実効支配地域（2015年4月現在）

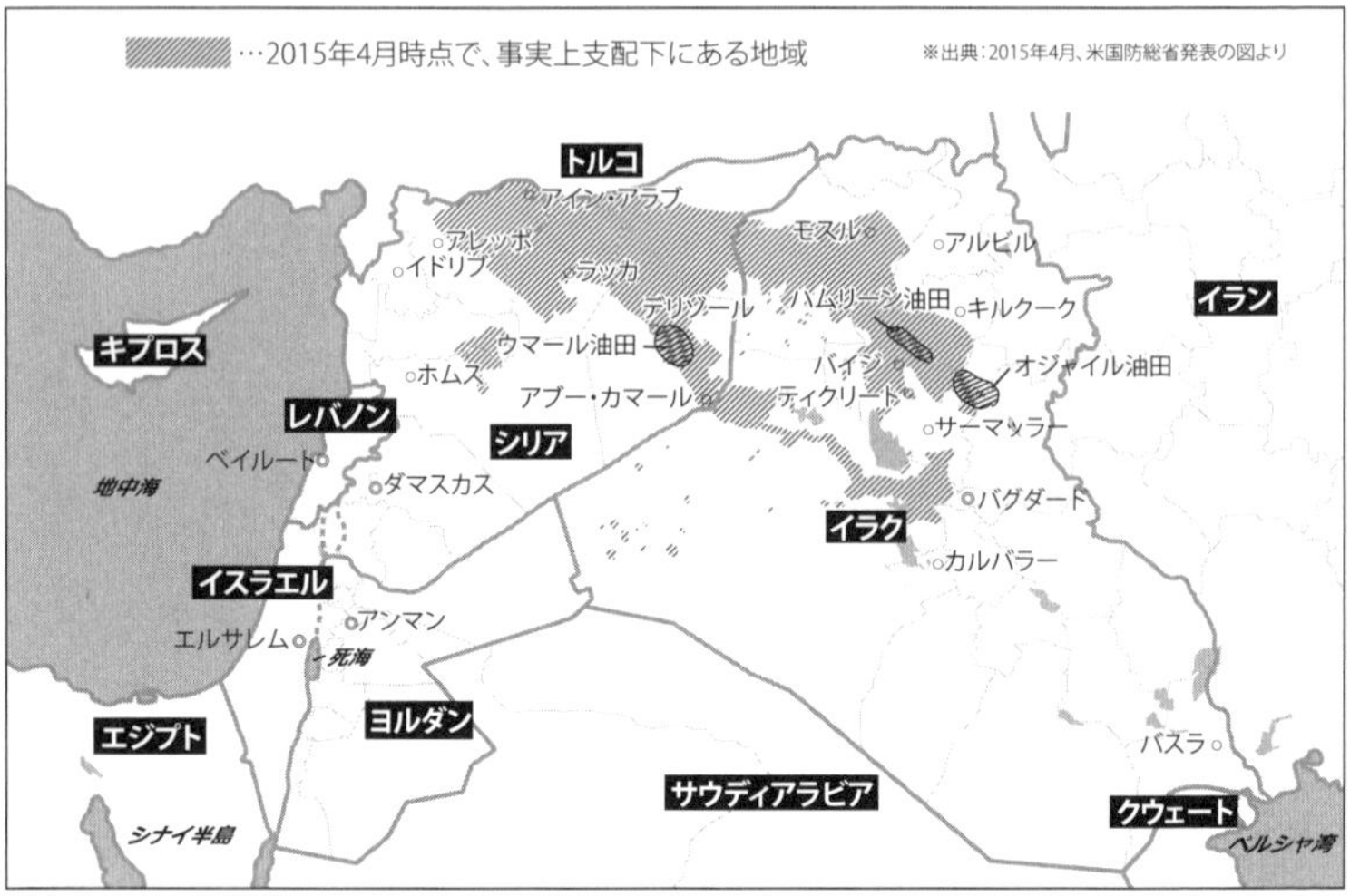

抱え、彼らの解釈に基づくシャリーアの教えとイスラームの慣習法によって統治され、「カリフ」が率いる政府を有するのである。

イスラーム国が、国際法の条文に関心を払っているとは思えないが、自らの原則、すなわち「スンナ派（イマーム［イスラーム教の指導者］の指導を重視するシーア派に対し、預言者のハディースを通じてスンナの解釈を行うことで預言者の意思を体現しようとする宗派）のカリフによって統治された国家」という原則を厳格に守っていることは間違いない。

サラフィー主義者たちは通常、歴史を「無明時代」と「イスラーム時代」に区分する。彼らの区分では、現代世界は「無明時代」であり、三つのステップ――①信仰（サラフィー主義により解釈されたイスラーム）、②移住（ムスリムが不信仰の諸国を離れ、ムスリムの社会に移住する）、③ジハード（ウンマ［イスラーム共同体の意］のためにイスラーム国家を建設）――を経ずしてそれを抜け出すことはできない、と考える。イスラーム国が行なう宣伝活動は、この三つのステップを踏まえた内容であり、このことは、多くの外国人がシリアとイラクに移住するという動きをもたらした。イスラーム国の公式メディアに登場する「移住者」は「カリフ国」に着くや、自らのパスポートを破き、焼却する。

前著『ビンラーディン後の次世代アルカーイダ』("After bin Laden-Al-Qa'ida, The Next Generation/Saqi Books", 2012)において私は、国際ジハード主義者は過去一〇年以上にわたって「移住」を呼びかけてきたことを指摘した。バグダーディーとその支持者たちは今、前出の「三つのステップ」が完了したと考え、イスラーム国家の「建国」を宣言したのであろう(アルカーイダのようなイスラーム国のライバル組織は「建国の宣言は時期尚早と批判したにもかかわらず」)。

カリフ制の樹立

「カリフ」という語の文字通りの意味は「預言者の後継者」であり、唯一の国家元首である。預言者ムハンマドの死後、彼の支持者と家族による正統カリフの時代を迎えた。カリフの目的は、イスラームがもたらした信仰・司法・社会構造の維持であった。初代カリフはアブー・バクル・シッディークであり、二代目カリフのウマル・ブン・ハッターブは、初代カリフの死の直前に推挙された。その後、評議会によって選出されたウスマーン・ブン・アッファーンが就任したが、反対派に暗殺された。ウスマーンの死後、アリー・ブン・アブー・ターリブが自薦《じせん》によってカリ

預言者ムハンマド〜正統カリフの系図

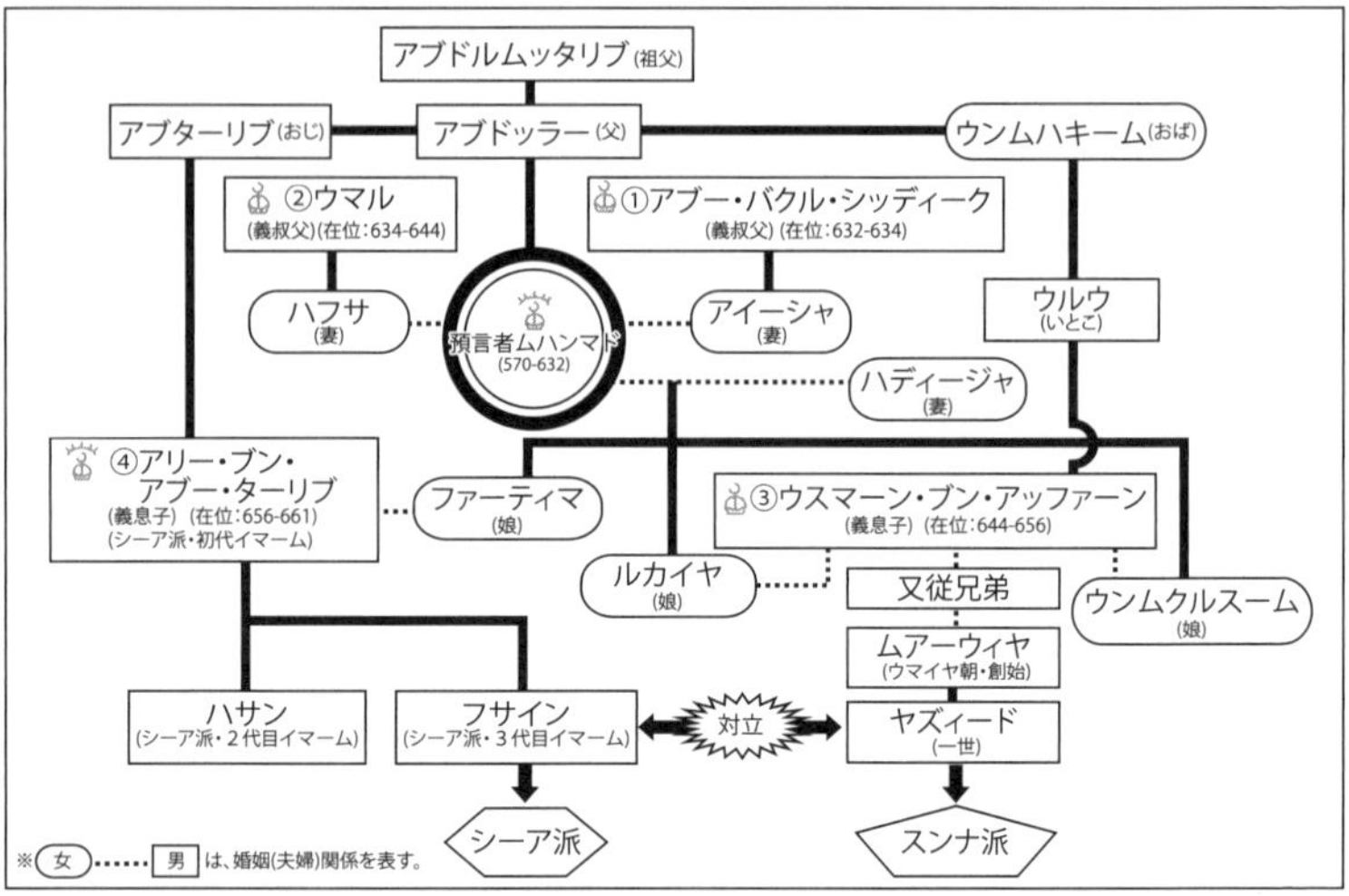

フに就任した。アリーの治世においては、後継者争いが転じたムスリム同士の内乱が発生、スンナ派から分派が生じ、シーア派が生まれた。この時以来、アリーの党派となった人々は「シーア(党派)」と呼ばれるようになったのである。

新たなカリフであるムアーウィヤ・ブン・アブー・スフィヤーンは、ウスマーンの姻戚《いんせき》でありシリア総督を務めていた。彼は、世襲によるカリフ制の前例を作った人物である。彼の一族の王朝、いわゆるウマイヤ朝は六六一年から七五〇年まで続いた。ウマイヤ朝はその急速な領土拡大(アジア、ヨーロッパ、アフリカの三大陸の征服)で知られ、その版図《はんと》は世界最大級の規模であった。イスラーム国は、このウマイヤ朝の版図を再び手に入れ、ムスリムの栄光を取り戻す野望を抱いているのである。

七五〇年にウマイヤ朝を滅ぼしたアッバース朝(文化・思想・科学が発展し「イスラームの黄金期」

預言者ムハンマド時代〜ウマイヤ朝絶頂期のイスラーム世界の拡大

■預言者ムハンマド時代における領土拡大　■正統カリフ時代における領土拡大　■ウマイヤ朝時代における領土拡大

※それぞれの国名は、2015年現在のもの

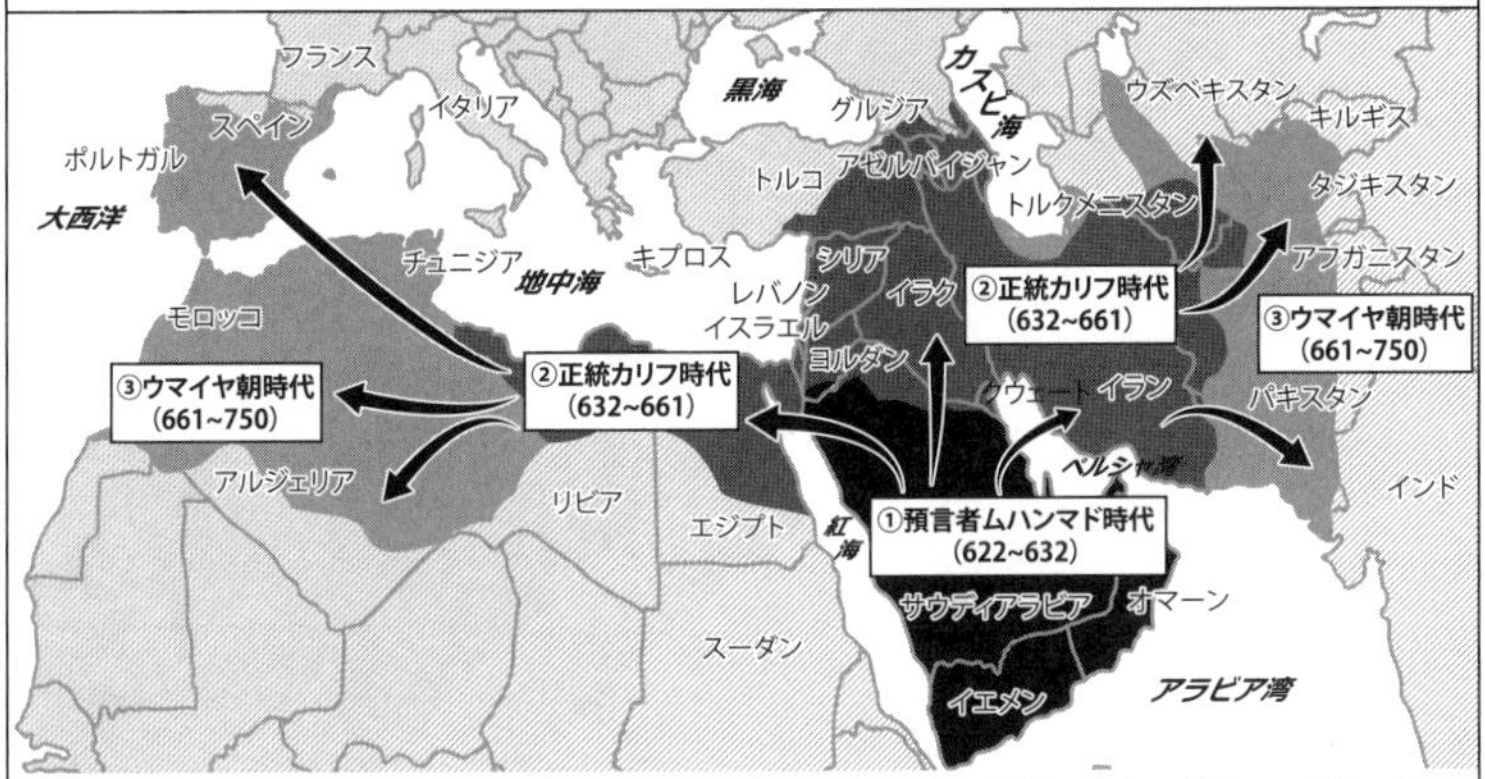

預言者ムハンマドの時代は、アラビア半島のみがイスラーム勢力の範囲内だったが、正統カリフ時代には、現在のシリア、エジプト、イランが、ウマイヤ朝時代には、西はモロッコ、イベリア半島までが勢力下にあった。

と称される）に関して、イスラーム国の指導者アブー・バクル・バグダーディーは頻繁に言及、「模範とすべき繁栄」であると賞賛している。アッバース朝の支配階級はメッカ出身者であり、彼らは三〇〇年間もの長きにわたりカリフを輩出した。アッバース朝の終焉《しゅうえん》のきっかけは、領内の各地方の統治者がさらなる権限を求め「革命」を起こしたことで、領内に王侯やスルターンにより統治された地方政府が乱立し、統一カリフ制は分裂した。

アブー・バクル・バグダーディー・フサイニー・クラシーは、イスラーム国の「カリフ」である。彼が自ら名乗った上記のフルネームには、過去のカリフ制に対する彼自身の憧憬が含まれている。彼の本名は、イブラーヒーム・ブン・アワード・ブン・イブラーヒーム・バドリー・クラシーである。「アブー・バクル」は初代カリフの名、「フサイニー」は預言者ムハンマドの孫フサインの名、「クラシー」は、預言者ムハンマドの出身部族クライ

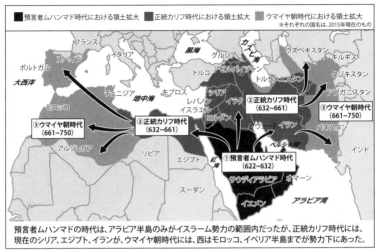

シュ族に由来している。大多数のムスリムの見方――「来《きた》るカリフは、預言者ムハンマドの末裔《まつえい》であり、クライシュ族の出身であることが条件」とする――に、バグダーディーは合致するということを自ら示したのである。

イスラーム国の内部は、どのように運営されているか

イスラーム国の運営、支持者から「カリフ・イブラーヒーム」と称されるバグダーディーをトップとする最高意思決定機関の仕組みは、出身母体の組織のそれを踏襲したものである。すなわち、「ターリバーン」(パキスタンとアフガニスタンで活動するイスラーム主義運動。一九九六年から二〇〇一年一一月頃までアフガニスタンの大部分を実効支配し、アフガニスタン・イスラーム首長国［ターリバーン政権］を樹立した)やアルカーイダ(イスラーム主義を標榜するスンナ派ムスリムを主体とした国際的なネットワーク、思想、運動)、ソマリアの「シャバーブ運動」(ソマリア南部を中心に活動するイスラーム勢力で「アッシャバーブ」とも。二〇一二年現在、ソマリアで最も有力なイスラーム勢力であり、ソマリア南部で最も支配地域が広い勢力)といった組織と類似の仕組みである。

カリフは「預言者の後継」であり、政府の最高意思決定者である。各地方を統治するワーリー(知事)は、バグダーディーにより任命される。副官はアブー・ムスリム・トゥルクマーニー(ファドル・アフマド・ハヤーリーの名でも知られる)である。トゥルクマーニーは旧フセイン政権下で軍情報機関に所属した元大佐であり、イスラーム国のイラク領内の統括責任者とされる。

バグダーディーの下には、多数の「評議会」(マジュリス)が存在する。これらはイスラーム国の運営に関する諸活動を統括している。評議会の下部には「委員会」(ラジュナ)が存在し、評議会から与えられた任務を実行している。

「軍事評議会」は、カリフにより任命されたアブー・アフマド・アルワーニーが議長を務め、イスラーム国の戦略の立案を統括しているほか、司令官の任命や戦闘員の管理を行なっている。

他方、「シューラー評議会(「イスラーム国」の前身である「イラクのアルカーイダ」を含む、六つのジハード主義の反米武装勢力の集合体)」は、カリフの諮問機関であり、国政に対しアドバイスを行なう。バグダーディーによって任命された一二人のメンバーで構成され、アブー・アルカーン・アーミリーが議長を務める。

イスラーム国のカリフ、アブー・バクル・バグダーディー・フサイニー・クラシー(1971年7月28日生まれ)

「シャリーア評議会」は、イスラーム国の司法機関であり、裁判所を統括し、裁判官を任命するほか、クルアーンに明記された刑罰の施行に係る問題にかんして見解を示す(ファトワー)。西欧のメディアは、残虐な極刑(腕の切断、処刑など)を大きく取り上げることが多いのは当然だが、一方でこのイスラーム法裁判官には、犯罪者の更生と社会復帰が期待される場合に罪状を発表して晒《さら》すにとどめる司法裁量の余地もある。

とはいっても、私がこれまでに得た情報に基づ

イスラーム国の統治機構

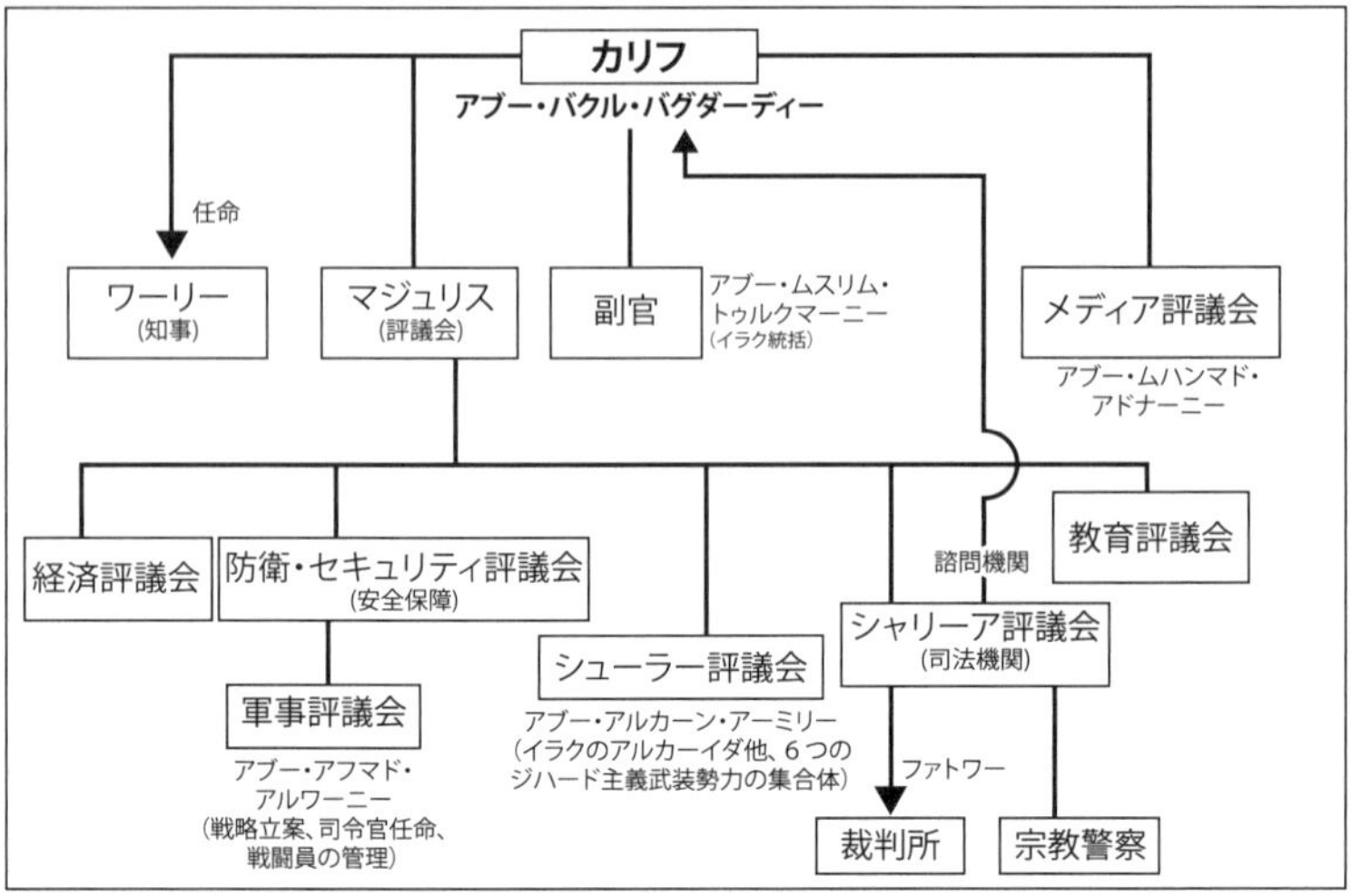

けば、イスラーム国によるイスラーム刑法制度の解釈が残虐を極めない、ということではない。しかしイスラーム国があえてこのような行為に及ぶ理由については、『野蛮さのマネージメント――共同体が経験することになる最も危険な時代――』（後述P.255）に詳述する。

「シャリーア評議会」のもう一つの任務は、領内のモスクをコントロールすることにより、「純化されたイスラーム」を流布させることにあるという。市内の至るところに毎日、正確な礼拝時間を記したポスターを張り出したり、「イスラーム法に則《のっと》った模範的な女性の服装」を指導した文書を頒《はん》布《ぷ》したりするのも彼らの役目である。

宗教警察もまた、「シャリーア評議会」の管轄下にある。宗教警察は、街中における人々のマナー、そしてイスラーム法に則った服装の徹底の管理が任務である。ラッカ（シリア北部の都市）からの情報によれば、「ハンサー部隊」と呼ばれる女性警官が、宗教警察の任務を遂行しており、女性の服装の監視、ニカーブ(イスラームの女性が目以外を残し、頭にまとう黒いスカーフのようなもの)で目だけをを纏《まと》い、偽装した敵の発見などを行なっているという。

加えて「シャリーア評議会」は、社会福祉・厚生に関するサービスも管轄しており、孤児院や貧しい人々への給食事業、予防接種も行なっている。また「意見箱」を設置し、住民の不満や意見を集めている。この「意見箱」はかつて「ターリバーン」が行なったものに類似している。「ターリバーン」は当時、地元民に耳を傾ける姿勢を見せることで、より深くアフガニスタン社会に浸透しようとしたのである。イスラーム国は、期限切れや質の悪い食品を販売する店やレストランに関し住民からの通報を受け、当該商店を営業停止処分にすることもあるという。

「防衛・セキュリティー・諜報評議会」は、「カリフ国」領内の安全保障を統括している。警察もこの評議会の管轄である(一般犯罪、また宗教的な違反行為を取り締まるパトロール活動を行ない、一種の司法機関も兼ね備えている)。また、機密情報の収集管理を行なうほか、カリフの身辺警護、境界線にある検問所も管理する。同評議会の四人の最高幹部は、旧フセイン政権時代の軍高官である。

「経済評議会」は、イスラーム国の歳入を管理する。彼らの主要な財源は石油収入、検問所の通行料、民間企業から徴収する「警備料金」、戦闘における戦利品である。同評議会はまた、道路の修繕などのインフラ整備やエネルギー供給、ゴミの収集から郵便サービスに至るまでを管轄している。

「教育評議会」はイスラーム国領内の教育活動を管轄する。純粋なサラフィー主義に基づいた教育カリキュラムが実行に移されているかどうかを監視している。この厳しいカリキュラムは、生物の進化論に関する教育の停止を含んでいる。イスラーム国領内に住む人々から聴取したところでは、海外メディアが報じているような「女性の教育禁止」措置は存在しないといい、「男女共学はハラーム(イスラーム教の法学における五段階の義務規定〔「義務」「推奨」「合法」「回避」「禁止」〕のうち、「禁止」を指す言葉)である」との方針を示しているのみであるという。

イスラーム国には公式メディアが存在するが、ここを統括するのは、「カリフ・イブラーヒーム」とその副官に告ぐ重要人物である。その人物とは、かつての「イラクとシャームのイスラーム国」(二〇一三年四月に設立宣言された「イスラーム国」の前身、後述P.72参照)のシリア領内の統括責任者で、カリフの公式スポークスマンであるアブー・ムハンマド・アドナーニー・シャーミーである。アドナーニーは三七歳、イドリブ(シリア北西部、トルコ国境の南に位置する都市で、スンナ派アラブ人が多数を占めるが、キリスト教徒やクルド人も多く住む)の出身である。アドナーニーは、イスラーム国にとって最も重要な活動の一つといえる、扇動・プロパガンダ活動を統括している。二〇一四年九月二二日、アドナーニーは声明を発表、西欧在住の、個人で活動するジハード主義者(いわゆる「ローンウルフ［一匹狼］」)に対し、イスラーム国に敵対する有志連合に参加している国の住民を「あらゆる手段を用いて」殺害するよう扇動した。彼は「敵を倒すには、車を使うのも一案だろう」と「提案」までした。この数週間後、カナダで二件の事件が発生した。一件目は二人の兵士が車にはねられ一人が死亡した事件である。またアメリカにおいても類似の事件が発生したほか、別の「細胞」によるテロ未遂が、オーストラリア、ヨーロッパ諸国においても判明した。

イスラーム国領内の日常生活に関与するのは、「委員会」と呼ばれる組織とその下部の諸部署である。アルカーイダのような従来のジハード主義組織にも、類似の機構を有した例がある。イスラーム国領内で活動するこれらの機構の名称や、責任者の名簿を英『デイリーテレグラフ』紙が入手したこともある。アメリカの諜報関係筋の情報によると、イスラーム国はこれらの機構を「諸官庁」と呼んでいたとされる。

○省庁関係者（政府機関）
（苗字／本名／役職）

1　アブー・バクル・カーデル／シャウカト・ハーゼム・ファルハート／統括総責任者
2　アブー・ムハンマド／ビシュル・イスマイール・ハムダーニ／逮捕・収監者管理統括責任者
3　アブー・ルアイ・マアルーフ・アブー・アリー／アブドルワーヒド・ハトマーイル・アフマド／セキュリティー統括責任者
4　アブー・サラーハ／ムワファク・ムスタ

「イスラーム国」の最重要活動のひとつ、扇動・プロパガンダ活動を統括する重要人物、アブー・ムハンマド・アドナーニー・シャーミー

ファ・ムハンマド・カルムーシュ／財務担当

5　アブー・ハージャル・アサーフィー／ムハンマド・ハーミド・ドライミー／各州の調整担当

6　アブー・カースィム／アブドッラー・アフマド・マシュハダーニ／外国人戦闘員・自爆者の輸送の総責任者

7　アブー・アブドッラフマーン・バイラーウィー／アドナーン・イスマイール・ナジュム・バイラーウィー／軍事評議会元議長（殺害により死亡）

○戦闘部門

1　アブー・シャイマー／ファーリス・リファーア・ナイーマ／武器庫管理担当

2　アブー・スジャー／アブドッラフマーン・アフリー／殉教者と女性の調整担当

3　アブー・キファーハ／ハイリー・アブド・マフムード・ターイー／仕掛け爆弾・地雷設置の責任者

○州知事　（アンバーリならびにトゥルクマーニーの管轄下）

1　ウィサーム・アブー・ザイディー／アブー・ナビール／サラーフッディーン州

2　ネムル・アブドルラティーフ・ジャブリー／アブー・ファーティマ／キルクーク州

3　アフマド・ムフスィン・ジャラール・ジュハイシー／アブー・ファーティマ／ユーフラ

テス南部・中部州
4 ラドワーン・ターリブ・フセイン・ハムドゥーニー／アブー・ジュマア／辺境州
5 アドナーン・ラティーフ・ハミード・スウェイダーウィー／アブー・アブドッサラーム、ないしはアブー・ムハンマド・スウェイダーウィー／アンバル州（軍事評議会メンバー、旧イラク軍大佐）
6 アフマド・アブドルカーデル・ジャーザ／アブー・マイサラ／バグダード州

イスラーム国を取り巻く政治状況

二〇一四年八月、国際社会はようやく、アメリカに全面的に支持されていたイラクの首相ヌーリー・マーリキーが、問題を解決するパートナーではなく、問題を複雑化させている張本人であることに気づいた。彼の宗派主義的政策、スンナ派敵視の政策が、イラクの分断と内紛を助長させていたのである。彼の政策により、「イラクとシャームのイスラーム国」（当時）は、スンナ派が多数を占める多くの都市や町村で歓迎された。

マーリキーは二期にわたる任期中、「イラクにおけるイランの代理人」であり続けた。テヘラン（イランの首都）はマーリキーの在任を全面支援し、これにより、イランの「天敵」であるサウディアラビアは、マーリキー政権との関係を断った。

イスラーム国がモスルの中心に侵攻し、三万人の政府軍が惨敗を喫した瞬間、マーリキーは「用

写真左より、イラク共和国の元首相ヌーリー・マーリキー(在任：2006年５月～2014年９月)、イラク共和国第７代大統領フアード・マアスーム(在任：2014年７月～)、マーリキーの後、イラク共和国の首相を務めるハイダル・アバーディー(在任：2014年９月～)

済み」となった。イラクの新大統領フアード・マアスームは、慌ててアメリカ、イラン、シーア派の同盟者らと調整を行ない、マーリキーの「代役」を、同じ党(ダアワ党)から選出することにした。これによりハイダル・アバーディー新首相が誕生したのである。

二〇一四年八月一四日、マーリキーはようやく退陣し、アバーディーにその座を譲った。アバーディーもマーリキーに似た経歴を持っている。彼は二五年間亡命生活を送った「ダアワ党」の党員である。滞在先は、旧フセイン政権時代、イラク反体制派に「人気の」亡命先となっていた英国だった。

この一〇年余り、イラク政府はシーア派とスンナ派を分離する政策を採ってきた。過去数年の間、アラブ諸国によるスンナ派支援が活発となった。支援を行ったのは、サウディアラビアをはじめとする湾岸諸国、エジプト、トルコ、ヨルダン、レバノンである。一方、シーア派を支援したのはイランとシリア、レバノンのヒズブッラー、ロシアと中国である。これらの支援国同士の対立は徐々に深刻になっ

イラクのスンナ派、シーア派をめぐる、各国の支援（対立）関係

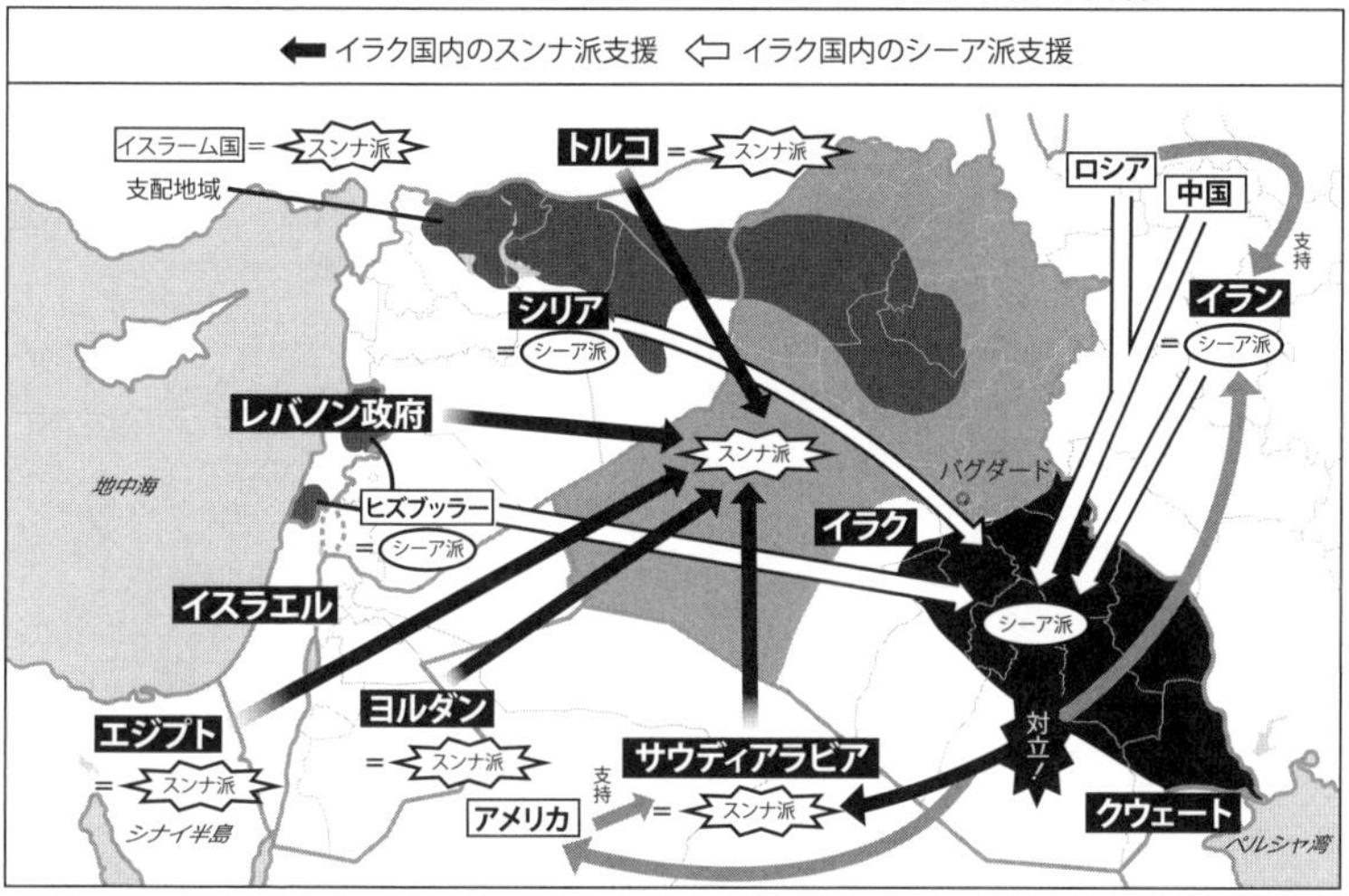

た。第三次世界大戦の引き金にもなりかねない状況だったといっても過言ではない。この対立には二つの大きな国際問題――イランの核問題とシリア危機――が関わっていたからである。しかしイスラーム国の出現は、この状況を覆すことになった。どの国も、イスラーム国がもたらした混乱に対する政策を打ち出せなくなった。

例えばイランは、バグダーディー・イスラーム国の自国の国境地帯への伸張を恐れ、これまで対立していた各国と協力してイスラーム国の脅威に対処せざるを得なくなった。一方アメリカとサウディアラビアも、不倶戴天《ふぐたいてん》の敵であるイランと何らかの協力をせざるを得なくなったのである（現在のところ、両者の具体的な協力関係は始まっていないが）。そして、スンナ派イスラーム諸国の大半から打倒の「対象」となっていたはずの、シリアの大統領バッシャール・アサドにも、協力を要請せざるを得なくなっている。加えて、スン

ナ派が多数を占めるイラクとシリアの近隣諸国(ヨルダン、クウェート、サウディアラビア)は、イスラーム国のイデオロギーが自国民に浸透し、体制を揺るがしかねない脅威に晒されている。

イスラーム国に対する支持は皆無であるとはいえない。シリアとイラクの複数の都市や町村の住民は、イスラーム国の支配を当初歓迎したことも事実である。イスラーム国が数において勝る政府軍を駆逐したことにより、住民らは「スンナ派をシーア派の支配から解放した」と感じたのである。イスラーム国はまた住民に対し、社会サービスを提供し、食料品を安価で提供した。このことも、住民の支持を得た要因である。

当初、西欧諸国とスンナ派イスラーム諸国は、「穏健なシリア反体制派」にわずかばかりの支援をすることによって、イスラーム国の進撃を止めることができると考えたが、失敗に終わった。二〇万人以上を殺戮《さつりく》したアサド政権の打倒計画を「延期」した各国は、国内世論の反発を受けることは間違いない。特に湾岸諸国は「穏健な反体制派」支援のためにこれまで数十億USドル(約数千億円)を無駄遣いしたことになる。トルコもまた同様のトラブルに巻き込まれている。イスラーム国と戦うことは、アンカラ(トルコの首都)が打倒を計画してきたアサドを結果的に支援することになるためである。

サウディアラビアが直面している問題がもっとも複雑であろう。政府にとってイスラーム国は壊滅すべき組織の筆頭であるが、イスラーム国のような「過激派」の脅威を取り除くことは同時に、イランを安堵させる行為ともなるのだ。

有志連合による軍事介入

二〇一四年八月、アメリカは、イスラーム国がアルビルに進軍したことで重い腰を上げ、軍事介入を決断した。イスラーム国壊滅を目指す有志連合の結成は、あまりにも遅い対応であった。そのわずか七カ月前、オバマ大統領はイスラーム国を「初心者揃いの大学のバスケットボールチーム」「アルカーイダから飛び出した小組織」と評した。イスラーム国がアメリカ人ジャーナリストの人質二人を斬首《ざんしゅ》し、シリア北部の町村を次々と侵食していくなか、オバマ大統領は安閑《あんかん》としていた。彼は有志連合結成のわずか二週間前という時期に至っても、「我が国の対イスラーム国戦略は完成していない」と暢気《のんき》に語っていた。

対イスラーム国への軍事介入を決断の下した西欧・有志連合のリーダー、アメリカ大統領のバラク・オバマ(右)と、フランス大統領のフランソワ・オランド(左)

フランソワ・オランド仏大統領は外交活動を開始した。最初の訪問地はバグダードだった。その後パリではイラクのフアード・マアスーム大統領と共に会議を主催、二〇カ国の大臣が参加した。オランドは会議において「イスラーム国が国際的な脅威である以上、国際的な対処が必要である」と語った。アラブの一〇カ国がその場で協力を表明、四〇カ国が参加した「有志連合」の結成となった。この連合は、アメリカが主導することになった。

アメリカの軍事介入は即座に効果をもたらした。イスラーム国はアルビル周辺からの撤退を開始、イスラーム国が占拠していた戦略的拠点のモスル・ダム（モスル近郊にあるイラク最大のダム）の奪還に、激しい戦闘の末成功した。イスラーム国は「ダムを爆破し破壊する」と脅迫した。ダムが破壊された場合、周辺に住む二五万人の命が危機に瀕するところであったが、破壊は行われなかった。アメリカと有志連合諸国はこのとき、アルカーイダの伝統的な戦法を思い出すべきであった。アルカーイダは、形勢不利となった地点からは即座に撤退し、戦力を温存して他の地点に攻勢をかけるという戦法を用いるのである。イスラーム国はアルカーイダの戦法を踏襲し他の地方に進軍、シリアのラッカ県の政府軍基地を制圧して、無人機やヘリコプターの撃墜が可能なミサイルを鹵獲、次いでタブカ軍事空港（ラッカ県の政府軍最後の拠点だった）を制圧した。同時に、ラッカからアレッポ方面に向けて進撃した。

アラブ諸国、西欧諸国双方の軍事の専門家は「イスラーム国に攻撃を加える際は、シリア、イラク両国の拠点を同時に攻撃しなければ効果がない」「空爆による攻撃だけでは不十分」との見方を示している。アフガニスタン、イエメン、パキスタンで行なわれた無人機による空爆は、アルカーイダに致命的な打撃を与えることができなかった。

しかし現在に至るまで、西欧諸国政府はいずれも、地上軍の派遣に合意していない。エジプト、トルコ両政府すら、イスラーム国との戦闘による人的被害のリスクを懸念し、地上軍派遣に至っていない。イスラーム国は市街戦に長《た》けている。彼らは、空爆を行えば甚大な被害が予想される、人口が密集する都市を拠点としている。有志連合がこうした地域に空爆を行なえば、被害を受けた住民の反有志連合感情が増幅されかねない。

アメリカは、イラク軍の戦闘能力の向上を図ることによって事態に対処しようとしている。しかしアメリカは一〇年前、二五〇億USドル(約三兆一千億円)を費やして八〇万人のイラク軍を訓練している。あの労力は全く無駄だったのであろうか? シリアにおいては、二〇〇六年にイラクでアルカーイダ壊滅を目的として設立された「覚醒評議会」と同じシナリオを実行しようとしている。当時は部族や村人の協力を得ることができ、作戦は成功を収めた。

オバマ政権は五億USドル(約六一五億円)を、「穏健なシリア反体制派」への武器供与、軍事訓練のために供出することにした。対イスラーム国戦に投入するためである。

しかし、「穏健な反体制派」と思われていた反体制勢力がイスラーム国に合流するという事態が起きた。彼らはイスラーム国傘下《さんか》に加わった方が、彼ら自身の目標達成に効果的と考えたためであった。イスラーム国に加わらなかった諸勢力は、三年間の戦闘に疲弊してしまっている。「自由シリア軍」は、穏健な反体制諸勢力の最大の連合体であるが、常に内部抗争と汚職に関するスキャンダルが絶えず、力を発揮できない状況にある。

アサドは、国際社会に再認知されるにはイスラーム国との戦いに協力することが必要と悟り、アメリカに対して偵察機のシリア領空の飛行、アイン・アラブ(コバニ)を防衛するクルド勢力を援護する無人機や戦闘機による空爆を許可した。アメリカ政府は、アサドの許可を得た上で行なったことを公式には認めていないが、アサド政権は空爆に反対する動きを一切見せておらず、このことはアメリカとアサド政権との間に秘密の協定が存在していることをうかがわせる。国防総省は、米軍のパイロットを、アサド政権が飛行を禁止する地域に派遣するようなリスクを犯すとは考えられないからである。

有志連合による軍事介入のリスクは、イスラーム国に対し、より大きな力と人気を供給する結果になっていることである。アブー・ムハンマド・マクデスィーやアブー・クターダのような、著名なジハード主義のイデオローグの論調の変化がその一例である。両者は当初、イスラーム国に批判的な立場にあったが、軍事介入により考えを変えた。「西欧と同じ塹壕《ざんごう》で戦う」ことは受け入れられないというのだ。彼らは多くの支持者を抱えており、思想的に大きな影響力を有している。

西欧の諜報機関は、イスラーム国の活動を正確に把握できていなかった。特殊部隊による人質救出作戦は実行に移されたが、情報が間違っており、別の地域に入ってしまったために失敗した。CIAすら、イスラーム国が所有する武器と戦闘員の総数の計算を誤った。当初CIAはその戦闘員を一万人としていたが、最近になってそれを三万一五〇〇人と修正した。ちなみに、実際の戦闘員数は一〇万人、あるいはそれ以上との情報も存在する。現在に至るまで、有志連合は明確な戦略を有していないように思える。地上軍の派遣も、予測される損害のリスクを恐れ、決定できない状態にあるようだ。

史上最も裕福なテロ組織

イスラーム国はアルカーイダと異なり、自ら資金を調達する能力を持っている。寄付金が戦闘に使われる予算に占める割合は、ごくわずかなものだろう。この「自給体制」が、主体的に決定し、行動することを可能にしたのである。

二〇一四年一〇月、アメリカ財務省は、イスラーム国が驚くべきスピードで資金を調達していること、その収入源は、戦利品や兵器の売買、銀行強盗や誘拐による身代金強奪、自ら制圧した油田と製油所からもたらされていると報告した。

本書を執筆中の現在、イスラーム国はシリアとイラクの一一箇所の油田を制圧、生産した石油を仲買人を通じて、古くから存在していた石油の密売商に売りさばいている。クルド自治政府も、イラク北部の油田を舞台にした密売・密輸を止めることができないようだ。またシリアにおいては、欧米による制裁で二〇一一年以来石油取引が禁じられているアサド政権も、イスラーム国の「顧客」の一つとなっているようだ。

イスラーム国はシリアの主要な油田を支配下に置いている。シリア最大の「ウマル油田」(日産七万五〇〇〇バレル)はその一つである。また「オジャイル油田」「ハムリーン油田」を含む、イラク東部のサラーフッディーン、ディヤーラの中小規模の油田等である。

イスラーム国は平均して、シリアにおいて日産五万バレル、イラクにおいて三万バレルの石油を生産しているとみられる。彼らはこの石油を一バレルあたり二五〜六〇USドル(約六一五〇〜七三八〇円)という廉価で販売している(国際価格が一バレル一〇〇USドル(約一万二三〇〇円)であった頃である)。彼らはこの「安売り」により、一日あたり二〇〇万〜四八〇万USドル(約二億四六〇〇万〜五億九〇〇〇万円)の収入を得ているのである。イスラーム国は、シリアとイラクの製油所の制圧を激戦の末、手に入れた。彼らが制圧したなかには「バイジ製油所」とモスルの「キヤーラ製油所」が含まれるが、それ以外の製油所の安否は不明な点が多い。製油所に関しては情報が隠匿されている場合が多い。有志連合はこれまでに、イスラーム国が支配する主要な製油所を空爆している。有志連合の空爆状況から推定すると、イスラーム国はシリア国内の一二箇所の製油所を支配しているとみられる。イスラーム国は有志連合による空爆を妨害するため、「バイジ製油所」の一〇万バレルを貯蔵するタンクに火を放ち、タンクは数日間燃え続けた。

次に、石油による収入よりも注目すべきと思われるのが、考古遺物の盗掘と密売である。イスラーム国は、顧客の注文に応じて盗掘を行なうこともあるという。シリアとイラクの地は六〇〇〇年の歴史を持つ国であり、両国政府は自国の文明・文化の保全のため、そして観光資源のために国内の遺跡・遺物を大切に保管してきた。しかしこれらの遺跡や遺物は、残念ながら危機に瀕している。イスラーム国にとって、遺物の盗掘は「清掃」の一環と考えているところがある。「国内から偶像を一掃するのに役立つ」というのである。彼らはまた、聖者廟《びょう》や古い墓に関しても同様の措置を採っており、価値のあるものだけを残し、破壊し尽くすといった行為を繰り返している。彼らにとって、これらすべての遺跡・遺物は「戦利品」であり、どのように扱おうとも合法と看做している。考古学者による調査により、最もダメージを受けたことが判明したシリア国内の遺跡は、アパメア(ハマ県)、ドゥラ・ユーロポス(デリゾール県のシャーム砂漠に位置)、ラッカである。一方イラクに関しては、二〇〇三年のイラク戦争直後から考古遺物の盗難が始まっていたが、現在ほどの規模で盗掘が行なわれたことはなかった。遺跡を撮影した衛星写真によれば、タイヤショベルを用いた大規模な盗掘が進行中であるという。

盗み出された考古遺物は、主にシリア―トルコ国境で密売されている。売られているものは、彫像や金貨・銀貨、モザイク、印章、絵画など多岐にわたる。米『ニューヨーカー』誌による専門家のインタビューによれば、これらの遺物は信じ難い高額で取引されているという。参考までに述べておくと、二〇〇七年にニューヨークのオークションにおいて、メソポタミア文明の石灰岩製の三インチ(約七・六センチ)に満たないライオン像が五七〇〇万USドルで落札されたことがあった。イスラーム国が考古遺物の取引でどれほどの利益を得ているかは、不明な点が多いが、二〇一四年六月に逮捕された密輸の関係者から押収したリストによれば、イスラーム国の一州の密売の売り上げは三六〇〇万USドル(約四三億二〇〇〇万円)であった。

西欧のメディアは、イスラーム国に「性奴隷」とされた女性、ヤズィーディー(ヤジディ)(イラク北部などに住むクルド人の一部において信じられている民族宗教)教徒の女性らが証言した、九月にモスルで一〇日間開かれた「奴隷市場」に関する恐ろしいニュースを発信した。アリヤースと名乗るヤズィーディー教徒の女性は次のように述べた。「シンジャール出身の地元民、あるいは外国人の男達が女性を買いに来た。女性は一人一五USドル(約一八四五円)で買われた」。また、母親から

シリア国内で「イスラーム国」に制圧・盗掘された遺跡と「世界文化遺産」の場所

①アパメアの列柱道路　②古代都市ラッカの外壁　③ドゥラ・ユーロポスのベル神の神殿跡

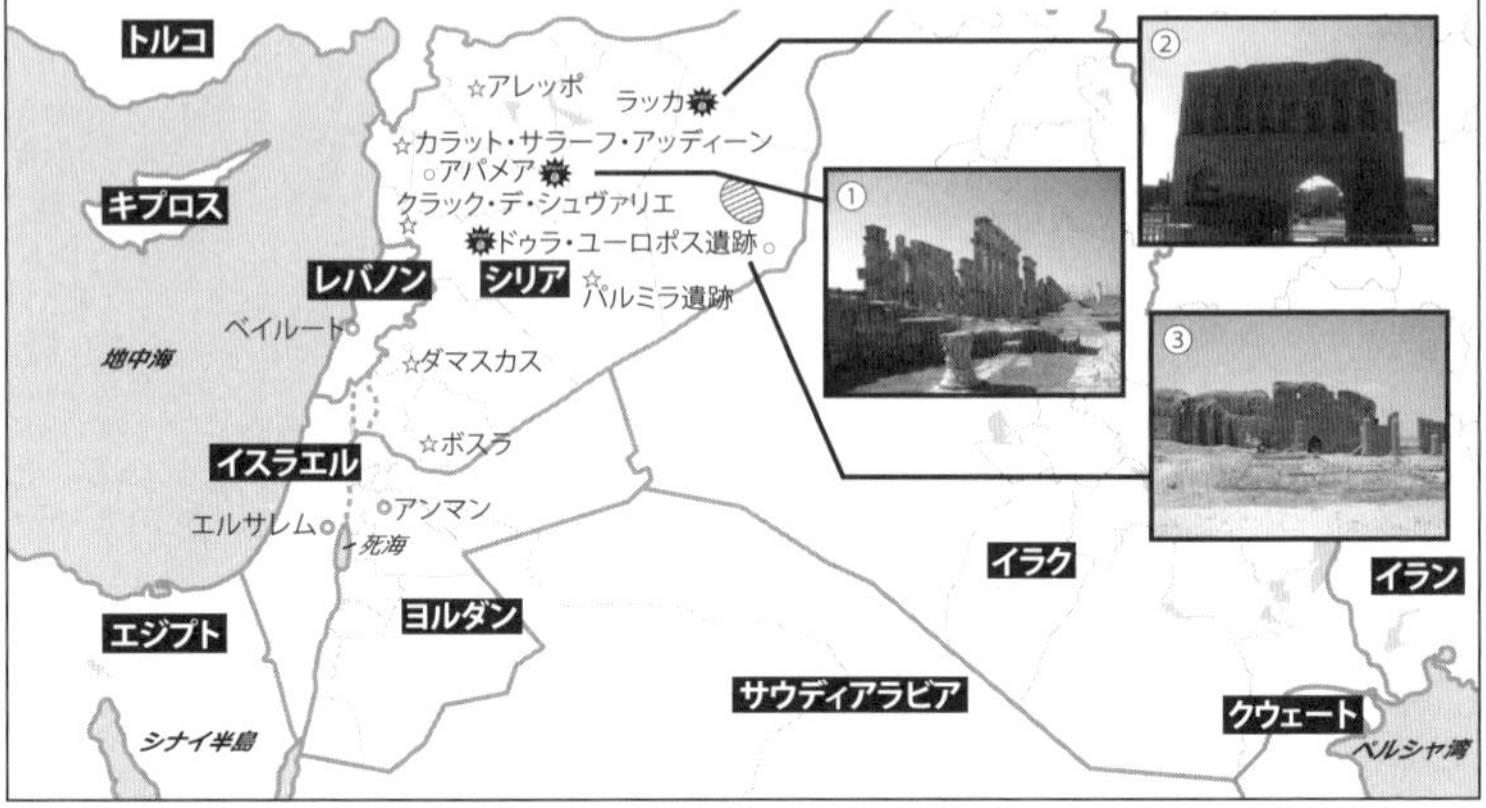

引き離された子供たちは買われることはなく、モスルに残された。イスラーム国はこの子供たちを学校で教育を施しているとの証言もあった。囚われた女性達がスカーフを使って自殺を図り、そのうちの四人が死亡したとも伝えられた。

　これらの証言に基づいたニュースは、イスラーム国の評判を落とすためのプロパガンダとする見方もある。しかし当のイスラーム国は、人身売買や奴隷制は合法と認識しているようである。彼らの広報誌『ダービク』第四号は、「審判の日の前に奴隷制が復活」と題する記事を載せた。同記事によると、拘束したヤズィーディー教徒の扱いに関しウラマー（イスラーム学者たち）は検討を行ない、彼らを「背教者か、啓典の民（ユダヤ教徒、キリスト教徒）か、偶像崇拝者か」のどれと看做すかを議論し、「彼らは偶像崇拝者」と結論付け、イスラーム法学者たちの多数意見に基づき、男性はムシュリク（多神教徒）に対する扱い、すなわち「処刑」がなされた。女性は

「売買が可能な女性捕虜」とすることを決定したが、それは多神教徒の女性に関しては一定期間の猶予を与え「改宗か死か」を選ばせるのが正しく、奴隷にすることは許されないとのイスラーム法学者の通説に反している(監訳者注：通説では、女性を殺すことは許されない)。ヤズィーディー教徒の女性たちは拘束された後、子供たちと引き離された。その上で彼女たちは「シャリーアに基づき」、イスラーム国の中央政府に(戦利品税である)五分の一が送られた後、(残りが)シンジャール作戦に参加した戦闘員の間で分け与えられ、戦闘員らは与えられた女性を「サハーバ(預言者ムハンマドの教友)がしたように」、売ったのであった。なお記事によると、戦闘員らは「ファトワー(イスラーム教における勧告・布告・見解・裁断のこと)に基づき」、母親と子供を引き離すことはしなかったという。記事の著者は、こうした動きは審判の日(世界が終わる日)の前兆であり、「審判の前に奴隷制が復活する」とした。また、著者は次のようにも述べ、奴隷制を正当化したのである。「近代の法学者らは『奴隷制が廃止されたことで姦通が増加した』と指摘している。自由人の女性と結婚できない事情を持つ男性は婚外交渉に走る傾向にあり、メイドの女性を雇うムスリムの男性は、メイドとの性交渉を行ないかねない。もしこのメイドの女性が奴隷身分であるなら、こうした性交渉は合法となる。人々がジハードから離れると、こうした乱れが起きる」。奴隷の売買はイスラーム国の主要な財源ではないが、イスラーム国の野蛮さと不気味さをよく表しているように思われる。

次に、「身代金ビジネス」についてである。二〇一四年の一年で、イスラーム国は人質の身代金として二〇〇〇万USドル(約二四億六〇〇〇万円)を手にしたとみられている。身代金を支払った国の中にはフランスも含まれているとみられる。一方アメリカ政府は、「さらなる誘拐を引き起こす」として一貫して身代金支払いに反対している。AP通信によると、イスラーム国はアメリカ人ジャーナリストの人質ジェームス・フォーリーの身代金として一億三二五〇万USドル（約一五一億円）を要求した。

このように、イスラーム国は財源の確保のために、ありとあらゆる「ビジネス」を行なっている。彼らは、収入の多くを非合法な手段で入手していることは確かだが、彼らの「ビジネス」を手助けする地元組織、国際組織が存在していることも見逃してはならない。

イスラーム国誕生の年譜

二〇一三年四月

「イラクのイスラーム国」、シリアにおける活動を拡大し「イラクとシャームのイスラーム国」と改称。当初はシリアの反体制武装勢力と共闘関係にあったが、短期間のうちに反体制諸勢力で最強の組織となる。

二〇一三年七月

「イラクとシャームのイスラーム国」、シリア反体制派の世俗勢力との抗争を起こすようになる。ラタキア（地中海に突き出した半島に位置するシリア第一の港湾都市。P.78地図①）では「自由シリア軍」の司令官カマール・ハマーミー（通称アブー・バシール・ジャブラーウィー）を殺害。

二〇一三年七月

「イラクとシャームのイスラーム国」、悪名高い監獄であった「アブー・グレイブ監獄」（同②）を襲撃、五〇〇人のジハード主義者の囚人を解放。この中にはアルカーイダの幹部も含まれていた。襲撃計画は一年前から存在していたとされる。

二〇一三年八月

「イラクとシャームのイスラーム国」、アレッポ北西部のミング軍用空港（同③）を制圧。

二〇一三年九月

イスラーム国、「アハラール・シャーム」（二〇一一年末、シリアの刑務所に収監されていた元政治犯などによって結成されたとされるスンナ派武装組織（公安調査庁ホームページより））の司令官アブー・ウバイダを殺害、「自由シリア軍」支配下のアーザーズ（同④）を制圧。アーザーズはトルコ国境に近い町であり、湾岸諸国からの資金や武器、外国人戦闘員が通過する戦略的な拠点であった。

二〇一三年一二月

イスラーム国、イラク・アンバル県の複数の都市を制圧。同月末にはファッルージャ（首都バグダードの西方に位置し、スンナ派ムスリムの多いスンニ・トライアングルの中核をなす都市。同⑤を制圧。

二〇一四年一月

オバマ米大統領、イスラーム国戦闘員を「初心者のプレーヤー」と評する。

サウディアラビアに支援された「イスラーム戦線」、「自由シリア軍」とともに、アレッポ、イドリブ両県のイスラーム国拠点奪還を目指して戦闘を開始。「自由シリア軍」、アブー・バクル・バグダーディーの右腕と目されたハージ・バクル(旧フセイン政権時代の共和国防衛隊将校)の暗殺に成功。

二〇一四年二月

イスラーム国と「ヌスラ戦線」の対立が戦闘に発展。「ヌスラ戦線」は「自由シリア軍」と協力し、イスラーム国のデリゾール県内からの放逐を目指し戦闘を開始。

アレッポ県内でイスラーム国の自爆要員が、「アハラール・シャーム」幹部らを殺害。イラクのアンバル県のハディーサ市(イラク最大の水力発電所が存在。同⑥)でも「覚醒評議会」に参加している部族長らを自爆攻撃で殺害。

二〇一四年三月

イスラーム国の主要目標が、チグリス・ユーフラテス両河川のダムの制圧にあることが判明。

イスラーム国がアルカーイダの戦法を踏襲し、形勢不利となった戦場から即座に引き上げ、他の戦場に戦力を投入する動きが目立つようになる。イスラーム国は、シリアの革命諸勢力と戦闘を行なっていたイドリブ県から撤退。アーザーズからも撤退する。同時に、後にイスラーム国の「首都」となる、ラッカ周辺に戦力を集中させる。

二〇一四年五月
イスラーム国、ラッカ(同⑦)における十字架刑を含む残虐な死刑を記録した映像や画像を公開する。住民や他のイスラーム主義勢力、政府軍を恐怖に陥れることにより、自らに反抗する動きを封じる心理作戦に出る。

二〇一四年六月
各地で軍事的勝利を収め、「カリフ国」建国を宣言。作戦を開始してからわずか五カ月間で、シリアとイラクの広範な地域を制圧することに成功する。イラク第二の都市モスル(同⑧)を制圧したことで、国内外に衝撃を与える。その他にもニナワ県(シリアとの国境にあるイラク北部の県。県都はイラク第二の大都市モスル)の大半、ファッルージャ(同⑤)、ティクリート(チグリス川沿い、バグダードの北西にあるイラクの都市。同⑨)を制圧する。イラク政府軍の二師団の兵士ら約三万人が武器を捨て逃亡。続く一カ月間でキルクーク(バグダードの北方、モスルの南東にあるイラク北部の都市。イラク北部の石油工業の中心。同⑩)などに進撃、ダムや製油所の制圧を試みたほか、サラーフッディーン県の一〇市町村を制圧した。

イスラーム国はモスルにおいて、政府関係機関、空港、警察署、中央銀行(五億USドル〔約六〇〇億円〕を強奪したとされる)を制圧した。モスルの近郊には油田があるほか、巨大なモスル・ダム(同⑪)がある。五〇万人(少数派のキリスト教徒四〇〇家族を含む)ものモスル市民が脱出したが、西欧諸国メディアはこの脱出を大きく取り上げた。こうした報道は、西欧諸国による軍事介入を正当化できる内容であったが、事態はすぐには動かなかった。イスラーム国が油田の制圧に動いて初めて、介入が行なわれたのである(西欧諸国の行動を、悪意をもって捉えるつもりはないが)。

オバマ大統領はイスラーム国にアーマルリーを追われシンジャール山地に避難したヤズィーディー教徒の救援を決定した。

イラク最大級の「バイジ製油所」(同⑫)がイスラーム国に制圧され、政府軍の兵士四〇〇人が逃亡した。これにより軍事介入が現実的なものとなった。その後イスラーム国は「オジャイル油田」(同⑬)を制圧、制圧から一カ月後には原油の販売を開始した。外国企業によって管理運営されている巨大ガス田「マンスーリヤト・ジャバル」(同⑭)も、六月に制圧された。

モスルにおいてはトルコ領事館が襲撃され、領事と四八人の職員が拘束された。イスラーム国の進撃がバグダードに及ぶことを恐れた国連は、六〇人の国連職員をバグダードから退避させた。しかしイスラーム国は進路を変えてシリア方面に向かい、タラベイル国境検問所(ヨルダンとの国境)、国境近くの町村を次々に制圧した。

六月一九日、イスラーム国はムサンナ(イラク南部の県で、サウディアラビアと国境を接する。県都はサマーワ)にある、旧フセイン政権時代に稼動していた化学兵器工場を制圧した。一〇月には、バグダード北郊のバラド(同⑮)をイスラーム国が攻撃した際、塩素ガスを使用したと報告された。要衝の町テルアファル(同⑯)と空港も制圧された。

イラク国内各地で戦闘が行われていた時、バグダードで活動するシーア派主体の反体制勢力までもが、イスラーム国と共闘したとの情報が流れた。イスラーム国はキルクーク(同⑩)で捕虜にした政府軍兵士の首を切断する画像を繰り返し公開し、敵対者に恐怖を植え付ける作戦をとった。彼らはモスル(同⑧)のバードゥーシュ監獄の六七〇人のシーア派の囚人を殺害したほか、アブー・バクル・バグダーディーに忠誠を誓うことを拒否したモスルの一三人のモスクのイマーム(「大モスク」のイマームを含む)も殺害した。ティクリート(同⑨)近郊では、政府軍駐屯地スパイカーから逃亡を試みた政府軍兵士を捕らえた。三日間で一五〇〇人あまりの兵士が殺害された。

国際社会がイスラーム国の進撃を傍観するなか、イスラーム国は、アブー・バクル・バグダーディーをカリフとする、カリフ制の樹立を宣言した。六月二九日、ラマダーン月一日のことであった。

二〇一四年七月、イスラーム国は軍事作戦を継続し、成功を収めた。シリアでは「ウマル油田」(同⑰)を「ヌスラ戦線」の手から奪った。「ヌスラ戦線」はほぼ無抵抗だった。続いて、ホムス(シリア西部にある都市で、ホムス県の県都)の「シャーイル・ガス田」(同⑱)を制圧した。

イスラーム国の進撃と制圧した拠点

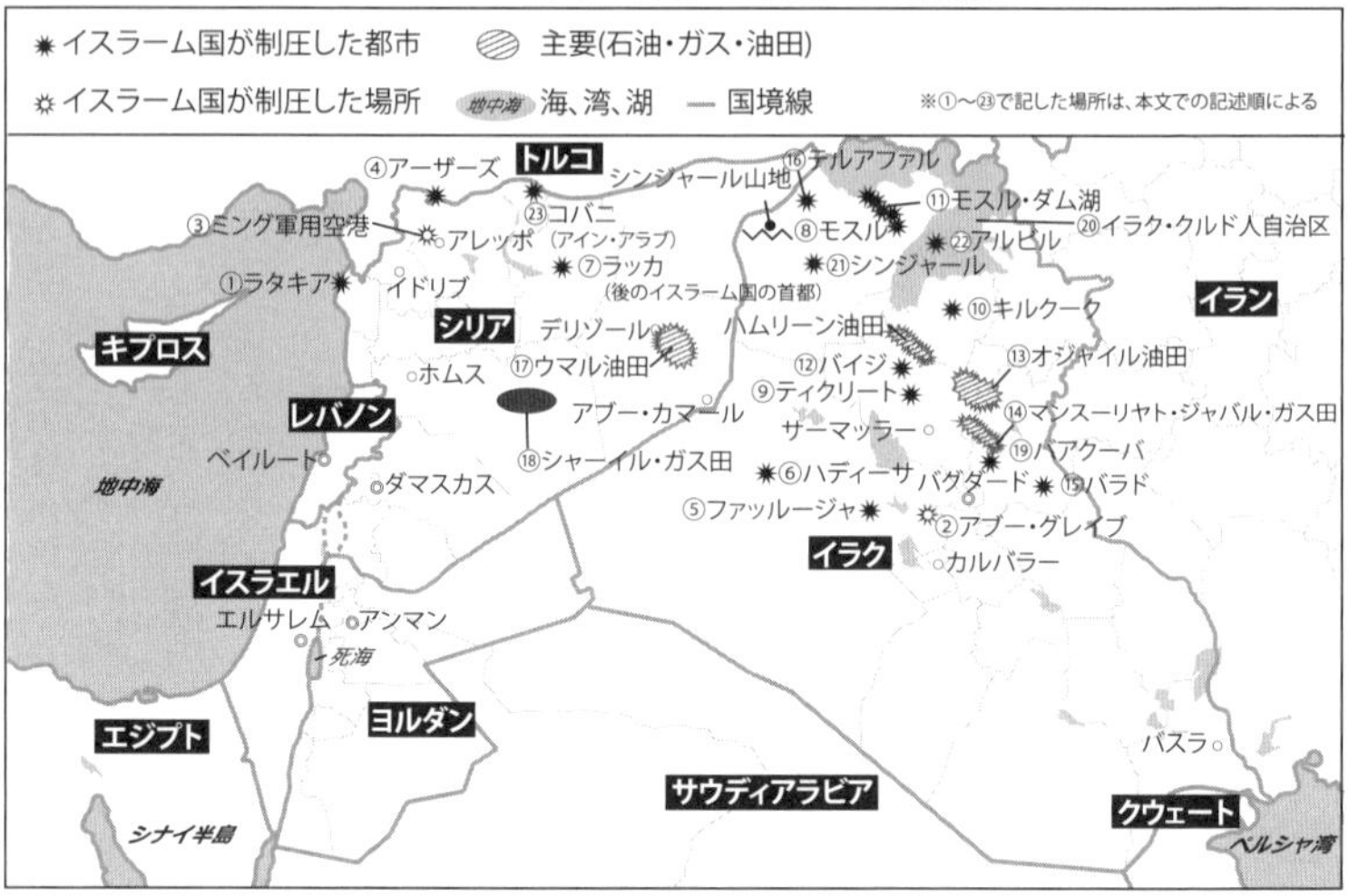

この時期も、無慈悲な虐殺をイスラーム国が止めることはなかった。彼らはティクリートで政府の情報員を、モスルでは軍の将校らを拉致、バシールではトルクメン人の村を襲撃し七〇〇人を殺害、四二人の政府軍兵士の捕虜を処刑した。シリアでは、ラッカ(同⑦)で政府軍の一部隊全員を拘束して斬首《ざんしゅ》、首をラッカ市内の広場に晒した。同様の行為は、イラクのティクリートの警察官一八人に対しても行われている。バアクーバ(イラクの首都バグダードの北東に位置する、ディヤーラー県の県都。同⑲)では、イスラーム国を非難したスンナ派のイマームが殺害された。七月二八日、ラマダーン月が終わり祝祭に入ろうという日、イスラーム国の広報部門「ハヤート」は、集団処刑の映像を公表した。国連は、七月にイスラーム国によって殺害された人々の総数が一七三七人に上り、うち一一八六人がイラク人の民間人であると発表した。

イスラーム国はまた、他宗派、他宗教の関連施設を破壊した。その中には、(シーア派とユダヤ教徒に尊崇《そんすう》されていた)モスルの預言者ユースフ廟《びょう》とモスク、預言者シート廟が含まれる。

二〇一四年八月、「ヌスラ戦線」がイスラーム国に協力する動きがみられた。「ヌスラ戦線」の戦略は「敵を打ち負かすことができなければ、敵に従う方がよい」というものであった。「ヌスラ戦線」とイスラーム国の共同部隊は、イラクのクルド自治区(同⑳)の町ザマールと、近郊の油田を制圧した。同月、イスラーム国はクルド自治区のシンジャール(同㉑)にあるヤズィーディー教徒の町を襲撃、男性の住民数百人は殺害され、女性は誘拐されて奴隷市場に売られた(前出P.69)。

国際社会は、五万人ものヤズィーディー教徒の女性(欧米人のような金髪碧眼《へきがん》の外見を持つ女性もいた)と子供がイスラーム国に追われ、山中で難民として暮らしていることにショックを受けた。シンジャール山地で飢えに苦しむ子供たちの一部が餓死したとも、イスラーム国が住民に対し「改宗か死か」を迫ったとも報じられた。キリスト教徒も類似の脅威に直面した。イスラーム国がニナワ県のキリスト教徒が住む村――カラクーシュ、バルティーラ、タルキービ、カルマラーシュ、マフムール――を制圧した時、イスラーム以前からこの地に暮らしていたアッシリア(メソポタミア[現在のイラク]北部を占める地域、またはそこに興《おこ》った王国)のキリスト教徒二万人は村から逃げ出した。

イスラーム国の犠牲者が、「ムスリムではない、白い肌を持った人々」であったことは、西欧諸国に心理的な影響を与え、軍事介入の世論が形成されることになった。世論の怒りが、オバマ大統領による、イラクのイスラーム国拠点に対する空爆開始の決断を後押しすることになったのである。英国とフランスは航空機を派遣、イスラーム国から逃れた避難民らのための支援物資輸送を開始した。その間にもイスラーム国は、クルド自治区の首都アルビル（同㉒）と、近郊にあるイラク第二の油田に迫った。彼らはこの油田の制圧の大義を、クルド人が石油を西欧やイスラエルに輸出していることに求めた。

イスラーム国が拘束する人質の英米人解放のための交渉もこの頃行なわれていた。八月一二日、アメリカ人ジャーナリストのジェームス・フォーリーの家族は、イスラーム国からのEメールを受け取った。メールには「侵攻」と「暴力」のキーワードが用いられていた。その内容は次のようなものであった。

いつまで羊は盲目の羊飼いに付き従うのか？

アメリカ政府と、それに従う羊のような国民へ。

イラク戦争にあなた方が敗北して以来、私達はあなた方に危害を加えなかった。

私達はあなた方を攻撃することは何時でも可能だったが、あなた方が安穏に暮らしている限り、攻撃を加えるようなことはしなかった。

私たちが捉えているあなたの国民は、ライオンの住処に侵入したようなものであり、彼らは食べられてしまったのである。

あなた方には、他の国がそうしたように、交渉と身代金の支払いによって解決する選択肢があった。

私達はまた、捕虜の交換という選択肢も提示した。あなた方が捕らえているアーフィヤ・スィッディーキーとの交換である。しかし、あなた方はそのような解決法に興味がないことを示した。

あなた方は、イラクを占領しようと試みていた時以来、ムスリムとの問題は力の行使によってのみ解決しようとしてきた。

あなた方は再びイラクを攻撃するという決断をしようとしている。しかも空爆と代理戦争によって。あなた方は私達と直接戦火を交えることができないからだろう。

今、私達の剣はあなた方国民、政府双方に向いている。私達はあなた方の血に飢えている。

私達は、あなた方のうちの女性、子供、弱者、老人にも容赦はしない。一切の容赦はない。

空爆の代償は、あなた方国民が払うことになるだろう。まず最初にその代償を支払うことになるのは、ジェームス・フォーリーである。彼は、あなた方の敵対行為を理由に処刑されることになるだろう。

ジェームス・フォーリーは直《ただ》ちに、カメラの前で処刑された。二〇一四年八月一九日のことである。フォーリーは処刑された時、グアンタナモ収容所（キューバ東南部のグアンタナモ湾に位置するアメリカ海軍の基地。現在はアフガニスタンやイラクで拘束された人の収容所としても使用されている）の囚人服と同じ服を着せられていた。

九月初旬、同じくアメリカ人ジャーナリストのスティーブン・ソトロフ(イスラエルのパスポートも所持していた)が処刑された。処刑を行なう人物が英国人で、「ジハーディー・ジョン」を自称する人物であったことは注目を集めた。この情報をもたらしたのは、同時期にイスラーム国に拘束され、後にトルコ諜報部の尽力により解放されたトルコ人フォトジャーナリストのベニヤミン・アイゴンであった。アイゴンはまた、「ジハーディー・ジョン」が、「ビートルズ」と称される、英国人で組織される細胞の構成員であることを明らかにした。

また九月から一〇月にかけて、イスラーム国は二人の英国人NGO関係者、デービッド・ヘインズ、アラン・ヘニングを処刑した。

「カリフ国」樹立宣言以降、イスラーム国は、シリアとイラク国内の支配地域の拡大を試みた。もっとも激しい戦いとなったのが、シリア北部のトルコ国境に近いクルド人地域(同⑳)である。二〇一四年九月、イスラーム国はコバニ(同㉓)を包囲すると同時に、イラク国内でも軍事作戦を活発に行なった。アメリカはイラクに加え、シリア国内のイスラーム国拠点への空爆を強化した。

新たなカリフ制の誕生

二〇一四年六月二九日、イスラーム国はカリフ制の樹立を宣言、アブー・バクル・バグダーディーがカリフに就任した。この日は、断食月とも呼ばれる、ラマダーン月の初日であった。七月二日、イスラーム主義者のウェブサイトやSNSにおいて、「新たなカリフ」のスピーチが公開された。多くのアナリストは、このカリフの声質《せいしつ》、スピーチの内容やスピーチの意味を、ウサーマ・ビンラーディンと比較しながら検討しようとした。「カリフ・イブラーヒーム」はスピーチのなかで、自らが率いるイスラーム国の立場、ビジョンを説明、全世界のムスリムに対し、イスラーム国に移住しジハードに参加することを呼びかけた。彼は、この新生国家のインフラ整備のため、特殊技能を持った人々の移住を特に歓迎するとした。

以下は、「カリフ・イブラーヒーム」によるスピーチの主要部分である。

すべてのムスリムたちよ。喜び、希望を持ち、顔を上げなさい。アッラーの御徳《おんとく》により、今日、国家、カリフ制があなた方のものとなった。これにより、あなた方の尊厳、あなた方の権利と権威が取り戻されるだろう。この国では、すべての人々が平等である。外国人、アラブ人、白人、黒人、東洋人、西洋人すべてが平等である。このカリフ国は、コーカサス人とインド人、中国人、シャームの人々、イラク人、イエメン人、エジプト人、モロッコ人、アメリカ人、フランス人、ドイツ人、オーストラリア人が集った。アッラーにより彼らは距離を縮め、同胞となり、愛し合うことになった。彼らはひとつの塹壕に入り、共に防衛し、保護し、自らを犠牲にする。彼らはひとつの旗の下に、ひとつの目的のもとに、ひとつの天幕の下に団結し、信仰によって結ばれた同胞愛のもとに暮らす。このような同胞愛を見た者は、たとえ王であってもすべての地位を手放し、馳せ参じるであろう。アッラーに感謝し、アッラーにこそ称賛あれ。

すべてのムスリムたちよ。イスラーム国に移住できる者は、移住しなさい。「イスラームの家」に移住することは義務である。

私たちは特に、智を求める学生、イスラーム法学者、宣教者を求める。イスラーム裁判官も必要であり、軍事、経営、社会福祉の専門家、医師、あらゆる分野の技師も必要である。彼らには、アッラーを畏《おそ》れ、直ちに仕事を始めてほしい。これらは、彼ら全員に課せられた義務である。なぜならば、これらはムスリムのための事業であり、知識のない人々を教育指導し、正しい方向に導くゆえの事業であるからである。

イスラーム国の戦士たちよ。敵の多さに怖気《おじけ》づいてはならない。アッラーがあなた方と共にある。私はあなた方が敵に負けるとは思ってはいない。また、あなた方には何の支援も必要ではないと信じている。預言者ムハンマドが負けたり、殺害される心配をアッラーが一切されなかったように。あなた方の恩賞は、あなた方が持つ槍の下にある。あなた方が心配すべきは、あなた方自身の罪である。

合意し、そして反目、対立してはならない。あらゆる所においてアッラーを畏れよ。禁じられたものから身を遠ざけよ。禁じられた事を奨励する者を追い出せ。傲慢・高慢にならず、また勝利を妄信してはならない。心を低くし、アッラーの前で謙虚であれ。

アッラーの僕《しもべ》に対し傲慢《ごうまん》に振舞ってはならない。あなた方が優勢になり、多勢になったとしても、あなた方の敵を軽視し、あなどってはならない。

あなた方は今、宗教とイスラームの領域の守護者であることを心するがいい。あなた方はさまざまな困難や戦闘に直面するだろう。あなた方が最も血を流すにふさわしい場所（犠牲を払うべきこと）は、圧制者に捕らえられたムスリムの捕虜の解放である。アッラーを畏れ、準備を整えなさい。クルアーンをよく読み理解し、クルアーンに従って行動しなさい。

「カリフ・イブラーヒーム」は、イスラーム国が崩壊するとすれば、それは内部抗争によるものになるであろうことに気づいているようである。彼は「互いを受け入れ、共に語り、不和を起こしてはならない」と特に警告している。また彼は聴衆に対し、イスラームに対する教条的な理解により、本来味方につけるべき世界中のスンナ派を敵に回すことのないよう諭した。

「ムスリム、スンナ派の部族をよく扱い、彼らの安全のために尽力し、援助しなさい。彼らから悪い扱いを受けても、善行で報いてあげなさい。彼らには誠意をもって接し、常に許してあげなさい。自制心を持って、戦いに備えなさい」

とも語っている。

「カリフ」はスピーチの最後に、イスラーム国の拡大に関する見解を次のように述べている。

「私が残すメッセージに従えば、インシャアッラー（絶対神アッラーがもしそうお望みになるなら）、あなた方はローマを征服することもできるだろう」

七月四日、ラマダーン月の最初の金曜日のことである。アブー・バクル・バグダーディーは数年間の潜伏を経て、モスルの「大モスク」(このモスクの前イマームは、イスラーム国によって斬首された［前出P.77］)の金曜礼拝に姿を現し、説教を行なった。この日はアメリカ独立記念日であり、イスラーム国側は意図的にこの日を選んだと考えられる。

バグダーディーは歴代カリフがそうであったように、黒服に黒のターバンを身につけていた。

バグダーディーは説教において、一種の「宣戦布告」を行なったようにも思えた。彼は預言者ムハンマドが「アッラーの敵」との戦いを開始したのがラマダーン月であったことを挙げ、「信者たちよ、この御徳に満たされた月を戦闘の機会とせよ」と述べた。

バグダーディーは次のようにも述べ、人々に対し戦闘を奨励した。

「アッラーから頂戴するものを欲するならば、アッラーのために戦いなさい。信徒たちにもこれを奨励し、この困難に耐えなさい。もしジハードによって得られる、現世と来世における報償と尊厳を知ったならば、誰もジハードを放棄するようなことはしないだろう」

彼はまた、イスラーム国の未来の計画を確定し、イスラーム法定刑の執行を含むシャリーアの教えの施行において厳正に臨《のぞ》むよう命じ、「よく聞きなさい。アッラーのシャリーアに調停を求め、互いにそれに裁定をゆだね、イスラーム法定刑を執行することなくしては、いと祝福に満ちたいと高きアッラーのこの宗教が実践されることもなく、人間が創造された目的が実現されることもない。そしてその実行には力と権威を要する」と述べた。

バグダーディーはまた、カリフ制の新たな樹立は「ジハード戦士の努力の賜物」であるとし、述べた。「アッラーは勝利と解放という報償を私達に下さり、アッラーの敵を倒すための長きにわたるジハードと忍耐の末、安定をもたらしてくださった」

カリフの地位に就任したことについて、バグダーディーは「試練のひとつ」と評した。

「私はこの大役を引き受け、重い任務を背負うという試練を経験している。私はあなた方の指導者となったが、私はあなた方のうちで最も素晴らしい人物でもなければ、あなた方よりも優れた人物でもない。もし私が正しければ協力していただきたい。もし私が誤っていれば、それを指摘し正していただきたい。私がアッラーに従っている限り、私に従っていただきたい。もし私がアッラーに背いた場合、あなたがたは私に従うことはない。他の王や支配者がするように、贅沢、安逸、平穏、余裕を人々に約束するようなことを私はしない。私はただ、祝福に満ちた至高なるアッラーが信仰深きそのしもべたちに約束されたことをあなたがたにも約束するだけである」

数年間の潜伏を経て、イラク・モスルの「大モスク」の金曜礼拝に姿を現し、説教を行なったアブー・バクル・バグダーディー

第二章

アブー・バクル・バグダーディーへの道

アブー・バクル・バグダーディーは、自らの存在そのものを隠し続けてきた。過去数年間、彼の存在は謎に包まれていた。二〇一〇年、「イラクのイスラーム国」の指導者であった頃、そして後に「イラクとシャームのイスラーム国」の指導者となり、二〇一四年にカリフ制の樹立を宣言するまで、彼の詳細はほとんど知られることがなかったのである。まず彼は、公の場にほとんど姿を現さなかった。音声声明、文書による声明すら、ごく限られたものであった。彼のこうした隠密行動は、彼の側近らのアドバイスによるものと考えられている。彼がもし姿を現せば、各国の諜報機関の格好の監視対象になるためである。二〇〇六年に殺害された、「イラクのアルカーイダ」の指導者アブー・ムスアブ・ザルカーウィーのように、一つの誤りが破滅につながることもある。アメリカは、ザルカーウィーが登場したイラク国内の砂漠の映像によって、彼の居場所を特定することができたのである。

秘密主義を貫いているバグダーディーであるが、インタビュー、リサーチ等により、彼の人物像を断片的に知ることができる。そこから浮かび上がるのは、現在もっとも危険と考えられる、「イスラーム国指導者、カリフ」としての彼の姿である。

アブー・バクル・バグダーディーはまた、「アブー・ドゥアー」、「イブラーヒーム博士」、「アッワード・イブラーヒーム」、「亡霊」、「隠れシャイフ（幹部の前でも覆面姿でスピーチを行っていた)」といった別名を持っている。バグダーディーは一九七一年、バグダードの北五〇マイルの町サーマッラー(チグリス川に面し、メソポタミア文明以来の歴史を持つイラクの都市)で生まれた。

彼の本名は、イブラーヒーム・ブン・アワード・ブン・イブラーヒーム・バドリー・クラシーという。彼は、サーマッラーからディヤーラ(イラク中央東部、イラン国境に接する県)にかけて居住する、ブーバドリー部族に属する。この地域には他にも、ラードウィーヤ、フサイニーヤ、アドナーニーヤ、クラシーヤ(預言者ムハンマドの末裔とされる)といった部族が居住している。歴史上において、カリフの条件には「預言者の一族であること」が含まれている。二〇一四年七月四日にモスルの大ヌーリーモスク(前出P.86)で、バグダーディーが行なった説教(カリフの存在を知らしめる目的もあった)を見た人々は「預言者ムハンマドのようにミスワーク(アラックという薬用植物の枝の先を裂いて作った、歯ブラシの一種)を使っている」と気付いた。バグダーディーは、預言者ムハンマドの末裔の出自をほのめかし、預言者の言行やマナーを真似、ムスリムの第一世代が送っていた生活に回帰することを説くサラフィー主義を規範とした。

ビンラーディンの後継者、アルカーイダのアイマン・ザワーヒリー

ジハード主義者が集まるインターネットサイトでは、参加者がバグダーディーを「イマームや、クルアーン教師を多く輩出した信心深い家族の出自」であると強調し、「母はブーバドリー部族の出身」としている。

バグダーディーは、「バグダードのイスラーム大学」で学び、学士号、修士号、博士号を取得した。博士論文は、イスラーム法学、イスラームの歴史文化に関するものであった。この学歴により、バグダーディーに軍事指導者のみならず、宗教指導者としての正統性が付与された。このような学歴は、ウサーマ・ビンラーディンすら有していなかった。ビンラーディンとその後継者であるザワーヒリーに正統性を与えたのはその実績である。ビンラーディンは建設会社重役であり、ザワーヒリーは医師であった。

バグダーディーに出会った人々は、その印象を「物静かで真面目な人物」と語る。本書の執筆にあたり私がインタビューを行なった、二〇〇四年にバグダーディーと同じ監獄に収監されていた人物(匿名)は次のように語った。「バグダーディーは物静かで、強い自制心を持っていた。常に笑みをたたえており、穏やかだった」この人物はかつて、ビンラーディンの側近であった経歴を持つ人物である。彼はこう続けた。

「バグダーディーの雰囲気は、ビンラーディンが持っていたそれとよく似ていた。バグダーディーは非常に強いカリスマ性を持っており、彼と同じ部屋で話をした者は間違いなく、彼の思想の影響を受けることになった。しかし、彼の物静かな性格は、彼の一面に過ぎない。彼は時に、戦慄するような手法で脅迫を行なうこともあった。監獄から釈放された時、バグダーディーは監獄を警備する米兵にこう語りかけたのだった。

『いつか、どこかの通りで会うだろう。ここか、あるいはニューヨークで。』」

この物静かなリーダーは、不寛容で執念深いようである。こんなエピソードも聞いた。二〇一〇年、アブー・ウマル・バグダーディー(「イスラーム国」の前身、「イラクとシャームのイスラーム国」の元指導者・カリフ)が米軍により殺害された時、「シューラー評議会」が彼の後継者を選ぶべく会合を開いた。評議会のメンバー二人はこのとき、アブー・バクル・バグダーディーの後継者就任に反対した。そのうちの一人、ジャマール・ハマダーニーは、アブー・バクル・バグダーディーが後継者となった直後、何者かに殺害された。殺害について、バグダーディーらは何も言及しなかった。

軍事指導者としてのアブー・バクル・バグダーディーの特徴は、騙し討ちの名手であることと、攻撃の正確さである。彼はイラク国外での戦闘の経験はない(国際ジハード主義の指導者は、概して国外での戦闘経験を持つ)にもかかわらず、戦闘に関する経験知識が豊富である。そして、非常に頭が切れる人物といえる。アルカーイダや「ターリバーン」といったジハード主義者の過去の成功例をよく学んでいる。移住の呼びかけや、劣勢となった地域からの速やかな撤退、などである。これらのことについては、私の前著『ビンラーディン後の次世代アルカーイダ』で論じた。アルカーイダに関連するジハード主義者による移住の呼びかけは、彼らの生き残りのために重要であった。彼らはソマリアから中国に至る地域の人々に対し、移住を呼びかけた。

バグダーディーは組織の運営に関しての知識を持っている。一九九〇年代後半のアフガニスタンの「ターリバーン」の成功などを学び、それに類似したインフラ、複雑な機構——「誘拐作戦担当委員会」や「給与保証委員会」、「広報委員会」など——をイスラーム国内に作り上げた。

私たちはよく、アブー・バクル・バグダーディーとウサーマ・ビンラーディンを比較するが、この比較は避けては通れないものである。スンナ派ムスリムの戦闘員たちは、バグダーディーの戦闘と宗教に関する高度な知識を、ビンラーディンになぞらえる。ビンラーディンの後継者であるアイマン・ザワーヒリーは、こうした知識を持ち合わせてはいなかった。ビンラーディンと異なるのは、バグダーディーは資金を一切持たず、自らの行動と名声、厳格なイスラーム主義者からの支持によって現在の地位を得たことである。バグダーディーは、ビンラーディンが持っていた性格を受け継いだ自らこそが彼の後継者であり、アルカーイダの地元指導者とは異なると自負しているようにも思える。「イラクとシャームのイスラーム国」に属していたシリア人戦闘員は、ロイター通信に対し、次のように語っている。「バグダーディー師とビンラーディン師はよく似ている。両者とも、イスラーム国家建設のために前進している」。同通信はまた、シリア人ではない別の戦闘員の次の言葉も紹介している。「アルカーイダはもはや存在しない。それは、イスラーム国を樹立するために設立された基地である。ゆえに、ザワーヒリーは、バグダーディー師に忠誠を誓うべきだ」

アメリカのブルッキングス研究所（米民主党政権に政策的な影響を及ぼし、長い伝統と実績を残すリベラル系のアメリカのシンクタンク）の中東専門家チャールズ・リスターは次のように指摘している。

「『イラクとシャームのイスラーム国』のヨーロッパ出身のメンバーは、バグダーディーはウサーマ・ビンラーディンと同じ目標を有しており、彼こそがその目標を達成できると考えている。ザワーヒリーは失敗者として認識されている」

バグダーディーには、少なくとも二人の妻がいるとされる。一人目の妻とは、彼が博士号を取得した年に結婚、翌年長男が生まれた。この妻の名前は現在にいたるまで判明していない。二人目の妻は、サジャー・ハーミド・ドライミーであり、二〇一〇年か二〇一一年に結婚したとみられている。夫を亡くした彼女は、バグダーディーと再婚した。複数メディアの報道によると、サジャーの最初の夫はファラーハ・イスマイール・ジャーセムといい、アンバル県の武装勢力「ラーシディーン軍」に属していたが、二〇一〇年にイラク治安部隊に殺害された。ドライミー家は、信心深いことで有名であり、サジャーの一家はサラフィー・ジハード主義に傾倒していた。サジャーの父は「イラクとシャームのイスラーム国」の指導者の一人であり、二〇一三年九月、シリア国内で政府軍との戦闘で死亡した。また報道によると、サジャーの姉妹の一人ドゥアーは、アルビルにおいて、クルド人の施設を標的とした自爆攻撃に参加して死亡した。サジャーの属するドライミー部族は、アラブ世界でも最大の部族とみられ、七〇〇万人を擁するとされる。二〇〇六年、米軍は対アルカーイダ戦を目的に、イラクの諸部族が参加した覚醒評議会を組織したが、バグダーディーはドライミー部族と婚姻関係を結ぶことによって、同部族からの保護や忠誠を得ることができた。

サジャー・ドライミーの詳細が明らかになったのは、囚人の交換によってであった。シリアの首都ダマスカス郊外のマアルーラで、「ヌスラ戦線」が修道女らを拉致、後にアサド政権が修道女と、政権が収監していた女性の囚人との交換に合意した際、政権側が釈放した囚人の一人がサジャーであった。「ヌスラ戦線」の指揮官のひとり、アブー・マアン・スーリーがメディアに認めたところでは、サジャーは二人の子供とともに収監されていたという。

厳格なイスラーム主義への道

一九九〇年代、バグダーディーはバグダードの貧困地区であるタブシー地区のモスクに起居していた。地区の住民は、このモスクにやってきたバグダーディーを「物静かで礼儀正しい若者」として記憶していた。この小さなモスクにおいて、彼は説教師としての経験を積んだ。彼はイマームが不在のとき、代わりにイマームを務めたり、説教を行なうことがあった。

バグダーディーはビンラーディン同様、スポーツが好きだった。バスケットボールを得意としたビンラーディンと異なり、バグダーディーが得意としたのはサッカーだった。バグダーディーを知る人々は英紙『デイリーテレグラフ』に対し、「バグダーディーは優秀なフォワードだった」と証言、彼をリオネル・メッシにたとえた。しかしバグダーディーは遊びに熱中するタイプではなく、「原理主義者としてのマナーに厳格だった」という。住民は、バグダーディーが、結婚式場で男性と女性が一緒に踊っているのを見て怒り狂った時のことや、「イスラーム党」に参加し、政治活動に参加したバグダードの「タブシー地区」にあるタブシー・モスクの人々と対立したことを覚えている。厳格なイスラーム主義者のバグダーディーにとって、政党活動を行なうことは「非宗教的な逸脱行為」であった。やがて、タブシー・モスクの人々が属する部族との力関係により、バグダーディーはモスクを去らざるを得なくなった。彼はサーマッラーのイマーム・ブン・アフマド・ブン・ハンバル・モスクに移り、そこで説教を行なうようになった。このモスクは、厳格なイスラーム主義が集まることで知られていた。この頃、彼は「イブラーヒーム師」として知られるようになっていた。現在に至るまで、彼はジハード主義者の間では「イブラーヒーム師」の名で通っている。

二〇〇三年の米軍によるイラク侵攻の後、バグダーディーはアンバル県のカーイムという小さな町に移った。彼は占領に怒り、「アブー・ドゥアー」のコードネームで、イスラーム主義の武装抵抗勢力に加わった。彼が所属したグループは、「アンサール・スンナ」(イラク北東部のハラブジャ近郊の山岳地帯を拠点とするクルド人武装組織、アンサール・イスラームからの分派勢力によって、二〇〇三年に設立された組織)に属していた可能性がある。この時期に、アンバル県を拠点としたアブー・ムスアブ・ザルカーウィーと彼の組織「タウヒードとジハード」と関係を構築したとみられているが、バグダーディーがこの時期にザルカーウィーに忠誠を誓っていたかは判らなかった。

イスラーム国の戦術や残虐性に大きな影響を与えたといわれるヨルダン生まれのイスラーム主義活動家、テロリストで、イスラーム国の前身「イラクのイスラーム国」の元指導者、アブー・ムスアブ・ザルカーウィー

二〇〇四年末、バグダーディーは逮捕された。武装組織への参加が疑われたためである。米軍は彼を、イラク南部の都市ウンムカスル近郊の砂漠地帯にあるブッカ監獄(キャンプ・ブッカ)に収監した。この監獄において、私が情報源とする人物(前出)とバグダーディー

が初めて出会った。二人とも、当時の米軍の方針に基づき、アブー・グレイブ監獄で尋問を受けたのち、ブッカ監獄に送られてきた。

仮にバグダーディーが逮捕前に厳格なイスラーム主義者でなかったとしても、彼はこの監獄において、他の囚人達に感化されてイスラーム主義者になっていただろう。彼は、同じ監獄に収監されていた厳格なイスラーム主義者のイラク人や外国人に、クルアーンを教えた。

複数の情報によれば、二〇〇六年にバグダーディーは釈放された。一方で、バグダーディーは二〇〇九年に釈放されたという「米諜報筋」の情報もある。バグダーディーは「スンナ派の軍」(前出の「アンサール・スンナ」)の結成に参加したとされる。同組織は、バグダーディーがかつて説教を行なっていた、ディヤーラ、バグダード、サーマッラーの三地域で活動していた。彼は「スンナ派の軍」内の「シャリーア委員会」の責任者であった。

「二つの河の地のアルカーイダ」(「イラクのアルカーイダ」から二〇〇四年に名称変更)の指導部と密接な関係にあったにもかかわらず、バグダーディーはザルカーウィーと、その後継者となるアブー・ハムザ・ムハージルに対し忠誠を誓わなかった。バグダーディーはアブー・ハムザを非常に尊敬していた。私の情報源(バグダーディーと監獄で知り合った人物。前出)によれば、バグダーディーはアブー・ハムザをこのように称えたという。「彼は聡明な指導者だ。国内で戦うジハード主義組織同士の対立が起きないよう尽力した」またアブー・ハムザは、ザルカーウィーに対しウサーマ・ビンラーディンに忠誠を誓うよう進言した人物であり、ザルカーウィーの忠誠のメッセージを届けたのもアブー・ハムザであったという。アルカーイダへの忠誠が完了した後、アブー・

ハムザは「軍事指導者」としての（宗教指導者・精神的指導者ではない）忠誠を、ザルカーウィーに対して正式に誓ったのである。

二〇〇六年にザルカーウィーが殺害された後、アブー・ハムザはバグダーディーに対し、「ジハード戦士のシューラー評議会」への合流を呼びかけ、彼はこれを受け入れた。この評議会は、アルカーイダに所属していた諸組織が参加し、ここにおいて「イラクのイスラーム国」（P.72「イスラーム国誕生の年譜」の項参照）が結成された。バグダーディーはこの新組織の「シャリーア委員会」と「シューラー評議会」のメンバーとなった。「イラクのイスラーム国」設立が発表された後、同組織の指導者たちは「最高指導者はイラク人であるべき」との決定を下した。イラク国内の革命勢力諸派が、「イラクのイスラーム国」に参加した外国人戦闘員の多さに疑問を抱くようになっていたことが、この決定の背景にあったと考えられている。新たな指導者には、アブー・ウマル・バグダーディー（前出P.93　二〇一〇年四月一八日にティクリート近郊で行われたアメリカ軍とイラク軍の合同作戦により死亡した、「イラクとシャームのイスラーム国」の元指導者・カリフ。アブー・バクル・バグダーディとは別人物）が選ばれた。アブー・ウマルは、クライシュ族系の出自を持つなど、アブー・バクル・バグダーディーと類似したキャラクターである。アブー・バクル・バグダーディーは「イラクのイスラーム国」の最高指導者であるアブー・ウマル・バグダーディーに対し忠誠を誓った。

アブー・ハムザ・ムハージルはイラク人ではなく、「イラクのイスラーム国」の外国人戦闘員グループの総責任者であり、「シューラー評議会」メンバーであった。ムハージルとアブー・バクル・バグダーディーとの関係は良好であり、アブー・ハムザは、「イラクのイスラーム国」の副官にアブー・バクルを任命するよう推していた。副官に推薦されたとき、アブー・バクルは「イラクのイスラーム国」の「シャリーア委員会」の総監の地位にあった。

二〇一〇年、米軍の空爆によりアブー・ウマル・バグダーディーが殺害された後、イラク北部のニナワ県で行われた「シューラー評議会」の会合において、アブー・バクルは「イラクのイスラーム国」の最高指導者に選出された。彼は、居並ぶ経験豊富なジハード主義者たちの中では最年少であったが、一一人による投票で九票を獲得し、アブー・ウマルの後継者に就任した。

これまで表舞台に現れることのなかった「物静かなバグダーディー」は突如、世界で最も恐れられる組織の頂点に上り詰めた。彼を以前から知る人々は、彼は名声や地位には一切こだわらない人物であり、自ら進んでこの地位を勝ち取ったとは考えられないという。

強い指導力

過去のイスラーム主義者、フランスの王朝がそうであったように、バグダーディーは、自らに訪れた機会を決して逃さない人物であった。バグダーディーはバッシャール・アサド政権に対する革命が起き、混乱を極めたシリア国内に目をつけ、ここに彼の組織の支部を設立することを決定した。彼は速やかに、組織名を「イラクとシャームのイスラーム国」と改称し、シリア反体制派やアサド政権すら気付かない間に、シリアの広範囲の地域を制圧、市内全域を完全に制圧したラッカに戦闘員の本拠地を置いた。

バグダーディーは当初から強力な軍事力を背景に、「攻撃し、逃亡する（ヒット＆ラン）」戦法と徹底した総攻撃を使い分けながら勢力を広げた。また、デリゾール県において、銀行からの強奪と油田の制圧を繰り返した。バグダーディーは、ウサーマ・ビンラーディンが指導者であった頃のアルカーイダは資金力が豊富であり、このことが多くの新規メンバーの獲得と訓練（戦闘員への給与の支給）を可能にし、より多くの兵器、諜報に必要な機器を入手することで活動範囲を広げられることを知っていた。しかし、アルカーイダの資金の多くは、ビンラーディン個人と、彼の湾岸諸国における支援ネットワークに依存していた。一方でバグダーディーは、強奪や他の手段によってその資金を自ら獲得することにしたのである。

やがてバグダーディーは、アルカーイダとの対立を深めていく。彼は「シリアへの介入を止め、イラクでのみ活動するように」という新指導者アイマン・ザワーヒリー（前出P.92〜）の命令を無視した。その上、外国人戦闘員を率い、シリア―イラク国境間を自在に行き来させるなど、ザワーヒリーを挑発するかのような行動に出た。バグダーディーは、一九九八年にアフガニスタンのヒンズークシュ山脈においてザワーヒリーが設立した、国際ジハード主義組織の長の座を、ザワーヒリーから奪おうとしているかのようだった。

「物静かで聡明」なイメージを持って語られるバグダーディーであるが、目標達成のためには暴虐の限りを尽くした。「イラクとシャームのイスラーム国」の広報部門は、インターネットのSNSなどを駆使し、自ら行なった、捕虜の斬首や公開処刑、逮捕者の体の一部の切断などのおぞましい画像や映像を流すようになった。

バグダーディーのクルアーンとイスラーム法の学者という経歴は、彼にシャリーアに基づいた厳格な統治を行なうための正当性を付与することとなった。シリアとイラクの人々は長らく、法による統治の不在、犯罪者の跋扈《ばっこ》に苦しんでいた。このためバグダーディーは、たとえ非常に厳格なシャリーアによる統治を行なったとしても、人々はこれを受け入れるだろうと考えたとみられる。同様の事態はアフガニスタンでも起きている。「ターリバーン」が厳格なイスラーム法による統治を行なった際、人々は当初これを歓迎した。人々は、六年間に及ぶ内戦がもたらした無法状態に疲弊していたためである。

最も大きな節目となったのは、二〇一四年のラマダーン月の初めに行われた、カリフ制の樹立とバグダーディーのカリフ就任、そしてバグダーディー自身が、わずか数日前に制圧したモスルの大モスクで行なった「カリフ就任宣言」であろう。「カリフ国(イスラーム国)」が公表した情報によると、「カリフ国」はシリアとイラクの支配では飽き足らず、全世界の征服を目標としている。そこには、全世界のカトリックの総本山であるローマ、ムスリムにとって神聖な二つの都市メッカとマディーナも含まれている。　果たしてこの「カリフ」は、将来のビジョンを持った人物なのか、それとも単なる妄想狂なのか？　この問いに対する答えを西欧メディアは持っている一方、アラブ世界のメディアは、バグダーディーに対し論評を下すことができないままでいる。

その人気

私たちがアルカーイダの隆盛を語るとき、ウサーマ・ビンラーディンの名前が必ず登場する。ジハード主義組織は通常、一人か二人、最高指導者を補佐する副官の地位を設ける。しかしアルカーイダは、カリスマ性があったウサーマ・ビンラーディンの不在に悩んでいる。アイマン・ザワーヒリーが後継者となったが、彼の厳格で頑迷《がんめい》な性格に手を焼いている。過去の成功した民衆運動には、伝説的なキャラクターが存在する。チェ・ゲバラやマハトマ・ガンジー、ネルソン・マンデラといった人々である。私たちはもちろん、こうした人々と、バグダーディーを比較することはできないが。

バグダーディーの果敢で挑戦的な性格、不屈の精神、戦闘指揮官としての有能さ(これまでに指揮した戦闘の多くで勝利している)により、彼は全世界のムスリムの支持者を集めることに成功した。サウディアラビア人を対象としたアンケート調査で、九二%あまりの人々が「バグダーディーを支持する」と答える結果が出たのはその一例であろう。ビンラーディンの時と同様、バグダーディーの写真や、血塗られたイスラーム国を象徴する、黒地に信仰告白が書かれた旗がプリントされた商品——Tシャツやマグカップ、スカーフなど——が流通した。二〇一四年六月、これらの商品が「フェイスブック」上で販売されたが、通報によりアカウントは閉鎖された。

バグダーディーは、部族の広範囲なネットワークを効率的に利用している。彼の妻が、七〇〇万人を擁するドライミー部族の出身であることは先述したが、彼は同時に、アブー・ウマル・バグダーディー・クラシーの出身部族内においても大きな影響力を持っていた。この結果、二〇一四年七月の「カリフ制」樹立の際、上記の部族の長が彼に対し速やかに忠誠を誓うこととなった。アブー・ウマルの在任中、サーマッラーやディヤーラの複数の部族はイスラーム国を支援していた(現在も支援している)が、これは、彼らがバグダーディーを支持していたためである。

アブー・ウマル・バグダーディーの後継者として「イラクのイスラーム国」の指導者に就任してから現在に至るまで、アブー・バクル・バグダーディーが公の場に露出する機会は極めて限られている。バグダーディーが最初に公の場に現れたのは、二〇一一年五月九日、ウサーマ・ビンラーディンを追悼するメッセージを発表した時である。続く二年半の間に発表されたのは、四つの音声声明のみである。映像に最初に登場したのは、二〇一四年七月、モスルの大モスクにおける「カリフ制」樹立と自身のカリフ就任の発表の際である。世界各国のテレビ、インターネット上からバグダーディーの姿が消えたことにより、彼の存在自体が謎となり、彼の伝説化が進む結果となった。先述したように、セキュリティー上の理由、そして戦略上の理由により、彼は姿を消したのであろう。ウサーマ・ビンラーディンがそうであったように、ジハード主義者たちは、「伝説的なバグダーディー」を称える詩歌を作り始めた。最も有名な、彼とカリフ制を称える歌は、「隊列を整え、バグダーディーに忠誠を誓え」であり、インターネット上を通じ、ジハード主義者の間で広く共有されている。

第三章

イラクのルーツ

イスラーム国という名称は、二〇一四年六月から公式に使われ始めた。モスルの制圧に成功し、同市の諸勢力が大モスクにおいてアブー・バクル・バグダーディーに忠誠を誓った直後のことであった。イスラーム国とその厳格主義は、無から形成されたのではない。イラクとシリアという世俗主義の国家が置かれた環境が、彼らが成長するのにふさわしい環境を提供したのである。イスラーム国が急速な伸張に成功した背景には、いくつかの複雑な事情、特定の環境が存在する。本章では、イスラーム国が持つ比較的新しいルーツと、イラクとシリアにおける勃興に焦点を当てたい。

この地域で起きた、混乱や政情不安、宗派主義、誤った計算、不正、疎外、各国の介入、イスラームに対する敵対行為、アラブ帝国と文化の中心地域を分裂させる動きといった事態が、イスラーム国に絶好の伸張の機会を与える結果となった。その最初の種は、広大な土地に蒔かれた。それはシリアの三〇%(ラッカ県、デリゾール県など)とイラクの二五%(モスル、ラマーディー、サラーフッディーン県など)を占める土地である。その規模は、かつて「日の没することのない帝国」といわれた英国の本土の面積の約三倍に匹敵する。

この混乱の主な原因は、アメリカの無計画な介入政策——一九九〇年代の湾岸戦争、二一世紀のイラク戦争——にある。アメリカ軍が中東に間接的であれ直接的であれ介入すると、介入を受

(写真右より)1968年、軍事クーデターにより権力を握ったイラクのサッダーム・フセイン、フセインを後押ししたアフマド・ハサン・バクル、1970年に同じく軍事クーデターで全権を掌握したシリアのハーフィズ・アサド、世襲により後継者となった息子のバッシャール・アサド

けた地域は必ずと言っていいほど、血塗られた内乱に見舞われる。そして、武器の流入に加え宗派や人種対立が引き起こされるのである。介入の理由は様々であったが、その結果は大概同じようなものであった。

二〇〇三年三月のイラク戦争以前、そして二〇一一年三月の「アラブの春」とシリア革命以前、イラクとシリアでは、アラブ民族主義のイデオロギーを持つバース党政権が、数十年にわたって支配を続けていた。バース党はシリアにおいて一九四〇年代に設立され、一九五一年以降イラク国内で支持を広げた。一九六三年、シリア・イラク両国で軍事クーデターが発生、バース党は全権を掌握したが、それ(両国のクーデターが同じ一九六三年に起きたこと)は偶然であり、示し合わせてのことではなかった。

サッダーム・フセインは一九六八年のクーデターで、アフマド・ハサン・バクルの後押しにより権力を握った。ハーフィズ・アサドは一九七〇年の「修正運動」と称するクーデターで全権を掌握、二〇〇〇年にはその息子バッシャール・アサドが世襲により後継者となった。

共和政エジプト第4代大統領、ムハンマド・ホスニ・ムバーラク。約30年にわたる長期政権を維持したが、2011年の革命によって失脚

シリアとイラクのバース党政権には、いくつかの共通点が存在する。そのうちの一つが、政治的イスラーム主義に対する苛烈な弾圧である。両政権は、政治的イスラーム主義を、自らの体制を脅かす最大の敵と考え、その根絶を試みた。政治的イスラーム主義運動に参加した者は、強制排除、投獄、拷問、殺害の運命が待っていた。その一例が、一九八二年に起きた、ムスリム同胞団に対して行われた「ハマの虐殺」である。これにより二万人とも三万人ともいわれる人々が殺害され、同胞団の活動は一切禁止され、活動に参加した者は死刑が宣告された。

現在の政治的イスラーム主義運動の出発点は、一九九一年にクウェートを解放し、サッダームの軍をこの産油国から撤退させることに成功した第一次湾岸戦争（一九九〇年八月にイラクがクウェートに侵攻したのを機に、国際連合が多国籍軍［連合軍］の派遣を決定し、一九九一年一月にイラクを空爆した事に始まった戦争）であるといえよう。ウサーマ・ビンラーディンは自ら所有するスーダンの農場に、再びアラブ人のジハード戦士を集め始めた。彼らはかつて、ビンラーディンと共にアフガニスタンで戦った同志であり、ここにアルカーイダの最初の細胞が誕生した。この組織は、「アラビア半島からの不信仰者の外国軍の放逐」を第一目標に、「不信仰者と共謀する諸政権――先ずはシリアの政権、次いでエジプトのムバーラク政権――の打倒とカリフ制国家の樹立」を次の目標と定めた。

二〇〇一年一〇月、九・一一事件の報復として行われた破滅的なアフガニスタン戦争により、最初の「イスラーム首長国」（ターリバーン）の打倒が成功し、同時にアルカーイダの基盤の九〇％以上が破壊されたとみられる。アルカーイダの戦闘員は殺害されるか、拘束されグアンタナモ（キューバの南東部にある都市）に送られるか、パキスタンやイランなどの国々に潜伏することとなった。しかし、続くイラク戦争とイラク占領により、ジハード主義者たちは息を吹き返した。この戦争は、二〇〇一年に敗北したジハード主義者たちに必要なすべてのものを提供することになった。基地と大義、イデオロギー、シェルター、武器を得た彼らは、占領軍に対する攻撃を開始したのである。

初期のジハード主義者たちは、アフガニスタンに拠点を置き、ソビエト軍の撃退に成功した。次の段階においては、ビンラーディンに主導されてハルツームからアフガニスタンのカンダハル、トラボラに移った。ここが、アメリカを標的とした自爆攻撃（殉教攻撃と称される）の拠点となった。一九九六年にサウディアラビア東部のフバルで発生した米軍基地への攻撃、一九九八年八月に起きたナイロビとダルエスサラームのアメリカ大使館爆破、二〇〇〇年のアデン湾における米艦船「コール」に対する攻撃、そして九・一一事件は、ここを拠点として実行された。しかしながらイスラーム国に体現される現在の姿の政治的ジハード主義の真の誕生アメリカによるイラク侵攻とその占領によってであることも事実である。彼らは拠点を、アフガニスタンからアラブ諸国の中枢部に移動させたのである。

ウサーマ・ビンラーディンは以前より、この「移動」を計画していた。私が一九九六年一一月に、アフガニスタンのトラボラの洞窟でビンラーディンと会ったとき、彼はアルカーイダの短期的目標と長期的目標を語ったことがある。ジャラーラバード(カーブル川とクナル川に隣接する、アフガニスタン東部の都市)を望む彼の「お気に入り」の洞窟で、彼は次のように話した。

「私達がアメリカ本土で攻撃を行なったとしても、アメリカを打ち負かすことはできない。しかし、アメリカが『イスラームの家』、すなわちアラブ・イスラーム諸国に入り込んで来たら、私達はアメリカを打ち負かすことができる」

ビンラーディンのこのプランは、彼の後継者によって成功したと言えるだろう。イラクでの戦争を誘発し、イラクに入ったアメリカ軍に「ジハード」を宣言して戦い、大きな損害を与え撤退させる、というプランである。

イラク戦争とイラク占領は、アメリカ軍とその同盟国軍にとって大きな負担となった。人的被害、経済的負担ともに、である。シリア内戦は、様々なものが混在した複雑な戦争である。宗派主義、政治闘争、イデオロギー闘争、権力闘争が混ざり合っている。様々な派閥が、自らの主義、支援国の意図、自らの権益に基づいて戦っている。「シーア派系のアラウィー派の政権を倒す」という宗派主義的な動機で戦う派閥、「独裁制を倒し、民主化のために戦う」派閥に交じり、「脆弱な隣人」を作り強いイスラエルの安全を保つため、アラブの中枢部を分断しようと企図《きと》する派閥も入り込んでいる。

イスラーム国が与えた初期のイメージは、宗派主義的なイラクのバグダードとシリアのダマスカスの中央政府に疎外され絶望したスンナ派(バグダードの方が、より徹底した疎外を行なった)

にとって現実的、実利的な要素が大きかった。

サッダーム・フセインのバース党世俗政権下の生活を経験したスンナ派の人々にとって、厳格で残酷なイスラーム国の統治は、許容範囲であったといえる。なぜならスンナ派の人々は、バグダードの宗派主義的な政府を打倒し、圧政と疎外された生活を終わらせるためには、強力な軍隊が必要と考えたためである。イスラーム国が当初、人々から広範囲な支持を得、共闘関係を築くことができたのは、こうした背景があったからであろう。人々は何はともあれ、力のバランスを変えたかったのだ。

「ターリバーン」やムスリム同胞団がそうであったように、イスラーム国は多くの人々に歓迎された。イスラーム国はシリアとイラクの支配地域において、治安を安定させ食糧を配給し、医療社会サービスを提供した。もちろん、イスラーム国の統治方法に疑問を感じた人も多くいたことは確かであろうが、彼らは沈黙し統治を受け入れた。イスラーム国による苛烈《かれつ》な弾圧を恐れたのである。

西欧の植民地支配と、その後の欧米による介入(イラク戦争など)は、人々に「十字軍の再来」を想起させた。そして、ジハード主義組織は人々のこうした感情をうまく利用し、より多くの若者を勧誘して組織に加入させた。ブッシュ大統領による二〇〇三年のイラク戦争前後の「神に命じられた通りにイラクを攻撃した」「アラブ地域で十字軍運動を行なう」「イスラエルを全面支援する」といった発言は、ジハード主義組織が西欧への敵意を煽るための格好の材料となった。その結果、多くの若者が「西欧と、親西欧のアラブ諸国政府に対するジハード」に参加することになったのである。

ジハード主義組織はこれまでに複数存在したが、イスラーム国ほど極端な思想、暴力、厳罰を行使した組織はこれまでになかった。イスラーム国のこうした行《おこな》いの根底にあるものは、絶望と悲しみ、屈辱感、疎外感である。イスラーム国は戦闘に勝利すればするほどこうした暴力をエスカレートさせている。同時に、彼らの度重なる勝利は、より多くの若者を呼び寄せる結果になっているのである。

メンバー同士の内部抗争

二〇一一年五月、アメリカ軍特殊部隊「シールズ」(アメリカ海軍特殊戦コマンドの管轄部隊であり、二つの特殊戦グループ)は、ウサーマ・ビンラーディンの殺害に成功し、ジハード主義組織に大打撃を与えた。特殊部隊はパキスタンの首都イスラマバード近郊の町アボタバード(パキスタン北部、カイバル・パクトゥンクワ州に位置する都市)にあったビンラーディンの隠れ家をヘリコプターで急襲したのである。ビンラーディンの殺害後、アイマン・ザワーヒリー(前出P.92、94)が後継者に選ばれるまでには時間を要したが、この遅れは、アルカーイダ内部で意見対立が生じたことをうかがわせるものだった。

ウサーマ・ビンラーディンは多くのジハード主義者から賞賛を受けた。そのなかには、彼と思想的に対立したり、九・一一事件の手法に反対した者(アブー・ムスアブ・スーリーなど)も含まれていた。私があるイスラーム主義者から聴取したところでは、ウマル・アブー・ウマル（アブー・クターダ）は、九・一一事件に関し、非公式に反対を表明していたという。こうした広範な評価は、ザワーヒリーが得ることのできなかったものである。ザワーヒリー自身、このことに気付いているようだ。彼はこれまでにアルカーイダ内の内部分裂や抗争を警告するメッセージを何度も発しており、「内部分裂は組織の崩壊をもたらす」とまで言い切っている。が、当のザワーヒリーが、イスラーム国のアブー・バクル・バグダーディーと、中庸な「ヌスラ戦線」のアブー・ムハンマド・ジャウラーニーの対立を引き起こしたのだった。この対立によりイスラーム国はアルカーイダから分裂し、「ヌスラ戦線」と戦闘状態に陥った。ジャウラーニーは他の反イスラーム国組織と同盟し、かつて同じアルカーイダのイデオロギーを共有したイスラーム国と戦火を交えることになった。

アフガニスタンでビンラーディンの護衛をつとめ、ザワーヒリーと七年間を共に過ごしたナーセル・バハリー（アブー・ジャンダル）は次のように語った。

「ザワーヒリーは、『アルカーイダ』を率いるリーダーとしての素質を持っていない人物だ。複数のメンバーが彼の最高指導者就任に反対したが、一方で『ザワーヒリー師はビンラーディン師のように暗殺されないよう、アメリカ諜報機関の目を避けるため、姿を隠さざるを得ない。公の場に出る機会が少ないので、リーダーとしての存在感が示せないだけだ』と擁護するメンバーもいた」

ザワーヒリーが、ビンラーディンに匹敵するカリスマ性を持っていないことは確かである。このため彼はアルカーイダに属する若者たちの心を掌握することができなかった。しかし一方で、ザワーヒリーはビンラーディンと路線対立を起こさず、ビンラーディンより優位に立とうとしたこともなかった。ザワーヒリーは指導者であるビンラーディンを立てるため、自らの存在感を消していたようにも思える。私が知りえた限りでは、ニューヨークとワシントンでの攻撃以前、ザワーヒリーはビンラーディンとともにスピーチを作成したり、映像を作るなどしており、二人が対立した形跡はない。

「イラクのイスラーム国」が、ザワーヒリーに忠誠を誓うまでには三カ月を要した。「シューラー評議会」内で意見対立があったためである。最終的には、「新たな指導者へのワラー(忠誠)」を発表することで落ち着いた。アブー・ムハンマド・アドナーニーは次のような声明を発表したが、それは無機質で冷たい内容であった。

「聡明で経験豊かなシャイフ、高名な軍事指導者でありウンマの指導者であるアイマン・ザワーヒリー博士に祝福の言葉を贈ります。私達は、アッラーがこれを祝福し、『アルカーイダ』の歩みを確かなものとし給いますよう、祈っております」

アドナーニーは後に、反ザワーヒリーの立場を鮮明にし、「彼はビンラーディン師が指し示し、イスラーム国が信じていた道を踏み誤った」と攻撃した。両者の意見対立は、アドナーニーとバグダーディーが、ザワーヒリーが「ヌスラ戦線」を支持する立場にあると判断したことに端を発する。

「ヌスラ戦線」のイスラーム国からの離反

二〇一一年夏、シリアの反政府闘争が頂点に達した時、「イラクのイスラーム国」指導者アブー・バクル・バグダーディーは、最高幹部の一人アブー・ムハンマド・ジャウラーニーをシリアに派遣した。政権打倒を目指すジハード主義組織の結成が目的であった。これが「ヌスラ戦線」設立にいたる経緯であり、同戦線は二〇一二年一月、正式に設立を発表した。

バグダーディーの決定は、ザワーヒリーと協議の上に成された。このときザワーヒリーは全面的に賛成した。「ヌスラ戦線」は、「イラクのイスラーム国」との関係を秘匿《ひとく》した。戦闘員のリクルートに当たり、二〇〇一年の九・一一事件などのアルカーイダの経歴がマイナスイメージになることを危惧したため、政権と戦う諸勢力からの拒否反応を避けるためである。

二〇一二年末までに「ヌスラ戦線」は、シリア国内で最も統制が取れ、最も強力な組織に成長した。支配下に置いた地域の統治能力も持っており、シャリーアの施行、法廷の開設によるトラブル処理と汚職の撲滅、治安の回復を実現した。

二〇一三年四月、「ヌスラ戦線」の優位が確実となり多くの人々の尊敬を集めるようになった頃、シリアの政府メディアは「ヌスラ戦線」のイメージダウンを狙っていた。その最中、アブー・バクル・バグダーディーは一方的に、「イラクのイスラーム国」と「ヌスラ戦線」を統合し、「イラクとシャームのイスラーム国」設立を宣言した。しかし「ヌスラ戦線」最高指導者のアブー・ムハンマド・ジャウラーニーはこの統合を拒否、アイマン・ザワーヒリーへの忠誠を誓い、「ヌスラ戦線」の母体がアルカーイダであることを再確認したのである。この時まで、アブー・バクル・バグダーディーはアイマン・ザワーヒリーに対して忠誠を誓っていなかった。

このとき、バグダーディーは「イラクとシャームのイスラーム国」の名の下、数千人の戦闘員をシリア国内に送り込んだ。これは、アイマン・ザワーヒリー率いるアルカーイダからの離反を公式に宣言したに等しい行動であった。バグダーディーは今や、ザワーヒリーのライバルとなり、シリアとイラクにまたがる地域を、自ら「カリフ国」と称したのである。この動きを見たザワーヒリーはバグダーディーに対し、シリアから戦闘員を撤退させ、イラクでの戦闘に従事し、シリアでの戦闘は「ヌスラ戦線」に委ねるよう命じた。バグダーディーはこの命令を「不信仰者共がサイクス・ピコ協定(前出P.23)で作り上げた、シリア―イラク国境の存在などは認めない」とはねつけた。

「イラクとシャームのイスラーム国」と「ヌスラ戦線」、バグダーディーとザワーヒリーのイデオロギー対立は公のものとなった。「イラクとシャームのイスラーム国」は、土地の実効支配をもって対抗し、カリフ制樹立の宣言を準備し始めた。彼らは支配下においた町村の住民らに、自らの支配権とイデオロギーを受け入れるよう強要した。一方「ヌスラ戦線」は自らを、シリア国内の反体制武装勢力の一部にすぎないと規定した。「ヌスラ戦線」が他勢力との間に築いた良好な共闘関係は、「イラクとシャームのイスラーム国」のそれとは比べ物にならなかった。「ヌスラ戦線」が三〇人の修道女を人質にとり、政権が収監していた一五〇人の女性の囚人との交換に成功したとき、修道女は、「ヌスラ戦線」から丁重に扱われ、すべての要求を受け入れてくれていたことを証言した。「ヌスラ戦線」は「イラクとシャームのイスラーム国」ほどの厳格さを持っていなかった。同戦線は、シャリーアの施行は段階的に、時間をかけて行うべきとの見解を示している。しかし「ヌスラ戦線」のこうした方針はのちに、外国人戦闘員の「イラクとシャームのイスラーム国」への移籍を促す結果となった。

「イラクとシャームのイスラーム国」は、アブー・ムスアブ・ザルカーウィーの頃よりもさらに厳格となり、他宗派に対しさらに不寛容になった。彼らはきわめて厳格にシャリーアの施行を強行、過剰な暴力、苛烈なイスラーム法定刑を犯罪者や姦通を犯した者、窃盗犯に対して執行した。そして他組織以上に支配地域を拡大していった。

二〇一三年末、「ヌスラ戦線」を含む大多数の組織は、「イラクとシャームのイスラーム国」に宣戦布告、共同作戦を実施し、短期間ではあるが「イラクとシャームのイスラーム国」をイドリブ、アレッポ、デリゾールの各県から駆逐することに成功した。

アイマン・ザワーヒリーは「イラクとシャームのイスラーム国」と「ヌスラ戦線」とのトラブルを解決した上で統合を行なおうと試み、自らが信頼するイスラーム主義者たちを集め、和解のための使節団を結成し派遣した。

使節団の長は、サウディアラビアの著名な宣教師アブドッラー・ブン・ムハンマド・ムハイサニーであり、メンバーには、ビンラーディンのアフガニスタン侵攻の頃からの古い友人であるアブー・ハーリド・スーリー、「ヌスラ戦線」のシャリーア担当顧問であるアブー・スレイマーン

・ムハージル、「アハラール・シャーム」(シリアでのイスラーム主義国家の樹立を目指すスンナ派武装組織で、二〇一一年頃の結成とされる)の幹部が含まれていた。両者と頻繁に折衝を重ねた使節団であったが、最終的には「和解は不可能」との結論に達し、使節団の解散を決定した。両者は一切歩み寄ることはなく、「イラクとシャームのイスラーム国」側はザワーヒリーへの敵意を露わにし、ザワーヒリーはビンラーディンの正統な後継者でもなければアルカーイダの最高指導者でもないと表明した。

二〇一四年四月、「イラクとシャームのイスラーム国」の広報官アブー・ムハンマド・アドナーニーは、次のような公式声明を発表した。

「『アルカーイダ』はもはや、真のジハードの基地(カーイダ)たり得ない。そしてその指導者は、イスラーム国のカリフ制樹立の計画の破壊者でしかない。指導者は正しい道を外れた。『アルカーイダ』は自らをウンマの代表と妄信し、(正しい)教条を忘れてワラー(忠誠)を押し付けている」

二〇一四年初頭、「イラクとシャームのイスラーム国」は、シリアの反体制武装勢力の拠点を制圧した。これによりザワーヒリーは、自らがイスラーム国と絶縁せざるを得なくなった。二月の声明で彼はこう発表した。

「『イラクとシャームのイスラーム国』は『アルカーイダ』の支部ではなく、一切関係を有していない。彼らの行ないに私達は責任を負わないこととする」

「イラクとシャームのイスラーム国」の報道官アブー・ムハンマド・アドナーニーはザワーヒリ

ーのこの声明に対し、次のような極めて挑発的な声明をもって応えた。

「もしあなたがイスラーム国の領地に入ることがあったら、その国の指導者に対し忠誠を誓いなさい。そしてアブー・バクル・バグダーディー師の指導の下、一兵卒としてイスラーム国に参加しなさい」

「イラクとシャームのイスラーム国」は、彼らの首長に忠誠を誓わないすべての武装勢力を敵と見做した。アドナーニーは、アルカーイダのすべての支部は、「カリフ」に恭順と帰属を表明すると考えており、「ムッラー・ウマル（イスラーム主義勢力ターリバーンの最高指導者）も、カリフであるバグダーディー師に忠誠を誓うだろう。イスラーム国の土地は存続し、拡大する。すべての人々がカリフであるアブー・バクル・フサイニー・クラシー・バグダーディー師に忠誠を誓うまで。ザワーヒリーよ、ムッラーよ、あなた方も含めて、だ」

では現在に至るまで、アルカーイダの支部はイスラーム国に対し、どのような反応を示しているのであろうか。マグリブ（モロッコ、アルジェリア、チュニジア、西サハラの北アフリカ北西部に位置するアラブ諸国を指し、場合によってはリビアやモーリタニアも含められる）のアルカーイダ支部（P.122地図参照）の意見は二分された。同組織の指導者アブドルマリク・ドルカダールは、二〇一四年六月の「カリフ制樹立」を認めず、ザワーヒリーへの忠誠を改めて表明した。サハラ砂漠の支部（「ムラービトゥーン」）のムフタール・ベルムフタールも同様の決定を行なった。しかし、マグリブ諸国の他支部――「アンサール・シャリーア」（二〇一一年初頭、イエメンにおけるイスラーム国家樹立を目的に設立されたイスラーム武装組織）など――は同意し、「カリフ」（イスラーム国）への支持を表明した。

フランスの『フィガロ』紙は、自国の諜報筋の情報として、マグリブ諸国のアルカーイダの「シューラー評議会」で意見対立が起きており、「分裂間近」であるとの見方を示した。同紙が予測したことはのちに現実のものとなった。アブー・アブドッラー・ウスマーン・アーセミーは、アブドルマリク・ドルカダールに示していた所属表明を、イスラーム国に対して行なうと表明した。

「アラビア半島のアルカーイダ」の
最高指導者、ナーセル・ウハイシー

「アラビア半島のアルカーイダ」（二〇〇九年一月、アメリカ軍の攻撃とサウディアラビア政府の弾圧によりアルカーイダのサウディアラビア支部のメンバーがイエメンに活動拠点を移し、イエメンのアルカーイダ支部のメンバーと合同して発足したサラフィー・ジハード主義組織）の最高指導者のナーセル・ウハイシーは二〇一四年八月、インターネットサイト「ミンバル」に発表した声明において、「イラクの同胞」（「イスラーム国」）への連帯を表明した。ウハイシーはウサーマ・ビンラーディン、アイマン・ザワーヒリーと親しい関係にあり、アフガニスタンにおけるビンラーディンの最初の秘書であった。彼は声明で次のように述べた。

「彼ら（イスラーム国）の流血、彼らの傷は、私たちにとっての流血であり傷である。私たちが彼らを支援するのは当然である」

確かに、アラビア半島においては、アルカーイダとイスラーム国が協力関係にあることを窺《うかが》わせる動きが存在する。イスラーム国の専門家がイエメンに派遣され、アルカーイダの若者に軍事訓練を行ない、爆破の技術を教授しているとの情報がある。また、イエメン人のジハード主義者の戦闘員が、イラクやシリアで戦闘に参加していることも確認されている。「アラビア半島のアルカーイダ」は、アルカーイダ系組織の中では、イスラーム国に次ぐ兵力と軍事力を有しているとみられている。「アラビア半島のアルカーイダ」に属する専門家がイスラーム国に対し、無人攻撃機「ドローン」からの攻撃の防御法を教授するなど、双方は戦闘や戦術において情報を交換していると考えられる。「アラビア半島のアルカーイダ」の最高幹部の一人マアムーン・ハーティムはイスラーム国との統合を提案したことがあり、「ツイッター」の自らのアカウントでこの案を公表した。ハーティムは「統合と、新たな名称が発表されるのを待っている。それは『イラクとシャーム、アラビア半島のイスラーム国』となるだろう」と言っている。

人が搭乗していない無人機の一種「ドローン」。写真は米軍のMQ-1プレデター

リビアの「アンサール・シャリーア」は、二〇一二年に駐リビア米大使クリストファー・スティーブンスを殺害した疑いがもたれている組織であるが、インターネット上において、イスラーム国への支持を発表した。同様の発表は、シナイ半島に拠点を置き、イスラーム国との密接な関係が指摘されている「アンサール・バイト・マクディス」も行なっている。二〇一四年八月二五日には、ナイジェリアの「ボコ・ハラム」(ナイジェリアのサラフィー・ジハード主義組織)がイスラーム国への参加を表明、自らが制圧したナイジェリア北部のキリスト教徒の町を「カリフ国(イスラーム国)の領地」と宣言した。

イスラーム国と、各国アルカーイダ組織との関係

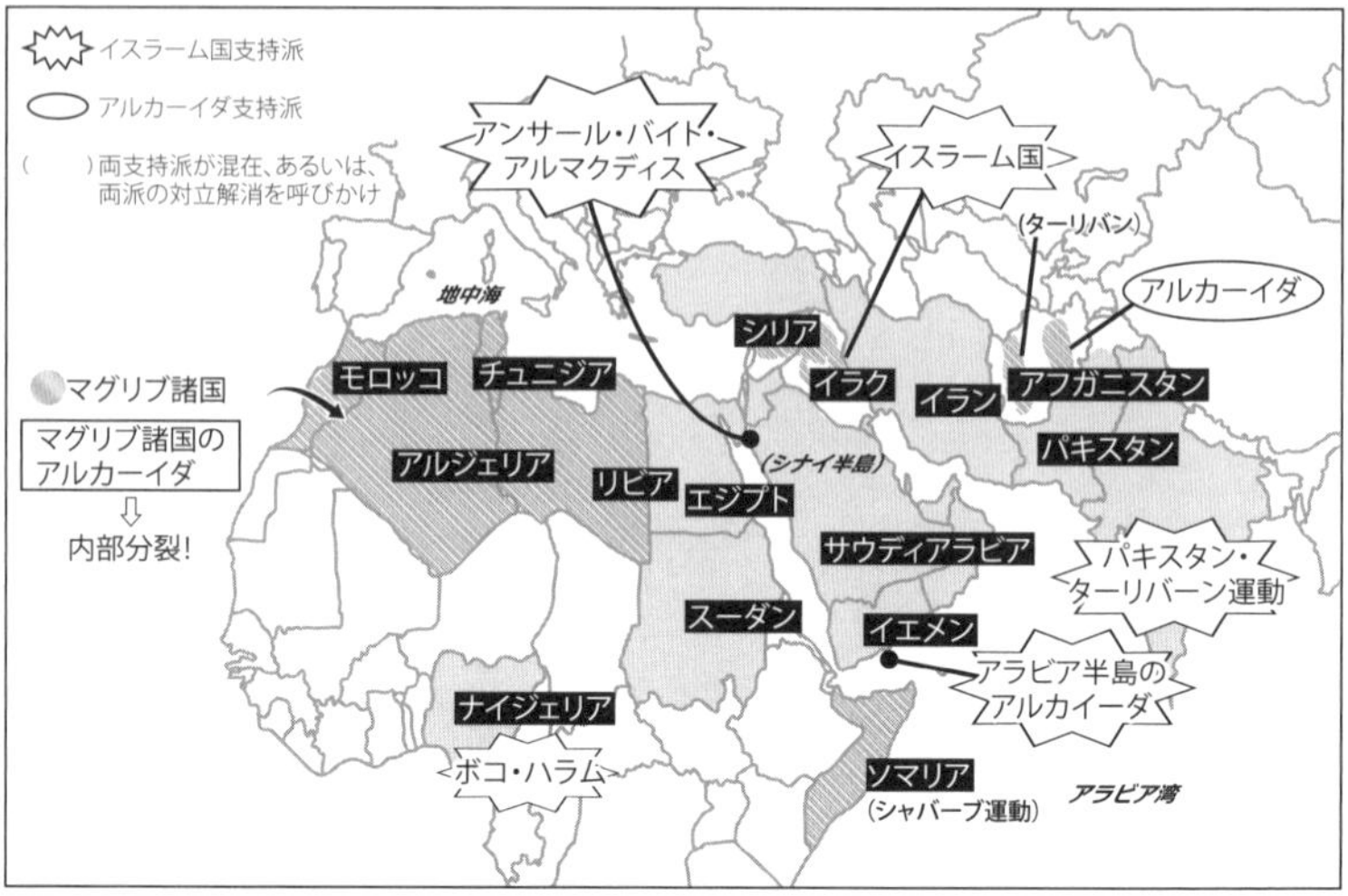

「パキスタン・ターリバーン運動」（「タハリーク・ターリバーン」）の広報担当者は、「私達のイスラーム国に対する立場は明確である。私達は、彼らジハード戦士のカリフ制を守り、領土を拡大するための戦いを支持する」と表明した。

　アフガニスタンにおいては、アルカーイダの著名な複数の幹部がイスラーム国への支持を表明する一方、「ターリバーン」は、シャーム地方の「統一シューラー評議会」を設立し、すべてのジハード組織、ウラマー（イスラム法学者）、宣教師が参加することを提案、イスラーム国と「ヌスラ戦線」の対立の解消を呼びかけた。「ターリバーン」は同じ声明において、「すべてのムスリムは、教義の極端な解釈を行ったり、確証もないままに他者を攻撃してはならない。互いに信頼しあうことが必要である」と表明した。

　ソマリアの「シャバーブ運動」（＝アッシャバーブ）の指導者ムフタール・アブー・ズバイルも、

類似の呼びかけを行なった。この組織は二〇一二年にアルカーイダに参画し、ザワーヒリーとムッラー・ムハンマド・ウマル(ターリバーンの最高指導者)への恭順と帰属を表明している。「アッシャバーブ」は声明で、ザワーヒリーの指導に従い、イスラーム国と「ヌスラ戦線」が同じ土地の上で戦うことを止め、対立を解消するように推奨した。

インターネット上で発表されたアブー・ズバイル自身による声明の冒頭は、ザワーヒリーとムッラー・ウマルへの賛辞であった。彼はシリアのジハード戦士に向け、このように呼びかけた。「ジハードを率いるすべての指導者、ウラマーに敬意を表したい。彼らのジハードと紐帯《ちゅうたい》の結果、今の私たちがあるからだ」

これらの組織の、イスラーム国を明確に支持する声明を読んで気付かされるのは、母体であるアルカーイダに対して、同様の明確さ、真剣さで支持を表明した組織がほとんどないということである。そして、イスラーム国を明確な言葉で批判した組織も、この中には見当たらない。

和解の試みが失敗した結果、「ヌスラ戦線」の戦闘員がイスラーム国に移籍する事態が相次いだほか、イスラーム諸国のアルカーイダ支部が、イスラーム国支持に乗り換える現象が起こった。この「ヒジュラ(移住)」の動きは、厳格なイスラーム主義者の間で(幹部から兵士に至るまで)続いている。

ウサーマ・ビンラーディン

ウサーマ・ビンラーディンは声明において、常にパレスチナ問題に言及しているほか、同問題とイラクの抵抗運動を結び付けて語ることもあった。二〇〇八年三月に発表した声明で彼は、「イスラーム世界とパレスチナ人、パレスチナ問題を支援するために最善の方法は、イラクの抵抗勢力にあらゆる支援を行なうことである」と述べた。しかし二〇一〇年、彼はアフリカとパキスタンとアフリカで進行する環境変化と自然災害に言及、同地に住むムスリムを気遣った。この声明の内容の変化は彼が、イラクで起きていること、二〇一〇年八月三一日に行われるアメリカ軍の撤退後に何が起きるかということに無関心となったことを窺《うかが》わせた。加えて、彼と新たな世代との間に生じた断絶をも予感させた。

ビンラーディンとザワーヒリーはこの頃、外国の諜報機関に捕捉されないよう、自らの身の安全の確保に精一杯だった。このため、自らの組織のこと、外で何が起きているのか、特にイラクで何が起きているのかについて疎《うと》くなっていった。現地との直接のやりとりも行なわなくなり、戦闘の指揮もごく限られたものになった。この二人、特にビンラーディンは、アメリカの諜報機関による盗聴、居場所の特定を避けるため、携帯電話、固定電話を用いることは一切なかったと私自身聞いたことがある。二人は口頭か、手紙を使って部下に指示を出していた。

二〇〇九年夏、「イラクのイスラーム国」はアメリカ占領軍に対する攻撃等をエスカレートさせていった。彼らはシーア派地区、外国公館、ホテルを爆破した。これらは、宗派対立を扇動して血にまみれた混乱を創出し、地域を分断することを目的とした、周到に準備された計画だった。結果、宗派の住み分けが進んだ。スンナ派住民はスンナ派が多く住む地区に移り、シーア派住民も同様に移動した。バグダードは宗派対立によって分断され、他の都市でも同じ動きが進んだ。イラク南部はシーア派居住地域に、中部と西部はスンナ派居住地域、北部はクルド人地域という住み分けがより鮮明になった。

アメリカ占領当局の政策は、イラク人の大半を失望させた。宗派の分断はより進行し、国政選挙は、宗派主義に凝り固まった、無能な腐敗した政権を生んだ。このような宗派主義的な中央政府の政策の結果、特にスンナ派の人々の間で極端な宗派主義が芽生えることになる。これこそイスラーム国が待ち望んでいた事態であり、彼らの二〇一四年の成功の下地となったのである。

イスラーム国の当時の戦略は、彼らの母体であり「グローバル・ジハード」を標榜するアルカーイダの戦略とは全く異なるものだった。二〇〇九年、イスラーム国はイラク国内問題に特化した戦略を立てていた。彼らはイラク国内での権力掌握とシャリーアの施行を急ぎ、「グローバル・ジハード」を置き去りにしていた。国内はさらなる混乱に陥った。

新たな過激主義と暴力の波

二〇〇九年は、グローバル・ジハード主義、ジハード主義運動のコンセプトが新たな転換点を迎えた年だった。この年、若い指導者層が主導権を握り始め、九・一一事件に感化された若者の戦力を獲得しはじめた。この動きが今日のイスラーム国の基盤を作ることになったのである。最初の動きは二〇〇九年一月、イエメンの「アラビア半島のアルカーイダ」の内部で確認された。アフガニスタンでウサーマ・ビンラーディンの個人秘書を務め、アイマン・ザワーヒリーとも親しかった当時三三歳のナーセル・ウハイシー(前出P.120)に率いられたこの組織は、アルカーイダの最も強力な支部として成長する。

「アラビア半島のアルカーイダ」は設立当初から「グローバル・ジハード」を標榜し、イエメンの広大な地域、特にビンラーディンの出身地ハドラマウト(南アラビアの一地域で現在はイエメン共和国領)、アビヤン県のような南部地域を支配下に置き、地元民の広範な支持を得ることに成功した。イエメンの若者の間に存在する貧困、生活苦、失業率の上昇(五〇%以上)が、アルカーイダの伸張を助けることとなった。イエメンは、世界最貧国の二〇位に入る国である。

アメリカ生まれのアンワル・アウラキー(博士)がアルカーイダに正式に加入して以降、アルカーイダの人気はさらに上昇した。同時にアルカーイダの思想はさらにラディカルなものとなり、欧米に対してさらに敵対的となった。当時三六歳の彼は頭脳明晰でアラビア語、英語に堪能、インターネット、SNSを活用し、彼自身の公式サイトや秘密のサイトを通じ、自らのスピーチ(アラビア語、英語の二カ国語)を発信して人々を扇動する術に長《た》けていた。彼のスピーチは西欧、特に英語圏の若者に強い影響を与えた。彼のスピーチの影響を受けた者の中には、二〇〇九年一一月にテキサス州のフォートフッド基地で同僚一三人を殺害した、ハサン・ニダール少佐も含まれる。同年一二月二五日には、二三歳のナイジェリア人ウマル・ファールーク・アブドルムッタリブによる、ノースウエスト航空二五三便の爆破未遂事件が発生した。彼は下着に爆発物を隠し持っていた。二〇一〇年五月、英国では学生のローシャーナ・チョウドリーによる、スティーブン・ティムス大臣を狙った暗殺未遂事件が起きた。

長身痩躯《そうく》で、ガンジーの眼鏡によく似た眼鏡をかけ、穏やかな風貌のアウラキーは、インクの中に時限爆弾を仕込んだ小包を貨物機に乗せ、アメリカの都市の上空で爆発させようと企図した。しかし小包は、サウディアラビア諜報当局の通報により、ドバイ空港で発見された。この爆弾は、英国やアメリカにおいても、X線や探知犬による検査で検知されないタイプのものであった。

アウラキーはアブー・ムスアブ・ザルカーウィーと共通点を持つ。彼は若い頃、信仰に興味が無く、遊び好きであったという点である。彼は自身の過去を、若者を「グローバル・ジハード」に勧誘する際に活用した。彼は、自身がいかに快楽に耽った生活から脱してイスラームの教義に目覚め、ジハードへの道を歩み始めたかを語り、記事に書いた。彼の話は多くのムスリムの若者に受け入れられた。

アメリカ合衆国出身のイスラーム主義活動家で、アルカーイダの幹部、アンワル・アウラキー

アウラキーとアブー・バクル・バクダーディーはともに一九七一年生まれである。ザワーヒリーの二〇歳年下、一九五七年生まれのビンラーディンの一四歳年下にあたる。二人はビンラーディンの強い影

アウラキーによって発刊されたオンライン雑誌『インスパイア』

響を受けた。他の多くの人々同様、ビンラーディンの人格、カリスマ性、外見、言葉、穏やかさに強く惹かれたのである。一方、老けた容姿のザワーヒリーは、人々に大した影響は与えなかった。

特にSNSでの活動でアウラキーは成功を収めた。彼は、SNSが若者に与える影響を十分に知っていたのである。彼はフェイスブックにアカウントを持ち、数千人のファンを抱えていた。ビンラーディンとザワーヒリーは、この「危険な武器」の活用法を知らず、アカウントを持つこともしなかった。

一方でアウラキーは、従来の活字メディアの活用も忘れてはおらず、上質な印刷技術による雑誌『インスパイア』を発刊(電子版も発行)していた。同誌は、「あなたのお母さんの台所で、圧力鍋を使った爆弾をどのように作るか」といった記事を載せた。この圧力鍋を使った爆弾は、二〇一三年にボストンマラソンにおける爆破事件に使用された。

ビンラーディンであったなら記事に載せなかったであろう話題も、アウラキーは記事にした。アボタバードのビンラーディンの居宅で発見されたノートには、農業トラクターの写真があった。このトラクターのタイヤにはナイフがついており、公園にある草刈機と同じ要領で人を切り刻むようになっていた。ビンラーディンはこの写真に「これは恐ろしい。イスラームとムスリムに対する印象を悪くする」とコメントしていた。ビンラーディンのコメントは、自ら一九八〇年代に設立したアルカーイダを統制することができなくなったこと、そして彼が、現在起きている事態をフォローせず、若い指導者層とコンタクトが取れていないことを示していた。彼はパキスタンの隠れ家から出られなくなっていたのだ。

この過激主義の新たな波は、ソマリアにも達した。二〇〇九年、「アッシャバーブ」(前出P.122)が、首都モガディシオを含むソマリア南部の大半を制圧した。「アッシャバーブ」は、「イスラーム法廷連合」(ソマリアの首都モガディシオのイスラーム法廷一一カ所が〇四年末に結成。イスラーム法に基づく裁判をはじめ、住民自治、警察軍隊など幅広い役割を持つ組織)が母体であり、最も厳格かつ暴力的なことで知られていた。アーイシャ・イブラーヒーム・ダフラオがアッシャバーブの男達により「姦通罪」で石打の刑に処された時、西欧メディアはこれをトップニュースで伝えた。アーイシャの父によれば、彼女はまだ一三歳だった。即座にアウラキーは、このアッシャバーブに「ムスリムを正しく導きシャリーアを施行」していることを祝福する電報を送った。

「白い未亡人」の異名をもつイギリス出身のイスラーム武装勢力関係者、サマンサ・ルースウェイト(P.130で説明)

「アッシャバーブ」は、厳格なイスラーム主義の実行こそ、最も速いスピードで世界中に情報を発信できる手段であることに気付いた。二〇〇九年中、「アッシャバーブ」は西欧メディアのトップニュースを独占した。船の乗組員を人質に多額の身代金をせしめていたソマリアの海賊との親密な関係、「イ

アルカーイダが使用していた黒旗。ムスリムの信仰告白である、「アッラーの他に神はなく、ムハンマドはアッラーの使徒なり」と書かれている

スラーム的でない逸脱行為」としてムスリムの口から金歯を抜く行為などが大きく報じられた。

「アッシャバーブ」、「アラビア半島のアルカーイダ」とも、世界の最貧困地域を拠点としながらも、SNSを巧みに駆使して多くの西欧の若者の心を摑《つか》み、彼らをイスラームに改宗させることに成功した。こうした改宗者の中には、「白い未亡人」の異名をもつイギリス人のサマンサ・ルースウェイト、アメリカ人で通称「アブー・マンスール・アメリキー」ウマル・ハンミーミがいる。

イスラーム国は、イエメンのアウラキー率いる「アラビア半島のアルカーイダ」の、ソマリアの「アッシャバーブ」の成功、特にSNSを駆使した西欧の若者の獲得の成功に触発され、やがて同じことを行なうようになる。彼らはシリアのアサド政権打倒を旗印に、数千人の若者を集めることに成功した。非公式筋の情報では、五〇〇人のアメリカ人、一〇〇〇人の英国人、七〇〇〇人のサウディアラビア人、五〇〇〇人のチュニジア人がイスラーム国に参加しているとされる。

二〇一二年二月、「アッシャバーブ」はアルカーイダに正式加入した。ジハード組織としての権威付けを行ない、国内外の関心を引き寄せること、メディア戦略・戦闘の技術提供を受けること、経済的支援を得ることがその目的であった。

二〇〇九年、ナイジェリア北部のムスリムが多く住む地域で、アルカーイダの方針に倣《なら》った「ボコ・ハラム」（前出P.121）が設立された。この組織もまた、自らの敵に対する凄まじい暴力・殺害行為によって、全世界のメディアに注目されることとなった。

「ボコ・ハラム」は、「グローバル・ジハード主義」の象徴的存在である黒旗を使用している。二〇一一年一一月、同組織の広報担当アブー・カアカアは次のように述べた。「『ボコ・ハラム』は、我々のジハードを援助してくれた『アルカーイダ』の一部であると宣言する」

二〇〇九年夏は、イスラーム国にとって重要な転機となった。彼らはイラクでのジハードを「再開」、ほぼ時を同じくし、アメリカ軍はイラク全土での軍事行動を停止（二〇一〇年八月三一日に完全撤退）した。これによりイラクは、世界で最も激しい暴力とテロリズムの温床となった。この混乱は、イスラーム国にとり領土拡大の絶好の機会となり、のちにイラク国境を越えることになるまでの力を蓄えることになる。

アラブの革命

二〇一一年初頭、現代アラブ史の大きな転換点となった「アラブの春」と呼ばれることになるアラブ諸国における革命が起こり、複数の独裁政権が打倒された。これこそ、イスラーム主義者が数十年間待ちわびた事態であった。

この民衆革命は、全世界にとっても、ジハード主義者にとっても驚きであった。当時多くのアナリストは「これにより過激なジハード主義組織や、厳格なイスラーム主義は終焉を迎える」と考えた。ジハード主義、イスラーム主義のイデオロギーそのものがその役割を終えた、というのがその理由であった。独裁政権を倒したのは、「民主的でリベラルな世俗国家」の建設を掲げた平和的な民衆運動であり、これにより、「武力による独裁政権の打倒こそ唯一の解決」と説いたジハード主義者の主張は覆されたというのである。

左上から時計回りにエジプト、チュニジア、イエメン、バーレーン、シリア、リビアにおける民衆のデモ活動

西欧諸国は、「ジハード主義と、彼らが主張する暴力による体制打倒の考えは終焉を迎えた」とする分析が正しいことを願った。そして、西欧諸国政府は革命を成し遂げた指導者たちを祝福した。一方アルカーイダは当初、革命を論評することなく沈黙を保った。アルカーイダは革命の推移を注意深く追い、それが成功するか、失敗するかを見極めていたのである。

では、他のジハード主義組織は、革命に関しどのような反応を見せたのであろうか。彼らの反

「アラブの春」によって変化が起きた中東・北アフリカ諸国

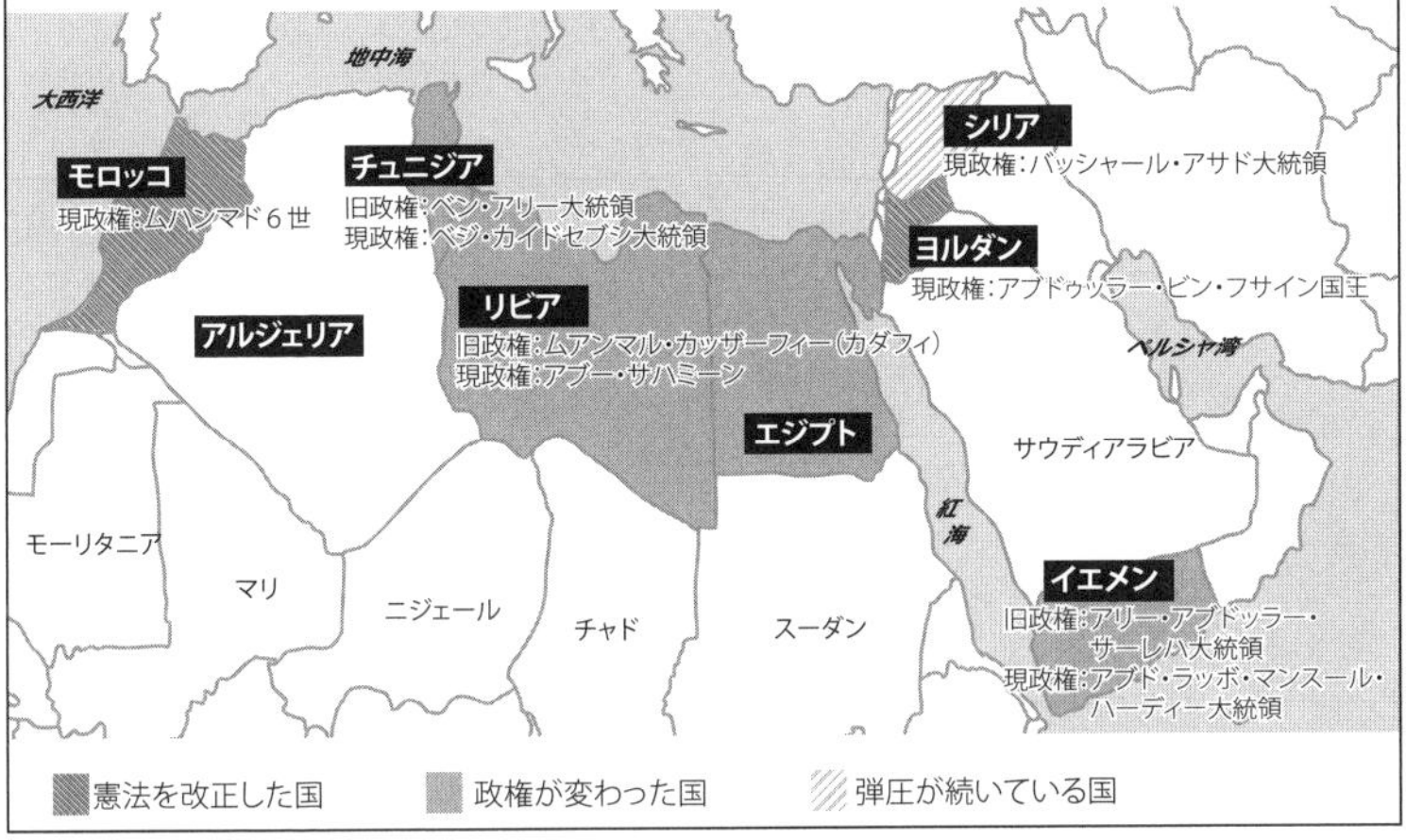

応を見ることは、旧勢力(アルカーイダ)と新勢力の思想の違い、そして厳格なイスラーム主義運動の新しい波を見ることでもある。

二〇一一年二月、イスラーム国の「戦闘担当省」は、エジプトで起きている抗争を批判し、「汚れた悪魔的な世俗主義」や「不信仰の民主主義」、民族主義や国家主義といった非イスラーム的イデオロギーに影響されないように呼びかけた。イスラーム国は、アラブ革命の波に否定的であり、これまでの「悪」よりさらに悪い事態をもたらすことのないよう警告した。

「信仰者たちの長」ムッラー・ムハンマド・ウマルのような、旧世代を代表する人物の反応は対照的であった。彼は二〇一一年二月一四日に声明を発表、「革命と革命家」に敬意を表し、「アフガニスタンのイスラーム首長国は、エジプト民衆のさらなる成功、これまで以上の勝利をアッラーに祈りたい」と述べ、独立したイスラーム主義の政府を樹立し、外国人による策謀を破壊するよう訴えた。

ムッラー・ウマルは、この革命を「イスラーム主義者が権力を得るための機会」と捉え、それは現実のものとなった。チュニジア、エジプト、リビアの革命の成功から数カ月後、各国の社会で最も力を持っているのはイスラーム主義者であることが明らかになった。彼らは当初から国政選挙、大統領選挙で勝利したが、ムッラー・ウマルが警告した「外国人による策謀」は、リビアとエジプトにもたらされた。

ウサーマ・ビンラーディンと副官のアイマン・ザワーヒリーは、チュニジアの革命の間沈黙を保っていた。そして二〇一一年の二月にエジプトのホスニ・ムバーラク(前出P.108)政権が打倒されるという大事件に際しても、二人は何の動きも見せなかった。ザワーヒリーは、数十年にもわたってムバーラク打倒を画策し、一九九五年にはエチオピアの首都アディスアベバでは暗殺未遂事件を起こしていたにもかかわらず、である。

ザワーヒリーは、ムバーラク政権が打倒されて一週間後、タハリール広場で一〇〇万人のエジプト民衆が「勝利の金曜日」を祝っていた時になり声明を発表した。それは長い音声声明で、退屈な印象を受けるものだった。それは「エジプト問題の根源」(一七九八年のナポレオン・ボナパルトの侵攻までも含んでいた)という講義だった。声明発表の目的は、タイトルにある通り、エジプト民衆が成し遂げたことに対する祝福と抱負を述べることであったとされたが、それは実際に起きた出来事とはかけ離れた、古い内容であった。ムバーラク政権退陣と崩壊に対する言及すらなかった。声明発表の遅れは、アルカーイダがこの声明を受け取り発表するまで、安全上の理由で時間を要してしまったことを意味しているようであった。ザワーヒリー達が、ＳＮＳやインターネットを「外国諜報機関に監視されている」として信頼していなかったのも一因だろう。

私が得た情報では、インターネットに発表されるこれらの声明は、アルカーイダのメンバーが、パキスタンのインターネットカフェにこっそり持ち込み、アップロードを行なっているとのことである。ビンラーディンを取り巻く状況は、彼の副官よりも厳しかった。彼はアボタバードの隔離された家に隠れており、諜報機関に逆探知されないよう、あらゆる通信機器を遠ざけていた。

一九九六年、私がトラボラの洞窟でビンラーディンに出会ったとき、彼はこう語った。「私は通信機器を一切使わないことにしている。携帯電話やコンピューター、すべてだ。アメリカや他の諜報機関に勘付かれるのでね」

二〇〇七年にアフガニスタンのアルカーイダの正式な支部となった「マグリブ諸国のアルカーイダ」(アルジェリアを中心にマグリブ諸国で活動しているサラフィー・ジハード主義組織)は、すべてのアラブ革命を熱烈に賞賛した。二〇一一年一月一三日に発表した声明は、チュニジアの人々にシャリーアの施行を推奨するものだった。同年二月二四日に発表された長文の声明では、「リビアの革命家たち」に次のようなメッセージを送った。

「ベンガジ(リビア北東部に位置する主要な港湾都市)、ダルナ(リビア東部に位置し、地中海に面する港町)、トリポリ(リビアの北西部に位置し、地中海に面したリビアの首都)、トブルクの英雄たちよ、解放されたワルファァッラ(部族)、ザンターン、マカールハ、タワーレクの人々よ。私達はあなた方の革命、ウマル・ムフタール(リビアの偉大なジハード指導者)の子孫を四〇年以上にもわたり抑圧し虐待したリビアの圧政者に対する革命を、喜びをもって注視している」

アルカーイダとイスラーム国の最大の意見の相違は、イスラーム国が、極めて厳格なイスラーム主義に則《のっと》った政策・立場を取り、ジハード主義に属さない反体制運動はすべて支持しない意向を示したことである。たとえその運動がスンナ派ムスリムに率いられていたとしても、彼らは支持を拒否した。アルカーイダと「ヌスラ戦線」はシリアのジハード主義勢力として出現し、革命家としてのダイナミックな役割を果たした。なぜなら両者は、最終的には他のイスラーム主義勢力、非イスラーム主義勢力に勝利し、支配権を確立できると信じていたためである。一方イスラーム国は、自らに忠誠を誓わない、あるいは厳格なシャリーアの適用を行なわない勢力は、それがたとえジハード主義勢力であろうと「不信仰者」と決めつけた。

ジハード主義者のイラクへの流入

「アラブの春」の革命時に、現政権を打倒し、民主主義政権樹立を訴える反体制デモが発生した国の大半は、世俗的な国家主義政体の国であった。これらの国々は政治的イスラーム主義に敵対的で、政治的イスラーム主義団体を「テロ犯罪組織」と断定し、その伸張を防いできた。シリア、リビア、イラク、チュニジア、イエメンといった国々がその例である。

サッダーム・フセインに率いられたイラクのバース党政権が統治を開始した時、イスラーム(スンナ派、シーア派とも)の宗教活動の自由が制限された。イスラーム運動は政権にとっての「レッドライン」であり、極めて残酷で血にまみれた弾圧を受けることになった。こうした弾圧は、アーヤトッラー・ムハンマド・バーキル・サドル（フセイン政権時代、イスラーム教シーア派最高権威「大アヤトラ」だった人物）が設立したシーア派団体「ダアワ党」（サドルは一九八〇年に政権によって処刑された）、あるいはスンナ派団体ムスリム同胞団に関与したと疑われただけでも処刑、良くても拷問、投獄の対象となった。

フセイン政権によるこうした苛烈な弾圧により、政治的イスラーム主義組織は、「ダアワ党」のように地下活動を行なうか、国外に亡命して活動するかの選択肢を迫られた。ムスリム同胞団は当時の受け入れ先であるサウディアラビアとヨルダンで活動することになった。「ダアワ党」はテヘランとダマスカスに亡命、ハーフィズ・アサドとその息子による歓迎を受けた。

一九八〇年代中頃、イラク国内でジハード主義組織の形成が始まった。それはバグダード、あるいはスンナ派が多数を占める都においてではなく、イランとトルコと国境を接するクルド自治区においてである。これらの組織は反バース党、反フセイン政権であり、これらの組織は「フセイン政権は世俗主義の不信仰者」と見做していた。そのうちの一つに、ムッラー・アブー・サイイド・クトゥブ・ファーティフ・クライカールによって二〇〇一年一二月に設立された「アンサール・イスラーム」がある。同組織はアルカーイダと関係を持っており、指導者はウサーマ・ビンラーディンをたびたび賞賛していたほか、ビンラーディン本人と書簡を交換している。現在、この組織の指導者はスウェーデンのオスロに在住している。二〇〇五年四月一七日、私は彼とオスロで会った。私はこの時、彼から本を贈られたが、そのタイトルは『サッダーム・フセインとウサーマ・ビンラーディンの間の失われた輪』であった。同書には「アンサール・イスラーム」

の設立過程、アフガニスタンにおけるウサーマ・ビンラーディンとの会見記が詳述されていたが、アルカーイダからは軍事・経済支援は受けていなかったとした。

イラクのクルド自治区におけるジハード主義組織の母体となったのは、ムスリム同胞団と、一九七〇年代初頭に設立された「イスラーム連盟潮流」である。この「イスラーム連盟潮流」はのちに、次の三つの組織に分派する。

1「イラク・クルディスタンイスラーム運動」。分派以前の「イスラーム連盟潮流」を称する。代表(総監)はアリー・ブンアブドルアズィーズ。

2「イラク・クルディスタンイスラーム団」。二〇〇一年五月三〇日設立。アリー・バービール、ならびにアリー・バルザンジーが指導者。

3「クルディスタンのアンサール・イスラーム」。二〇〇一年一二月一〇日設立。アブー・サイイド・クトゥブ・ファーティフ・クライカールが指導者。

ここでは、第三の団体「アンサール・イスラーム」について述べたい。同組織はジハード思想に最も近く、ムスリム同胞団と対照的に軍事作戦による支配の拡大を目標としている。思想的には、アフガニスタンでアラブ人ムジャーヒディーン(一般的に、イスラーム教の大義にのっとったジハードに参加する戦士たちのこと)を率いていたアブドッラー・アッザーム(スンナ派のパレスチナ人の神学者で、ソビエト連邦によるアフガニスタン侵攻に対するアフガニスタンへのアラビア人のムジャーヒディーン支援とその組織化の中心人物)、そしてイエメンの政党「改革」の創立者兼党首のアブドルマジード・ズィンダーニー、そしてアルカーイダ指導者ウサーマ・ビンラーディンの影響を強く受けている。ムッラー・クライカール（前出P.137）は私に対し、上記の三人と会見し彼らの思想を直接学んだ上で、「アンサール・イスラーム」を設立したことを認めた。

「アンサール・イスラーム」はイラク北部のイラン国境付近に軍事拠点を置き、周辺の町村の住民にシャリーアの施行、女性のヒジャーブの着用とマハラムの男性（夫、息子、父等）の同伴なしでの外出禁止を強要した。また衛星放送やテレビの視聴、結婚式等での公私の場における男女同席を禁止した。

アメリカ軍が九・一一事件の報復としてアフガニスタンのトラボラを空爆している最中、多くのアルカーイダのメンバー、数千人の外国人ジハード主義者がイラン領内を通り、「アンサール・イスラーム」の支配地域に避難した。のちにアルカーイダは三〇〇人からなる戦闘部隊を、バグダードとモスルの間の「スンニ・トライアングル」地域（イラクのバグダード北西のおおよそ三角形の地域のことを指す通称。宗教的にはシーア派が多く、民族的にはクルド人も少なくないイラクにおいて、スンナ派のアラブ人が住民の多数を占める地域）に派遣した。彼らは指導者から、指示があるまで自らの存在を隠すように命じられていた。

イラクのジハード組織「アンサール・イスラム」に大きな影響を与えたアラブ人、アブドッラー・アッザーム

二〇〇二年、「アンサール・イスラーム」の支配地域に、アフガニスタンから「ある重要人物」が到着し、自前の軍事基地と戦闘員を準備した。この人物こそ、凶暴なヨルダン人ジハード主義者のアブー・ムスアブ・ザルカーウィー（前出P.97）だった。

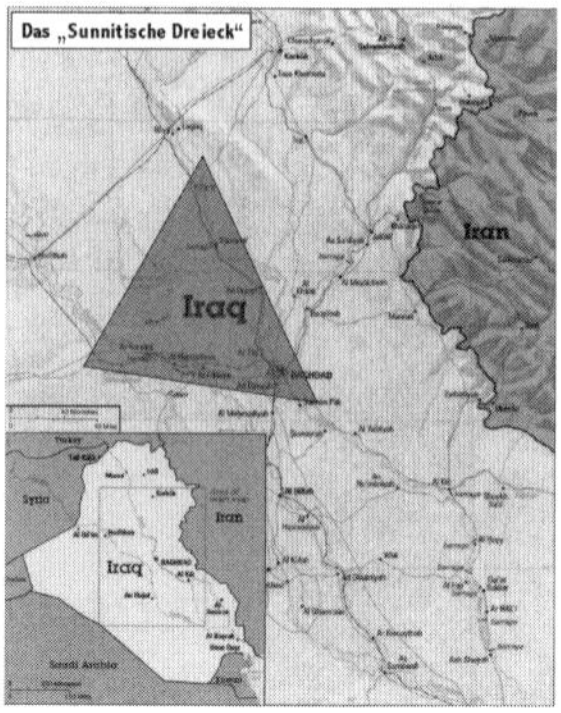

イラク北部、スンナ派ムスリムのアラブ人が住民の多数を占める地域、スンニ・トライアングル（網掛け部分）

アブー・ムスアブ・ザルカーウィーはアメリカ軍によるアフガニスタン空爆開始後、イラン領内に潜入し、約一年間潜伏した。二〇〇二年四月、ザルカーウィーの素性を知ったイラン当局は、彼を国外追放に処す。ドイツの諜報機関が、ザルカーウィーの細胞に関する情報をイラン当局に送ったのである。

イラクに到着したザルカーウィーは、アルカーイダの長になることもできた。しかし彼は自らの組織を立ち上げる道を選んだ。彼はアフガニスタンにおいても同様の行動を取っている。彼は、カンダハルやジャラーラバードのアルカーイダの拠点から数百マイル離れたアフガニスタン西部のヘラートに、自らの支持者を集め自前の軍事基地を所有していた。不思議なことに、「ターリバーン」はこれを歓迎し、ザルカーウィーと彼の組織を支援したのである。

ザルカーウィーがヘラートを自らの軍事拠点に選んだのには重要な理由がある。それは、アブー・バクル・バグダーディー率いるイスラーム国の謎と作戦を知る上でも重要となる。ザルカーウィーはイラン国境に近いヘラートを選び、アラブ人その他外国人のジハード主義者をこの地で養成し、彼らをイラン経由でイラクに送り込んでいたのである。のちにイスラーム国はこの手法を取り入れることになる。

ザルカーウィーの訓練基地はイラク北部にあり、一〇〇人のジハード主義者がいた。彼らの多くは西欧に在住経験のあるシリア人、イラク人、パレスチナ人、ヨルダン人だった。彼は自らの組織を「タウヒードとジハード」と名付けた。この組織名は、イラク国内で行われる自爆攻撃の代名詞となる。

現在に至るまで、イラクに移動した後のザルカーウィーを誰が支援していたのか明らかになっていないが、アルカーイダとサウディアラビア人の篤志家から支援があったとする見方が主流である。ジハード主義に傾倒したヨルダン人、パレスチナ人からの支援もあったともいわれる。ザルカーウィーは後にアルカーイダの指導者に忠誠を誓い、正式にイラクのアルカーイダの長となる。

ザルカーウィーはアメリカ軍のイラク攻撃が不可避になったことを確認すると、イラク国内のスンナ派部族に接近し、ネットワークを築いていった。同時に彼はかなり早い時期からシリアとの国境に関心を払っており、シリア人ジハード主義者の獲得も検討したようである。彼は諜報部を作り情報を収集した上で、将来の攻撃目標を定めた。

アメリカ軍によるイラク攻撃後、ザルカーウィーは、頭脳明晰な戦略家、ムハンマド・イブラーヒーム・マッカーウィーと出会う。マッカーウィーは、シリア経由でアルカーイダ戦闘員をイラクに入国させる手配を行なっていた。マッカーウィーの協力は、その後のイラク国内におけるアメリカ軍との戦いにおいて有益となった。

ザルカーウィーは二〇〇二年から二〇〇四年までの二年間、アルカーイダから独立し活動していた。

軍事作戦の開始

イラクのアメリカ占領当局に対する最初の攻撃は二〇〇三年五月に起きた。イラクの反体制武装勢力の草創期であり、偶然にもジョージ・ブッシュ大統領が、戦闘の終結を宣言した日でもあった。この日ファッルージャにおいて、民間人の一団が手製の爆弾をアメリカ軍兵士らに投げつけ、七人が負傷した。

この頃、アルカーイダ最高指導者のウサーマ・ビンラーディンは、アメリカの占領によってもたらされたイラクの混乱を活用できないかを考えていた。そして、アラブ世界の中心地から新たな行動を起こすべく、人員を揃えた。

アメリカ軍によるアフガニスタン国内のアルカーイダ拠点への相次ぐ空爆は、アルカーイダ組織の八〇~九〇%にダメージを与えた。ビンラーディンの同志たちは殺害され、拘束されるか、イランなどの近隣諸国に逃亡した。彼の家族も多くがイランに逃れた。一方、幹部らはカラチやハイデラバードのようなパキスタンの都市に逃れた。パキスタンに逃れたのは、ビンラーディンを筆頭にアブー・ズバイダ、ハーリド・シェイフ・ムハンマド(アルカーイダの幹部)、アイマン・ザワーヒリー、ラムズィー・ブン・アルシーバ、アブー・ムスアブ・スーリー(前出P.112)である。後に彼らの多くは、アメリカ諜報機関によって逆探知されていた携帯電話の使用といった人の手によるミスで逮捕された。

二〇〇一年の九・一一事件をきっかけに起きたアフガニスタン空爆の後、アメリカによるアフガニスタン占領により、アルカーイダは、一五年間利用してきた安全なシェルターと出撃基地を失った。二〇〇三年四月八日、アメリカ軍によるバグダード陥落の直後、ウサーマ・ビンラーディンは自爆攻撃の開始を命じた。彼は音声声明において「彼らの戦車を恐れてはならない。彼らは不信仰者だ。あなた方が殉教攻撃を始めるとき、世界中のアメリカ人の心に恐怖心が植えつけられるだろう」と述べた。

アルカーイダのイラクにおける戦略は、一〇人程度の少人数のグループを、首都をはじめとするイラク国内の諸都市に送り込むことであった。同時期、フセイン旧政権の軍将校、兵士、治安部隊の兵士ら約五万人が、占領への抵抗を開始した。加えて、アブー・ムスアブ・ザルカーウィーに率いられた「タウヒードとジハード」をはじめとする七つのスンナ派武装勢力が活動していた。

イラクのシーア派の反米強硬派民兵組織「マフディー軍」および政治組織「サドル潮流」の指導者、ムクタダー・サドル

また、ムクタダー・サドル(イラクのシーア派のウラマー。シーア派の反米強硬派民兵組織マフディー軍および政治組織「サドル潮流」の指導者)が率いる「マフディー軍」など七つのシーア派の武装勢力も活動を開始したが、「マフディー軍」以外の他の勢力は後に、アメリカの政治工作によって発足したイラク新政府下の政府軍、治安機関に組み込まれた。

占領に対するスンナ派とシーア派の共闘は稀なケースであった。二〇〇四年、「マフディー軍」はファッルージャのアメリカ軍との戦いにおいてスンナ派武装勢力と共闘した。アメリカ軍に勝利した数千人スンナ派とシーア派の戦闘員たちはこれを祝い、共に礼拝した。しかし、こうしたスンナ派とシーア派の団結による「占領軍に対するジハード」は、再び起きることはなかった。

イラク占領から五カ月後、「タウヒードとジハード」(ザルカーウィーが率いる)を除くすべてのスンナ派の武装勢力は「アンサール・スンナ軍」の名のもとに統一された。ザルカーウィーは、アルカーイダのイデオロギーと、厳格なイスラーム主義、そして国際情勢の分析に基づき、「アンサール・スンナ軍」への参加を拒否した。

「タウヒードとジハード」を含むすべての武装勢力の目標は、アメリカ軍を放逐したのち、イラクにイスラーム国家を建設することであった。このビジョンは、のちの「イラクとシャームのイスラーム国」設立の中核となるものであった。

二〇〇四年一二月、ザルカーウィーはアルカーイダへの加入を正式に宣言、ウサーマ・ビンラーディンへの忠誠を誓った。この時ザルカーウィーは、ビンラーディンからあるメッセージを受け取っていた。ビンラーディンはザルカーウィーに対し、アルカーイダに加入し「イラクのアルカーイダのアミール(ムスリム集団の長の称号)」の座に就くか、さもなければアブー・ウマル・バグダーディーを代わりにイラクのアミールに任命する、と通告した。そしてザルカーウィーは、自らがアミールになることを選んだ。この頃私は、アルカーイダの関係者から、「ビンラーディンはザルカーウィーの選択に満足した」と聞いた。

アブー・ムスアブ・ザルカーウィーは、「イラクのアルカーイダ」の戦略を策定した。彼はまず、すべてのイラク人に対し政府に協力することを禁じ、その上でイラク政府の力と安定を突き崩すことを目標に定めた。この戦略に基づき、凶暴な自爆要員による攻撃が開始される。爆破の標的となったのは、治安関連施設、治安機関や政府軍のリクルートを行なう施設であった。

アメリカによる一〇年にわたる占領の期間中、イラクはジハード主義者のリクルートと訓練の拠点と化した。全世界から、ジハードへの参加を希望する人々がシリア経由でイラクに集結した。彼らにとりイラクは、アフガニスタンに比べアクセスがはるかに容易な渡航先であり、アラビア語が通じる「アラブの心臓部」であった。かつてソビエト軍と戦うためにアフガニスタンに渡航したアラブ人は、パシュトゥン語を話せないことによる同盟者とのコミュニケーション障害に悩まされ、なかなか環境に適応できなかった。

アルカーイダがスーダンを追われ、安全なシェルターを失ったとき、救いの手を差し伸べたのはアフガニスタンの「ターリバーン」だった。これと同じことがアブー・ムスアブ・ザルカーウィーにも起きた。彼を援助したのは、イラク中部・北部のスンナ派部族であった。彼らはザルカーウィーにシェルターと資金を提供し、移動の自由を保証した。

ザルカーウィーの立てた戦略は、アメリカ軍に対する抵抗に関するものだけではなかった。彼は同時に、スンナ派とシーア派の対立を煽《あお》ることによって、自らの組織の勢力拡大と人々の人気を勝ち取ることを企図した。こうしてザルカーウィーは、より多くのイラク人と、シリア、トルコ、ヨルダンといったスンナ派が多数を占める近隣諸国出身の戦闘員獲得に成功した。

現在イスラーム国が行なっているように、ザルカーウィーは苛烈な暴力や残酷な方法での殺害や処刑を多用した。「カリフ」アブー・バクル・バグダーディーが現在行っているような、映像を使った心理戦をザルカーウィーは展開した。多くの外国人人質や捕虜が斬首され、その映像が公開された。

二〇〇四年五月、ザルカーウィーは、二六歳のアメリカ人ビジネスマンのニック・バーグを斬首した。ザルカーウィーは切り落とした彼の首と、血の滴り落ちるナイフを持って現れた。これと全く同じ映像を、今私達はイスラーム国によって見せられている。

二〇一四年八月、八歳の男の子がイスラーム国戦闘員の父とともに登場する映像がＹｏｕＴｕｂｅで公開された。この子は、斬首されたシリア政府軍兵士の首を持たされていた。この映像は世界中を震撼させたが、加えて衝撃的だったのは、彼の父親がオーストラリア人と判明した事であった。

ＳＮＳやＹｏｕＴｕｂｅで公開される、彼らのこうした行ないは、イラクの「初代アミール」ザルカーウィーを顕彰《けんしょう》しているかのようだ。イスラーム国はザルカーウィーの志を継ぐように、支配地域で厳格なシャリーアの施行を行なっている。彼らはイスラーム法定刑(フドゥード)と裁量刑(タアズィール)――窃盗犯の手の切断、姦《かん》夫《ぷ》、姦《かん》婦《ぷ》の石打刑、殺人犯や背教者と不信仰者の斬首――を実施し、シャリーア法廷がこうした流儀の判決を出した後に、刑の執行はすべて録画され、その画像や映像は人々に恐怖を与えるために公表される。イスラーム国が行なう血塗られた処刑、斬首、石打刑、体の一部の切断の目的は、「シャリーアの忠実な施行」のみにとどまらない。それは同時に、自らの野蛮さをあえて喧伝《けんでん》する――自らの支配地域、その近隣地域の住民を恐怖に陥れる――戦略を実施することでもある。

これは次項でも述べるが、イスラーム国が歴史上もっとも凶暴だったとは言い切れない。過去の歴史を振り返れば、様々な帝国の血塗られた行状を知ることができる。イスラーム国は、その最終目標を「カリフ制の再興」としていることを忘れてはならない。

ザルカーウィーが設立したアルカーイダのイラク支部は、成功をおさめた時期があったが、暴力をエスカレートさせたために、イラクの人々の支持を失った。ザルカーウィーが活動拠点としていたスンナ派地域においても寝返りがみられるようになった。

「スンニ・トライアングル」におけるザルカーウィーの「国」は、最初期において部族の広範な支持を得た。これらの部族は占領軍と、占領軍に協力する者たちに対抗するために団結した。英国本土よりも広い、シリア―イラク国境にまたがる広範な地域を手中に収めるまでに至ったイスラーム国の急速な伸張の背景は、ザルカーウィーの最初期の成功を参考にすれば明らかになるだろう。

イスラーム国は数千人の外国人戦闘員を獲得することに成功したが、その指導者層の大半はイラク人とシリア人だった。シリアとイラクの部族ネットワークを活用するためには、その方が都合がよかったのである。

イラク側の戦闘司令官は、多くが旧イラク軍、特にサッダーム・フセインが設立した精鋭部隊の元将校であった。経験豊富な彼らは、イスラーム国に対し戦闘指令、戦法を伝授した。

イスラーム国の「カリフ」であるアブー・バクル・バグダーディーの下には二人のイラク人副官がいる。一人目はアブー・アリー・アンバリーで、彼はモスル出身の旧イラク軍の少将であった。二人目はアブー・ムスリム・トゥルクマーニーで、フセイン政権時代人々に恐れられた、情報機関の大佐である。彼はイラクでは少数派のトルクメン人である。トルクメン人は、現在のトルコ、トルクメニスタンに起源を持っており、このことは、将来アンカラ(トルコの首都)の政府との間で何らかの問題を生じるかもしれない。

アブー・ムスアブ・ザルカーウィーは、宗派間抗争、民族間抗争を扇動し、イスラーム国のためにレールを敷いたといえる。最初の著書『アルカーイダ秘史』で私は、ザルカーウィーの真の意図は、シーア派を内戦に引き込むことにあると書いた。二〇〇四年六月、ビンラーディンは書簡を発表、シーア派を「権力を得るためにアメリカ占領当局に協力している。彼ら(シーア派)の歴史は裏切りに満ちている」と攻撃した。二〇〇四年三月はシーア派にとっての聖なる月アーシューラーであったが、ビンラーディンの配下の者たちはバグダードとカルバラー(イラク中部の都市で、イスラーム教シーア派の聖地)において、シーア派の巡礼者を標的とした自動車爆弾による攻撃を行ない、一八五人が死亡した。これに先立つ二〇〇三年八月、アルカーイダは、シーア派の最高位法学者で「イラク革命最高評議会」創立者のアーヤトッラー・バーキル・ハキームの暗殺を認めている。

ウサーマ・ビンラーディンとアイマン・ザワーヒリー(現在のアルカーイダ最高指導者)は当初、ザルカーウィーの宗派主義的な方針に反対であったとされるが、ザルカーウィーがアルカーイダに忠誠を誓い「イラクのアルカーイダ」の長になると、二人は彼の方針に同調するようになる。二〇〇四年一二月、ザルカーウィーは自らの組織の名称を「二つの河の地のアルカーイダ」に変更した。

アルカーイダがザルカーウィーの方針に全面的に賛成したであろうことは、ザルカーウィーの組織による宗派主義的な殺人が、継続したばかりか増加の一途を辿ったことから確認できるだろう。イスラーム国はザルカーウィー同様、シーア派に対する攻撃で無辜《むこ》の民間人が殺されることに良心の呵責を感じていないようである。民間人の犠牲は「必要で不可避」と彼らはみなしているのだ。

イラクのシーア派指導者で、反サッダーム・フセイン組織のひとつ「イラク革命最高評議会」創立者、アーヤトッラー・バーキル・ハキーム

アブー・ムスアブ・ザルカーウィーが「二つの河の地のアルカーイダ」の長となって以来、組織は強大化していった。アラブ・イスラーム諸国出身の数千人のジハード主義者が加入した。彼らはアメリカ軍と戦い、イラクからアメリカ軍を放逐するためにイラクにやってきたのである。

二〇〇六年、二つの研究レポートが発表された。一つはサウディアラビア政府によるもの、もう一つはイスラエルの研究機関によるものだった。双方の研究レポートは、同じ結論を導き出した。それは「現在イラクの『アルカーイダ』に参加している外国人戦闘員の大多数は、二〇〇三年のイラク戦争以前は『アルカーイダ』とは無関係であり、アメリカ軍の攻撃と占領に触発され過激主義に走り、ジハードに参加した」というものだった。

イラクの現代史上、過激なイスラーム主義が芽生えたことはほとんどない。イラク戦争以前の厳しい制裁を経験した世代が、ザルカーウィーのアルカーイダに参加し、占領の最初期から自爆攻撃を開始した。当時アルカーイダが配布したパンフレットには、自爆を行なった人物の写真と名前、出身地が記されていたが、これにより実行者がイラク人であることが確認された。

ザルカーウィーの人気は、二〇〇五年一一月より下降していった。この月ザルカーウィーは彼の祖国ヨルダンにおいて自爆攻撃を行なうことを命令した。この爆発による六〇人の犠牲者の約半数は、現場で結婚式に参加していたヨルダン人とパレスチナ人だった。

ザルカーウィーとアブー・バクル・バグダーディーの目標は、イラクにとどまらなかった。近隣諸国をも恐怖に陥れる作戦をとったのである。ザルカーウィーのこうした行動は、ザワーヒリーに批判された。ザワーヒリーは「ザルカーウィーの行動により、『アルカーイダ』への支持が失われかねない。支持が失われれば、ジハード主義者の存続が困難になる」と述べた。爆破によりヨルダンを怒らせたザルカーウィーは、強い非難に晒《さら》された。そして、ザルカーウィーと彼の支部に対する支持は次第に失われていったのである。二〇〇六年一月、ザルカーウィーは新たなスンナ派ジハード主義組織「ムジャーヒディーン・シューラー評議会」の設立を試み、アブドッラー・ラーシド・バグダーディーをアミールに任命した。当時、イラク人のジハード主義者が、「二つの河のアルカーイダ」が外国人ジハード主義者に乗っ取られるとの懸念を抱いており、こ

ムジャーヒディーン評議会の元指導者で、米軍に爆殺されたザルカーウィーの真の後継者といわれ、後継組織「イラクのイスラーム国」のアミールとなったアブー・アイユーブ・ミスリー

れに対処するためにザルカーウィーは新組織を立ち上げたのである。しかし、これは失敗した。ザルカーウィーはイラク人ジハード主義者の不満を除くことができなかった。同時にウサーマ・ビンラーディンのザルカーウィーへの信頼も失われていった。二〇〇六年四月、ビンラーディンは、ザルカーウィーをアルカーイダのアミール職から解任する決定を下した。同年六月、アメリカ軍はヨルダン諜報機関と協力し、ザルカーウィーの居場所を特定、ザルカーウィーは妻の居宅にいたところを空爆され、死亡した。

二〇〇六年一〇月、「イラクのアルカーイダ」は改称され、「イラクのイスラーム国」となった。アブー・ウマル・バグダーディーが新たなアミールに選出された。しかし複数の情報は、ザルカーウィーの後継者となったのはアブー・アイユーブ・ミスリーであるとした。

「イラクのイスラーム国」はその主要目標を、軍事力により、イラク全土に「イスラーム首長国」を建国することとした。そして「内閣」を組織し、自らの支配地域にシャリーアを施行した。彼らの支配地域はバグダード、サーマッラー、モスル、アンバル、キルクークの一部であり、「首都」をバアクーバ（イラクの首都バグダードの北東に位置する、ディヤーラー県の県都）とした。「イラクのイスラーム国」の財政状況が改善されると、安定した支配が行なわれるようになり、世界中のイスラーム諸国からジハード主義者が集まるようになった。イラクの首相ヌーリー・マーリキー(前出P.59)はこれに恐れをなした。「イラクのイスラーム国」が「建国」を宣言するや、イラク国内で大規模な爆弾テロが起き、多くの人々が殺害された。標的となったのは、省庁、警察署、イラク軍・アメリカ軍施設であり、二〇〇六年から二〇〇七年にかけ、数十万人のイラク人が避難民となってシリアやヨルダンに流入した。

イラクに「覚醒評議会」を組織したアメリカ陸軍の元軍人、デヴィッド・ペトレイアス

二〇〇六年秋、爆弾テロの件数と犠牲者数が以前の数倍に達した時、イラク駐留アメリカ軍のペトレイアス総司令官は、「覚醒評議会(イラクの息子たち)」の設立を決定した。総司令官は、「スンニ・トライアングル」の諸部族が、「イラクのイスラーム国」の厳しい規律、特に犯罪者や姦通者に対する刑罰の執行を嫌うようになった機会をとらえたのである。「覚醒評議会」の代表には、アブドッサッタール・アブーリーシャが選ばれ、アメリカ軍による訓練、資金援助、武器援助が行なわれ、「イラクのイスラーム国」をアンバルから放逐する作戦がとられた。

アメリカによる公式の統計では、訓練を受けた「覚醒評議会」のメンバーは一〇〇〇〇人、一人当たり三〇〇USドルの月給が支払われた。ブッシュ大統領は同時期、「イラクのイスラーム国」を壊滅させるため、二万一〇〇〇人の兵士を増派することを決定した。その結果、アメリカ軍と「覚醒評議会」は、「イラクのイスラーム国」を複数の支配地域から放逐することに成功した。

アルカーイダと「イラクのイスラーム国」に対するアメリカの新戦略は一定の効果をもたらし

たが、両者の戦力と脅威は残されたままであり、宗派対立を煽る彼らの作戦は続けられた。二〇〇七年八月一四日、「イラクのイスラーム国」は一連の攻撃を開始した。この日は、クルド人地区のヤズィーディー教徒を標的にした攻撃を行なった。それは、二〇一四年の同じ日(八月一四日)に、イスラーム国がヤズィーディー教徒に対して行なったことと同種の襲撃であった。この際は七九六人が死亡し、一五六二人が負傷した。ヤズィーディー教徒はこの地域に二〇〇〇年以上暮らしていた。原理主義者にとって、ゾロアスター教(古代ペルシアを起源の地とする善悪二元論的な宗教)に似た宗教を信仰する彼らは「不信仰者」であった。

二〇〇七年九月一三日には、「イラクのイスラーム国」の細胞は、アブドッサッタール・アブーリーシャの暗殺に成功したが、アメリカ軍の作戦は継続し、多くのスンナ派住民が「イラクのイスラーム国」に敵対するようになった。彼らは「イラクのイスラーム国」の厳格すぎる方針に反対していたことに加え、「アメリカは約束通り、イラクを民主国家に変革してくれる」と依然期待していたためである。二〇〇八年、スンナ派の政治組織はイラク新政府をボイコットする方針を改め、国会議員選挙に参加した。しかしその後、彼らはその期待が裏切られたと悟ることになる。

スンナ派の「イラクのイスラーム国」への支援は先細り、「イラクのイスラーム国」は弱体化した。二〇〇八年九月、地元民に受け入れられなくなったジハード主義者の戦闘員らは、戦闘地域を撤退し他の地域に転戦するか、故国へと戻った。

破綻したイラクとそのマーリキー政権からイスラーム国が得たもの

二〇〇八年の総選挙後、アメリカ政府に支持された、ヌーリー・マーリキーを首班とする新政府が発足した。この新政府は、バグダードをはじめとするイラク全土で自動車爆弾によるテロなどのあらゆる暴力に関与していたアルカーイダに率いられたスンナ派反体制武装勢力は殲滅《せんめつ》されたと考えていた。イラク国会は二〇〇八年一一月二七日、「アメリカ軍の配置に関する合意」を決議、アメリカ軍の二〇〇九年六月を期限としたイラク国内の都市からの撤退、そしてイラク全土から二〇一一年末までに完全撤退することが定められた。

二〇〇八年末、アメリカ軍総司令部は「覚醒評議会」の指導権を、マーリキー政権に委譲した。この際、ペトレイアス総司令官はイラク政府に対し、一〇万人に達した「覚醒評議会」(全員がスンナ派)をイラク政府軍、治安機関に吸収させることを提言した。「覚醒評議会」メンバーは、アメリカの軍人から高度な訓練を受けていた。

しかし、マーリキー政権は「覚醒評議会」の半数を解雇し、三〇〇USドル(約三万七二〇〇円)の給与支払いを停止、彼らは路頭に迷うことになった。解雇を免れた人々は、イラクの省庁や治安機関への再就職が約束されていたが、それは守られなかった。マーリキーと側近らの宗派主義的な動機に加え、マーリキーは彼らが影響力を行使し、将来政権を脅かすことを恐れたのである。

マーリキーは、これまで「スンニ・トライアングル」でアルカーイダと戦い、数千人の犠牲を払いながら駆逐してきた「覚醒評議会」のメンバーの省庁、治安機関への受け入れを拒否した。絶望したメンバーらはやがて、復讐を誓いモンスター化することになる。

アルカーイダとその同盟者のイスラーム主義の反体制勢力は、マーリキーよりも賢かった。彼らは、アメリカというスポンサーを失い見捨てられた「覚醒評議会」のメンバーらとどのように接するかを心得ていた。彼らは、マーリキーのシーア派政権に対する憎悪を露わにする「覚醒評議会」元メンバーらの「改悟《かいご》」を受け入れたのである。

イラクの思想家、故・アリー・ワルディーはかつて、「憎悪の感情にとらわれたイラク人は、すさまじい破壊力を持つ」と指摘した。

アメリカ軍によって高度に訓練されたスンナ派の「覚醒評議会」の元メンバーらはやがて、「イラクのイスラーム国」の主力となっていく。マーリキーの近視眼的で宗派主義的な政策は、アブー・バクル・バグダーディーへの最高のプレゼントとなった。バグダーディーは、自らの計画達成のため、「覚醒評議会」の元メンバーを雇い入れた。そして後に彼は、マーリキー政権を失脚に追い込み、イラクの約半分を制圧することに成功するのである。これにより「覚醒評議会」の元メンバーらは、自らを「反体制派」と決めつけて排除し憎んだ者たちへの復讐を一部達成した。

アメリカ軍がイラクの諸都市からの撤退を段階的に開始した頃、「イラクのイスラーム国」はその空白を埋めるべく、これらの都市への「帰還」を開始した。二〇〇九年一月、アメリカ軍総司令部は合意に基づき、省庁、治安機関が集中するバグダード中心部のグリーンゾーン(かつて連合国暫定当局があったバグダード市内一〇平方キロにわたる安全地帯のこと)の統治権をイラクの治安部隊に委譲した。

自らの治安維持能力を強く自負するマーリキー政権は、グリーンゾーンと周辺にあったコンクリートで囲まれた検問所の撤去を決定した。しかし二〇〇九年八月一九日、バグダードのグリーンゾーンは連続爆弾テロに見舞われ、一二二人が死亡し一〇〇〇人以上が負傷する惨事となった。マーリキーがグリーンゾーン内のホテルでスピーチをしようとしたその時、外務省と財務省の建物が自爆攻撃を受けた。攻撃には爆発物を積んだトラックと迫撃砲が使用された。その後もバグダードで爆弾テロが相次ぎ、「イラクのイスラーム国」はすべてにおいて犯行を認めた。

二〇一〇年春、アメリカ軍とイラク軍は、「イラクのイスラーム国」の攻撃を阻止するために多大な努力を払うことになった。両者は『イラクのイスラーム国』の指導者の七五％を殺害した」と発表したが、「イラクのイスラーム国」はその頃、国会選挙(二〇一〇年一月)後の政情不安の空白状態に乗じ、各地で支配権を獲得していたのである。二〇一〇年五月一〇日、「イラクのイスラーム国」の部隊が、イラクの主要都市で連続して爆弾や銃を用いた攻撃を実施した。

二〇一〇年、アメリカは第一回目の国会選挙をボイコットしたスンナ派政治勢力を第二回目の国会選挙に出馬させ、国政に参加させることになった。スンナ派勢力は無所属ブロックで立候補し、その中には「イスラーム党」党首で、のちに副大統領となるターリク・ハーシミーも含まれていた。また、イヤード・アッラーウィー元首相(イラク暫定政権において実務を統括する首相を務めた政治家)率いる世俗勢力「イラーキーヤ」ブロックに参加した勢力もあった。このブロックは選挙の結果、国会で最大の会派となり、ジャマール・タラバーニー大統領によって与党第一党として組閣を命じられると予想されたが、実現しなかった。駐イラクアメリカ大使のザルマイ・ハリルザードの進言により、マーリキーの首相続投が決まり、第二次マーリキー政権が発足した。これは、イラク政権の現状維持を望むイランにとっても歓迎すべき決定となった。この決定は、スンナ派と世俗勢力をさらに失望させた。彼らは国政への参加は無益と考えるようになった。マーリキー政権の宗派主義に基づいたスンナ派排除の政策がエスカレートするほど、アルカーイダと「イラクのイスラーム国」にとっては好都合な事態となった。

第二次マーリキー政権は、前期よりもさらに強権的となった。権力に固執する彼は、自らを守る法令を作りすべての反体制派に弾圧を加えた。彼は「反テロ」を目的とした法令を、自らに反対する人々を弾圧するために濫用し、多くの人々が内務省の監獄において拷問を受けた。ナジュム・ハルビーは、アッラーウィー率いる「イラーキーヤ」ブロックに所属する有名な政治家であり、マーリキー政権とその政策を厳しく批判することで知られていた。選挙直前の二〇一〇年三月、ハルビーは逮捕された。彼はその一一カ月後、獄中から密かに書簡を送り、『アッラーウィーがテロリストを支援した』との自白を強要され、瀕死の状態になるまで拷問を受けた」と暴露した。

イラクの世俗勢力「イラーキーヤ」を率いる政治家で元首相、イヤード・アッラーウィー

マーリキーは、アッラーウィーのブロックの候補者の多くを、選挙から排除しようと画策した。選挙直前に彼は、かつてイラク・バース党に籍を置いた者の立候補を禁止する法令を発令した。アッラ

ーウィーを筆頭に、世俗勢力の多くの候補が元バース党員であった。しかしマーリキーの試みは失敗し、アッラーウィー率いる「イラーキーヤ」は前回よりも議席を二つ増やして勝利した。以来、マーリキーとアッラーウィーによる政争が始まる。アメリカはクルドの指導者マスウード・バルザーニーと共謀し、マーリキーの支配を確実なものとし、一方のアッラーウィーは「国家戦略政策協議会議長」なるポストを与えられた。このポストは実質上の権限は一切なく、アッラーウィーはのちに辞任する。

同時にこのアメリカ主導の合意は、マーリキーにも譲歩を促していた。マーリキーは、なかば私物化していた治安機関の諸権限を国防省に委譲することになっていた。しかし、マーリキーは国防省も自らの支配下に置くことによって、この譲歩を回避した。マーリキーはさらに「国家戦略政策協議会」も白紙化し、アッラーウィーの一切の政治活動を阻止、その上でイラク軍最高司令官を兼任すると発表したのである。彼の一連の決定は、国会の審議を経ておらず、憲法をも無視したものだった。「サドル軍」(＝サドル潮流)の指導者のムクタダー・サドル(前出P.143)は「マーリキーはサッダーム・フセイン以上の独裁者となった」と非難した。

さらに危険なことに、マーリキーは私兵集団を設立した。メンバーは、彼が党首を務める「ダアワ党」党員かつ同じ出身部族の者で占められ、彼の子息が最高指導者に就任、重武装したこの集団は、反体制派の殺害、逮捕、拷問を繰り返した。

「イラーキーヤ」は閣僚ポストを得ることができたものの、党首のアッラーウィー自身は政治活動を禁じられた状態にあった。アッラーウィーはついにイラクを去った。こうした国内混乱は、国会にも波及した。国会の審議は騒がしく、殺気立った中で行われ、乱闘に発展することもあった。

マーリキーは自らの国会における政治ブロックに「法治国家」という矛盾した名前を付けた。このブロックには、彼に従うシーア派政党が加わった。彼は「強力な国家」「教育と保健分野の改革」「汚職撲滅」を公約としたが、どの公約も実行されることはなかった。この結果、治安は悪化し、教育、保健は置き去りにされ、二つの大河を持つにも関わらず深刻な水不足に陥った。電力供給は首都のみにほぼ限られ、しかも一日五時間の供給という有様だった。

アメリカによる六年間の占領期間中、イラクには強力で公正、経済発展をする民主国家が誕生するはずだった。イラクは一二〇〇億バレルの貯蔵量と目される産油国であるにもかかわらず、宗派主義に凝り固まったマーリキー独裁政権は、国を反対方向に導き、起死回生を待ち望んでいたイスラーム国が伸張する環境を作ったのである。

アメリカ等の支援国は、マーリキー政権に、インフラ整備の名目で一〇〇〇億USドル（約一二兆四〇〇〇億円）を供与した。しかしこれら支援国は、政権への監査を怠っていた。支援金はマーリキーと側近の大臣、支持者らの銀行口座に数百万USドル単位で流れた。政府の要職はマーリキーの出身部族の者たちに与えられ、彼らは省庁の税金を横領した。

二〇〇六年、「トランスペアレンシー・インターナショナル」（世界中の腐敗をリスト化した「腐敗認識指数」を毎年発表している国際的な非政府組織）はレポートを発表、イラク政府の行ないと会計の不透明を指摘、「史上最も大きなスキャンダルとなりかねない」とした。こうしたスキャンダルは、アッラーウィーの首相在任中（二〇〇四年五月―二〇〇五年四月）にも存在していた。二〇〇五年にアッラーウィー内閣が選挙で敗北した際、多くの閣僚が数億USドル（数百億円）を持って国外に逃れた。彼らは、新政府による汚職の追及を恐れていたが、新政府は彼らよりも腐敗していたのである。

マーリキー政権時代、外国、特に欧米諸国によって支援されていた治安対策の予算は、保健省、教育省、環境省の三省を合わせた予算を上回っていたが、会計を監査する機関が存在しなかったため、その予算はマーリキーの取り巻きと、治安機関の幹部によって横領された。その一例に、実在しない治安部隊の兵士、警察官、職員数千人が高給で雇用されていることになっていた事件がある。加えて、実在しながらも勤務実態が不明な職員が数千人存在し、やはり高額な給与を支払われていた。当時、頻発する宗派抗争、爆弾テロにより治安は悪化しており、治安情勢の悪化がこうした汚職をさらに増加させた。

「イラクのイスラーム国」とスンナ派の同盟者たちにとって、マーリキー政権の腐敗した治安機関や省庁は好都合だった。省庁、治安機関、治安部隊のリクルートを行なう会場を狙った攻撃を強化するのみならず、不満を抱えた若者を獲得することにも成功した。

二〇一〇年夏、イラクの市民団体の代表らは、「アルカーイダの征服の再来」、そして、フセイン政権崩壊以後、新政府への参加の道を閉ざされ見捨てられたスンナ派部族、そして「覚醒評議会」の元指導者の不満が蓄積していると警告した。

二〇一一年一二月、アメリカ軍はイラクから全面撤退した。これにより、イラクの運命はイラク人自身が決めることとなった。アメリカは、イラクの民主国家化に対し何の援助もせず、政治活動の経験がない政治家に、イラク国民の様々な民族・宗派の代表である国会の役割や、共存の方法、権利と義務、透明な会計、法治国家の意義を教えることもなかった。アメリカ政府は自国の権益、石油利権確保に忙しく、イラクのために働くことのできる人々を無視した。アメリカにとって「最良の選択」はヌーリー・マーリキーだったが、実は彼が、自らにとっての最大の敵であるイランの最大の同盟者であり、彼こそがイラクを「黄金の盆」に載せてイランに差し出した人物であることに、後で気付かされることになる。

二〇一一年のアメリカのイラク撤退直後、スンナ派反体制派は腐敗した中央政府に対する反乱を開始する。ここで主導的な役割を果たしたのが「イラクのイスラーム国」であった。撤退の翌年の二〇一二年、イラク市民四五九四人がテロによって死亡した。前年の犠牲者数四一五三人を上回った。二〇一三年、犠牲者は倍増し八八〇〇人となった。二〇一二年と二〇一三年の犠牲者数は、二〇〇六年と二〇〇七年の犠牲者数とほぼ同じであった。二〇一三年一〇月は、二〇〇八年以来最も血塗られた月となった。わずか一カ月で九〇〇人のイラク人が斬首されたのだった。

過去三年間にイラク国内で急増した宗派対立は、現在起きていることを考える上で避けては通ることができない。この対立をもたらしたのは、アルカーイダ系の「イラクのイスラーム国」の伸張、二期にわたるマーリキー政権の宗派主義的な圧政であった。イラク人社会において反マーリキー感情が高まると同時に、バグダードやモスルのような大都市圏では、スンナ派とシーア派の分離が進み、両派の地区はコンクリートの壁と武装民兵によって分断された。

二〇一三年と二〇一四年にかけ、スンナ派の反政府感情は頂点に達した。スンナ派の若者は汚職、失業に苦しみ、その怒りはマーリキーの宗派主義的な政策に向いた。こうした若者たちはモスクに通い、日に五回の礼拝を行なうようになった。治安当局は彼らの活動に目をつけ、ファジュル(夜明け前)の礼拝の際に、家宅捜索や逮捕を行なうようになった。逮捕された人々は行方不明になるか、家族が顔で判別できないほど酷い拷問を受けて戻ってきた。

こうした弾圧と恐怖政治、汚職、不当逮捕に抗議するデモが、バグダードのタハリール広場で連日のように行なわれ、私服の治安部隊による苛烈な弾圧にもかかわらず、その数は増えていった。

二〇一三年四月、スンナ派住民による平和的な座り込みが、キルクーク近郊の町フウェイジャで行なわれた時、マーリキーは治安部隊に排除を命じた。治安部隊は銃を使用し、五〇人が殺害され、数百人が負傷した。この虐殺は、イラク現代史にとっても重要な転機となった。事件をきっかけにスンナ派の怒りが爆発することになるのである。

当局がフウェイジャの平和的な座り込みに対して行使した暴力は、野党政治家によってマーリキー政権批判の材料となり、やがて「イラクのイスラーム国」によって利用されることになる。「イラクのイスラーム国」はこの事件をスンナ派部族らに訴え、バグダードの中央政府に対する革命を起こすよう扇動、事件に怒るスンナ派の若者たちを戦闘員として取り込んでいった。

二〇一三年七月、イラクの宗派対立は激化し、恐ろしい内戦に発展しようとしていた。「イラクのイスラーム国」は、中央政府に反感を抱く「怒れる兵士達」を抱え強大化していった。この頃「イラクのイスラーム国」は隣国シリアに姿を現し、「イラクとシャームのイスラーム国」と名を変え、「ヌスラ戦線」と共同で政府軍と戦火を交えるようになった。

イラクの国内混乱は、イラクを破綻国家に変えた。アブー・バクル・バグダーディーの軍はこれを機にイラクの二つの監獄、アブー・グレイブとタージを襲撃した。これらの監獄には、テロ容疑により逮捕された「アルカーイダ」の構成員ら数百人が収監されていた。

イスラーム国は襲撃を数カ月前から計画、看守の動き、総数、所持する武器、監獄の出入り口の位置などの情報を収集する一方、収監者と密かに連絡を取り合った。その上で、イスラーム国の精鋭部隊は、まるでハリウッド映画の一場面のような作戦を実行する。二〇一三年七月二二日のことだった。戦闘員は迫撃砲、自爆要員による自動車爆弾で監獄の入り口を破壊し、監獄に突入した。

この監獄の襲撃の手法は、一九九八年八月に起きた、タンザニアのダルエスサラーム、ケニアのナイロビのアメリカ大使館の爆破事件、そして一九九六年のイスラマバードのエジプト大使館爆破事件に類似する。エジプト大使館爆破事件を計画し監督したのは、ウサーマ・ビンラーディンの右腕と呼ばれた、アブー・ハフス・ミスリーだった。ミスリーは二〇〇一年一〇月、アメリカ軍のアフガニスタン空爆によって殺害され、アルカーイダは彼の死を深く悼《いた》んだ。

アブー・ハフス・ミスリーは一九九六年、私がアフガニスタンを訪問し、トラボラの洞窟でウサーマ・ビンラーディンにインタビューした際、案内役となった人物である。この時ミスリーは私に対し、数カ月前のイスラマバードにおけるエジプト大使館爆破は、自ら計画したものであることを認めた。彼は次のように語った。

「大使館に勤めていたセキュリティー担当者はかつて、エジプトの『ジハード・イスラーミー』に属していた私の同僚二人を現地で拘束し、大使館の地下室で拷問した人物だった。私は、爆弾を積んだ小型車で入り口を爆破したのち、一トンの爆薬を積んだトラックを大使館の建物に突入させた。建物は跡形もなく破壊され、館員は全員死亡した」

アブー・グレイブとタージの両監獄に対する自爆攻撃は、アブー・グレイブに収監されていた五〇〇人のアルカーイダ構成員を解放することに成功した。イラク政府は公式発表で、タージ監獄の囚人は一切脱走していないと発表する一方、アブー・グレイブ監獄は、看守の中にイスラーム国の協力者がいたために、攻撃が成功したと説明した。

この攻撃は、イスラーム国の実力と、マーリキー政権を揺るがせるだけの能力を持っていることを見せつける結果となり、戦闘や爆発物の取り扱いを訓練により身に着けた戦闘員や専門家がイスラーム国に加入することになる。

二〇一三年イスラーム国は、攻撃目標を拡大する方針をとった。彼らはシーア派以外の宗派や少数派住民も攻撃の標的とするようになった。クルド人、ヤズィーディー教徒、キリスト教徒が狙われた。彼らはまず、クルド自治区の首都アルビルを戦略的動機、そして報復(シリアにおいてクルド人戦闘員は、イスラーム国とその同盟者に敵対していた)のために標的とした。アルビルの住民を恐怖に陥れるため、自動車爆弾を使った攻撃が一年中続いた。イスラーム国はその後もアルビルを狙い続け、二〇一四年八月にはアルビルまで三〇キロの地点に迫った。しかし、アルビルを防衛するために出撃したアメリカ軍機の空爆により、彼らの作戦は失敗する。

アメリカと英国は、イラク北部のイスラーム国の進撃を食い止めるべく軍事作戦を実施した。シンジャールを追われ、山地に逃れたヤズィーディー教徒の救出が作戦の名目だったが、イラク第二の都市モスルなどの都市がイスラーム国に制圧された後での決断だった。

イスラーム国の攻撃対象は、クルド人やヤズィーディー教徒といった少数派のみにとどまらず、キリスト教徒も狙われることになった。二〇一三年一二月、バグダードの二つの教会が爆破され、クリスマスを祝っていた三五人のキリスト教徒が死亡した。また、モスルを制圧した際は、ムスリムへの改宗か、ジズヤ(イスラーム世界における税の一つで、非イスラーム教徒の成年男性に課せられる税)の支払いか、モスルからの退去かの選択肢を突きつけた。大多数の住民はモスルを去り、アルビルやトルコに逃れる道を選んだ。

二〇一四年夏、二〇〇億USドル(約二億四八〇〇万円)をかけて養成された五〇万人からなるイラク軍は、イスラーム国と対峙することができなかった。イスラーム国がイラク第二の都市モスルを攻撃した際、重武装したイラク軍将校や兵士は、イスラーム国と戦う気力を持っていなかった。約三万人の兵士らはモスルの防衛を放棄し、武器と軍服を残し、私服に着替えアルビルに逃げ出した。

マーリキー政権においては、政府のポストは金で買うものだった。才能のある人材が適職に就くことはなかった。同様のことは政府軍でも行なわれ、その弊害が露呈する形となった。有能な将校が排除されたばかりか、名前だけ軍に籍を置く「幽霊」と呼ばれるダミーの将校兵士が数万人にも及んでいた。彼らは高給を取りながら、勤務実態はなかった。国軍内部の腐敗は頂点に達しており、多くの将校や兵士は、義務を果たすという認識を持っていなかった。腐りきった政府に尽くさねばならない理由など、どこにもなかったのだ。政府内部の腐敗も同様であり、任務に忠実な者は見当たらなかった。多くのイラク人が、軍や治安部隊の将校や兵士が、「アウトローたち」が放った最初の銃声を聞くや、一斉に逃げ出したことを証言している。

マーリキーはほぼすべてのイラク国民の支持、同盟者、スンナ派政治家、シーア派の支持者（特にサドルの支持者）、クルド人の支持を失い、孤立無援となった。アメリカは、宗派主義と権力欲に取りつかれ、他のイラクの政治勢力や宗派との協力を拒否したマーリキーを切り捨てざるを得なくなった。イランもまた、マーリキーへの支援を止め、彼を介錯《かいしゃく》することを決めた。イスラーム国の脅威は増す一方であり、大多数のイラク人が同意できる「国民和解政府」が建てられ、国際的な同盟関係が構築されなければ、この脅威に立ち向かうことは不可能と誰もが悟ったのである。

多くのイラク人は、マーリキーを「シーア派のサッダーム・フセイン」（サッダーム・フセインはスンナ派）「功績に差はあるが、サッダームと同等の独裁者」と見做した。フセイン政権時代、軍・治安部隊の要職にあったのはシーア派だった。サッダームはシーア派の指導部とともに、イランと八年間も戦うことができた。アメリカ軍が占領後に拘束した旧政権幹部五二人のうち、三六人がシーア派だった。また副首相、外相を歴任したターリク・アズィーズはキリスト教徒だった。

もちろん、サッダームによる、誤った計算に基づいたクウェート侵攻、独裁による国内支配といった行為は許されるものではないが。

サッダームは強力な軍隊を作り上げ、イラクの統一を堅持したほか、文盲を撲滅し大学を開学、外国の大学への留学生派遣など教育に力を入れた。一方、マーリキーが八年間の任期に成し遂げた事業は思い浮かばない。あらゆる政府機関は機能不全となり、社会サービスは低下し治安は悪化した。イラクはアラブ・イスラーム世界において孤立状態となり、いかなる政治的役割を果たすこともなかった。マーリキーが訪問したアラブ・イスラーム諸国の数は、片手で数えられるほどである。

二〇一三年から二〇一四年にかけ、イラクの政治危機は極めて深刻な状態となった。イスラーム国にとって、二回目のチャンスが到来したのである。彼らはスンナ派の支援を得、中東の心臓部に「カリフ国」を樹立しようとしていた。ザルカーウィーの計画は失敗し、二〇〇六年のザルカーウィー自身の殺害によって幕を閉じた。しかしアブー・バクル・バグダーディーはザルカーウィー暗殺後、最も幸運な人物であるといえる。

イラクの元政治家。同国副首相、外相を歴任。元ジャーナリスト、ターリク・アズィーズ

イラク国民は、アメリカによる占領時代の混乱と戦闘、治安の悪化、民主国家建設の失敗、中央政府の腐敗に疲れ果てていた。

「ターリバーン」もまた、ソ連撤退後のムジャーヒディーン同士の内戦という、アフガニスタンを覆った混乱に乗じて支配権を得ていった。

対ソ連戦では同盟者だったムジャーヒディーン達は、主導権と戦利品を巡って戦い始め、政府は崩壊した。武装民兵が支配権を握り国土は分裂、マフィアと戦争で商売をする者たちがはびこり犯罪が増加した。原理主義の「ターリバーン」は、こうした混乱と人々の怒りを利用して、国内の支配権を確立したのだった。

イスラーム国もまた同様の手法を用いた。彼らはイラク北部・中部・西部のスンナ派住民の不満をうまく利用し、自らを「圧政からの守護者」と自称し、目的を達成しようとした。彼らは声明等で、スンナ派を疎外した宗派主義的政府に立ち向かい、シャリーアの施行により治安を回復し腐敗を一掃、犯罪者や姦通者を罰しモラルを維持すると宣伝した。

スンナ派の人々は五〇年余り、世俗的、国家主義的なイラク政府の元で暮らしてきており、イスラーム主義者やシャリーアによる統治には抵抗があった。しかし、彼らの反マーリキー感情、そして自らの権益のために、マーリキー政権と戦うイスラーム国を支持することになった。イスラーム国は実際にマーリキー政権をモスル、アンバル、サラーフッディーン、サーマッラーで撃破し、クルド自治区に攻勢をかけ、首都アルビルまであと三〇キロの地点まで進撃した。イスラーム国がモスルを制圧し政府軍を追い出したとき、住民は彼らを歓迎した。後に住民の考えは変わっていったであろうが、この時は皆イスラーム国を支援したのである。

シリアとイラクの支配地域におけるイスラーム国の行動や統治方法を見ると、彼らが他組織の経験や、失敗をよく学んでいることがわかる。二〇〇六年、「イラクのイスラーム国」は、イラクのスンナ派の人々の支持を失ったが、その原因は、ザルカーウィーの苛烈な方針のみならず、外国人戦闘員の多さにあった。二〇一四年六月、イスラーム国がモスルを攻撃した際、旧バース党員や諸部族と共闘関係を結ぶことをためらわなかった。彼らは、現地で銀行や企業、水道・電力・電信公社、大学、学校等に勤めていた職員をそのまま働かせ、機能を維持させた。

サッダーム・フセイン政権時代の副大統領イッザト・ドウリーが、旧バース党幹部らとモスルを訪問したとも、イスラーム国の「新政府」がフセイン旧政権の関係者を新たに雇い入れたとも言われた。イスラーム国は当初、シリアやイラクで支配下に置いたモスル等の諸都市において、人々の日常生活には介入しない方針をとった。

サッダーム・フセイン政権時代の副大統領イッザト・ドウリー

マーリキーの行動と宗派主義のみが、イラクの崩壊と、イラクとシリアの広い範囲を支配したイスラーム国の伸張をもたらしたと断定することはできない。イラク軍と政府機関を解体し、宗派主義的な政府に権力を与えたアメリカの占領政策もまた、イスラーム国に強大化のチャンスを与える大きな要因となったのである。マーリキーは自らの行動と政策によってイスラーム国の脅威を拡大させたことは確かであるが、彼は首謀者ではない。

イスラーム国に立ち向かっている同盟国の中には、互いに敵対する国々も含まれている。サウディアラビアとイラン、アメリカとシリアである。この同盟は、ファード・マアスーム（前出P.60）をイラクの新大統領とし、サリーム・アフマド・ジャッブーリーを国会議長に、マーリキーの後任の首相にはハイダル・アバーディー（前出P.60）を選んだ。この人事異動により、イラク国内のバランスを変え、スンナ派のイスラーム国支持を止めさせることができると同盟は考えた。スンナ派は、マーリキーの政策(前述)を嫌っているためにイスラーム国を支持しているというのである。この人事が誤っていたか正しかったかを現時点で断定することはできないが、確かなことは、問題の解決には長い時間を要し、その道は決して安全ではないということである。

不幸なことに、イラクの民主制に対する信頼は地に堕ちた。信頼の回復には数年、あるいは数十年を要するだろう。マーリキーの後任であるアバーディーが統一政府を樹立することに成功したとしても、さらに時間がかかると考えられる。二〇〇三年の欧米によるイラク侵攻はイラクの統一を分断し、瓶の中に封印されていたイスラーム国という怪物を解き放つ結果をもたらした。国際社会による軍事的、政治的な努力が行なわれているが、この怪物はそう簡単に瓶の中には戻らないだろう。

第四章 シリアのイスラーム国

——その背景

イスラーム国は、イラクでそうしたように、シリアにおいても、政治的な混乱や宗派間暴力を利用する形で勢力を伸ばしていった。シリアにはもう一つ、混乱の要因が存在していた。全土における内戦状態である。内戦はバッシャール・アサドに対し改革と、独裁制の廃止を求める運動から始まった。

アサド政権は、革命に対し残忍な暴力で応じ、二〇万人以上が殺害された。この過程で、シリア国内の反体制勢力は武力による抵抗を開始した。そして、「ヌスラ戦線」や「イラクとシャームのイスラーム国」のような厳格なイスラーム主義者が戦闘に参加したとき、混乱は頂点に達した。

シリア危機はイラク危機と比べより国際的であり、諸国に様々な影響を及ぼす可能性を持っている。これによりアメリカは従来の外交政策を変更せざるを得なくなった。当初、アサド政権の打倒を計画していたアメリカは、シリアの広範囲の地域を公然と支配下に置いたイスラーム国打倒を優先しなければならなくなったのだ。

世俗的なシリアという国家は、短期間のうちに宗派抗争の舞台へと変わり、国際社会はその中の特定の勢力を支援し、代理戦争のような構図となった。

シリア情勢はやがて、世界中に影響を与えかねない状況となったが、さらに面倒なことに、シリアの国土の約三〇%を支配する「カリフ国」、イスラーム国がこれに参入した。

シリアの政治と宗教

イラク同様、シリアは一九六三年より世俗的なバース党の支配を受けることになった。一九七〇年、アサド一族の支配が始まる。ハーフィズ・アサドとその子息バッシャール・アサドが独裁制を敷いた（前出P.107）。

ハーフィズ・アサドは医師を志していたが、彼の家族が貧しかったため、空軍に入隊した。その後アサドは、軍人から政治家への転身を果たす。一九六三年、三三歳のアサドは、バース党による軍事クーデターの指導者の一人となり、実権の掌握に成功した同党は、褒賞としてアサドを空軍司令官に任命した。七年後にアサドは実権を掌握、シリアの最高指導者となるが、この七年の間に　アサド一族が属するアラウィー派は、謎めいた形でシーア派とつながっている。次章で私はシリアの宗派地図について述べることにしているので、ここでは簡単にアラウィー派について述べたい。アラウィー派の人口は約一五〇万人であり、シリアの人口の一二%を占める。一方、シリアのスンナ派人口は六五%で、スンナ派のクルド人は九%である。

一方、キリスト教徒は一〇%、イスラーム世界では「シーア派の一派」とみなされるドルーズ派は三%を占める。

アラウィー派とドルーズ派は、両者とも興味深い「交配」によって生まれた宗派である。ドル

シリアとイラクにおける宗派分布と人口比率

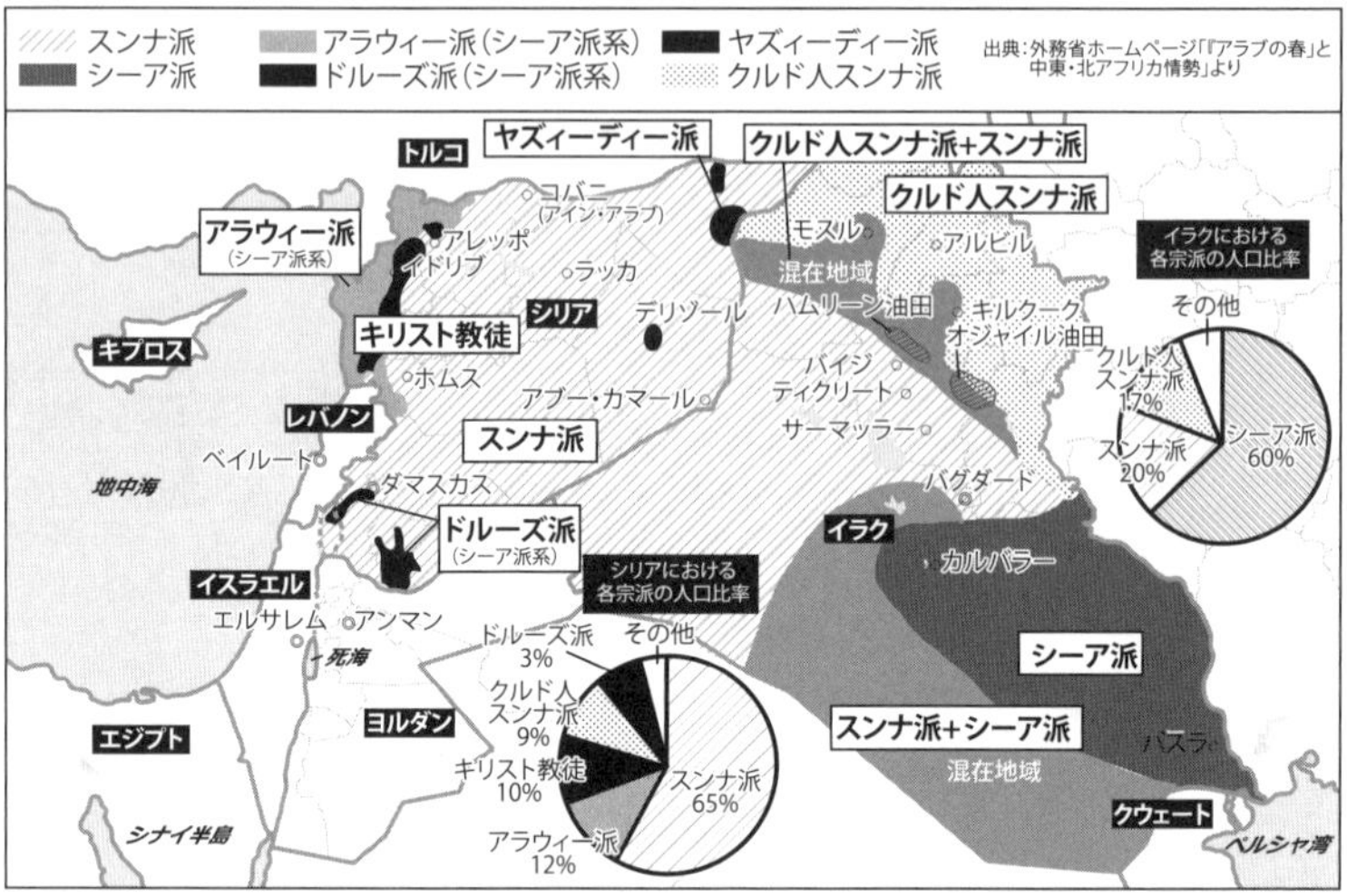

出典：外務省ホームページ「『アラブの春』と中東・北アフリカ情勢」より

ーズ派の教義は、一神教であるが新プラトン主義（プラトンのイデア論を継承し、万物は、完全無欠なる「一者」から流出したものと捉える思想）のような哲学が加えられている。一方アラウィー派はシーア派の教義とかけ離れた教義を持つが、ムスリムと認定されている。

アラウィー派はシリア国内で長い間差別され、疎外される地位にあったが、ハーフィズ・アサドが実権を掌握したことで転機が生じた。シリアの憲法には「大統領はムスリムであること」という条文があり、アサドが大統領に就任するには困難が予想された。しかし、シーア派のイマーム（前出：アラビア語で「指導者」、「模範となるべきもの」を意味する語で、イスラーム教の「指導者」を指す）であるムーサ・サドルが「彼（アサド）はムスリムであり、合法的に大統領に就任できる」とのファトワー（前出：イスラーム教における勧告・布告・見解・裁断のこと）を出したことで解決した。

シリア国内にはアラウィー派の部族が四つ存在する。カルビーヤ(アサドの出身部族)、ハイヤーティーン、ハッダーディーン、ムターウィラである。イラク同様、こうした部族との同盟関係は権力の維持に役立った。ハーフィズ・アサドはスンナ派部族の支持を、権力や金と引き換えに得ることに成功した。イスラーム国もまた、部族のネットワークを利用し同様のことを行なっている。西欧諸国は、シリアの諸部族の非協力に絶望した。これらの国々は、シリアの部族が、アルカーイダと戦ったイラクの「覚醒評議会」のような役割を果たすと期待していた。

バッシャール・アサドは一九六五年に生まれた。彼の母は、農民出身のアニーサ・マフルーフであった。若い頃のバッシャールは、ハーフィズの後継者とは目されていなかった。内気で勉学のことしか考えない人物だったためである。ハーフィズの弟リファアートは当初、有望な後継者だった。しかし一九八〇年代初頭、リファアートはハーフィズが入院した隙を狙い、全権掌握を試みたことにより、後継者のリストから外された。次に後継者とみなされたのは、バッシャールの兄バーセルであったが、一九九四年に交通事故死した。一九六七年生まれのバッシャールの末弟マーヘルは、粗暴で、何をするかわからない性格のため、大統領職には向かないとみなされ、共和国防衛隊(シリアで最も重要な部隊)の司令官のポストを与えられた。マーヘルは革命当初、反体制運動に対して行なわれた残忍な弾圧を指揮しており、二〇一三年八月にダマスカス郊外で行われた化学兵器を使用し

ハフィーズ・アサドの妻(バッシャール・アサドの母)、アニーサ・マフルーフ

バッシャール・アサドの妻で元英国人のアスマー・アフラス(旧姓)

た攻撃への関与も疑われている。この攻撃は、大統領暗殺未遂事件の復讐であったとも考えられている。

　バッシャールはダマスカス大学医学部を卒業し、ロンドンで眼科医としての研修を受けたが、一九九四年長兄バーセルの交通事故死によって学業を中断し帰国せざるを得なくなった。バッシャールは帰国後、かつての父の経歴を辿るように、軍務に就いた上で政治家としての道を歩み始めた。一九九八年、バッシャールはレバノン統治に関する諸権限を委任されたことにより、より多くの経験を半ば強制的に積むことになった。

　二〇〇〇年六月、ハーフィズが死去した。シリアの人々は、バッシャールが自由を保証し、圧政を行なわなくなることを期待した。バッシャールがロンドンに住んだ経験を持ち、開明的で美しい英国人女性アスマー・アフラスと結婚していたためである。アスマーはコンピューターサイエンスを学び、結婚前は投資銀行に勤務していた。シリア革命が始まった二〇一一年三月、アメリカの雑誌『ヴォーグ』は、アスマーに関する記事を掲載した。記事は、ロンドンの友人たちの間で「エマ」の愛称で呼ばれたアスマーを「長身痩躯《そうく》、明晰な頭脳の持ち主」と評した。

　大統領就任当初、バッシャールは自由な政体を志向し、ムスリム同胞団関係者を含む政治犯を数多く釈放、「ダマスカスの春」と呼ばれた。二〇〇一年五月、ムスリム同胞団は亡命先のロンドンから、バッシャールに対し改革を行なうよう呼びかける声明を発表した。これに対しバッシャールは、これまで与えてきた自由を取り上げることで応じた。この時バッシャールは、父が行なってきたのと同じ圧政を敷く考えを固めたと言っていい。二〇一一年三月にバッシャールが軍と治安機関を総動員して革命を弾圧する行動に出たことは、必然的といえるだろう。

アサド一族の最も若い世代すら、最年長の世代と変わらぬ粗暴さを有しているという。バッシャールには、ハーフィズという、彼の父の名を冠した子息がいる。二〇一三年、『ニューヨークタイムス』は、当時一一歳だったハーフィズの「フェイスブック」上の発言を紹介した。ハーフィズは「アメリカに兵士はいない。新しい技術を持った僅かな数の臆病者の集まりがあるだけだ。それにもかかわらず、彼らは『解放者』を自認している」「僕は彼ら(アメリカ)が攻撃してくるのが待ち遠しい。そして彼らの失敗に満ちた末路が見たい」と書き込んだ。シリアの指導部の子息達は彼の発言を賞賛、「友よ、深い言葉だ」「将来の大統領よ、父上のように真実を話してくれた」とコメントした。

現代シリアにおけるラディカルなイスラーム主義

バッシャールとハーフィズ父子がイスラーム主義者を毛嫌いしていることは明らかである。ハーフィズはムスリム同胞団や他のイスラーム主義組織を、自らの権力を脅かす最も危険な組織と認識していた。一九六四年にムスリム同胞団の活動は禁止されたが、反バース党の政治勢力の中で最大の規模を維持し続けた。ハーフィズのイスラーム主義者に対する懸念は、一九七六年に発生し六年間にわたって続いたシリア各地における反体制運動の際に、現実のものとなった。

一九七二年、ムスリム同胞団内部で分裂が起き、これを機にシリアの人々のムスリム同胞団に対する認識が変わった。この分裂は、イスラーム国がシリア国内で伸張した理由の背景ともなっている。ムスリム同胞団は、ダマスカス（シリアの首都）に拠点を置く、イサーム・アッタールが率いる穏健派と、アレッポ（トルコとの国境に近い、シリア北部に位置し、ダマスカスに次ぐシリア第二の都市）とハマ（シリア西部のオロンテス川中流に位置するシリア第五の都市）に拠点を置く、アブドルファッターハ・アブー・グッダに率いられた急進派の二つのグループに分裂した。急進派は政権に対する激しい闘争を開始する。この穏健派とラディカルな派閥の分離は、現在に至るまでシリア国内に影響を及ぼしている。

ムスリム同胞団の二つのグループへの分裂は、新たなイスラーム主義組織の誕生をもたらした。ヨルダン国内のＰＬＯ基地で軍事訓練を受けた、マルワーン・ハディードに率いられた「若き戦士団」がそれである。この組織の細胞はダマスカス、アレッポ、ハマに存在し、本部はヨルダンにあった。「若き戦士団」は、ムスリム同胞団から資金とメンバーの提供を受け、やがてムスリム同胞団の正式な軍事部門となる。

一九七九年、アラウィー派とバース党の幹部らが攻撃に晒されることになる。一九八一年までに三〇〇人が暗殺されたが、その中には、暴力を非難したモスクのイマームも含まれていた。バース党のクーデター一七周年を祝う記念日には、シリア全土で大規模なストライキ、デモ、治安部隊との衝突が頻発し都市は麻痺状態になった。

一九八〇年六月二六日、「若き戦士団」の戦闘員によるハーフィズ・アサドの暗殺未遂事件が発生した。これに対し政府は、残忍な報復を行なった。暗殺未遂事件の翌日、ハーフィズの弟リファートが率いる「防衛部隊」(そのロゴは、骸骨と二本の剣である)は、パルミラの刑務所に収監されていたイスラーム主義者一一五二人を殺害した。兵士たちは、刑務所の中庭に集められた囚人を、刑務所の屋上から射殺した。彼らは魚釣りでもするかのように、逃げ場を失った囚人達を殺していったのである。

一九八〇年七月、ハーフィズは、ムスリム同胞団に加入した者を死刑に処する旨の法令を発令する。反体制運動は継続したが、規模は縮小していった。「若き戦士団」は政府機関、警察署、バース党の建物に対する襲撃を継続した。

一九八一年八月から一一月にかけ、自動車爆弾を用いた大規模な攻撃が四回起きた。爆弾は、バース党本部、治安機関本部、空軍司令部、首相府を標的としていた。一連の攻撃とその戦略、攻撃目標は、現在アルカーイダが行なっている攻撃に類似しているが、当時自爆要員は使われていなかった。

一九八二年二月二日、ムスリム同胞団と「若き戦士団」は大規模な蜂起を開始、二五万人が暮らすハマ市を制圧した。ハーフィズと弟のリファートは、この蜂起を残虐な手法で弾圧した。ハマは三週間にわたって砲撃を受けた。砲撃はムスリム同胞団が降伏するまで

ハーフィズ・アサドの弟、
リファート・アサド

続けられたが、この手法は、二〇一二年二月から三月にかけ革命勢力に対してバッシャール・アサドが行なった攻撃に受け継がれた。「ハマの虐殺」では二万人以上が殺害されたが、ハーフィズはムスリム同胞団に殺害の責任があると非難した。こうしたハーフィズの邪悪な手法は、すべての人々に対する見せしめとして行なわれた。バッシャールもまた、二〇一二年に爆弾テロが発生したとき、アルカーイダやイスラーム主義者を非難することで、同様の効果を狙った。

ハマでの虐殺ののち、ムスリム同胞団の幹部、メンバーら三万人以上を逮捕、国内のムスリム同胞団、イスラーム主義勢力は壊滅した。この状況は二〇年余りにわたって続くことになる。

ムスリム同胞団の指導部は亡命した。彼らは反体制派の中では最も誠実な組織となり、「アラブの春」が起きたチュニジア、リビア、エジプトといった国のムスリム同胞団と同様の役割を担った。ロンドンのムスリム同胞団支部は最も穏健な支部として知られ、政治的な暴力の停止、民主的政体の樹立を訴え続けた。

「アラブの春」が始まる五年前、『ガーディアン』紙は、亡命中のムスリム同胞団の指導者、アリー・サドルッディーン・バヤヌーニーにインタビューを行なった。バヤヌーニーは「『ムスリム同胞団』は、四〇年続いた腐敗した独裁政権と協力することはできないが、次期政権のパートナーとして役割を果たすだろう。私達はダマスカスの政権の平和的な変革を目指す。目標とするのは『イスラーム共和国』ではなく、民主国家樹立だ」と述べた。インタビューはロンドン北部のバヤヌーニーの自宅で行なわれた。

しかし、厳格なイスラーム主義組織のシリア国内における不在は、シリア人の厳格なイスラーム主義者が存在しなかったことを意味してはいない。「若き戦士団」は、ムスリム同胞団から枝分かれしたが、それは武力に拠《よ》るイスラーム主義の反体制運動の序章であった。一九八〇年当時、この組織にはわずか二一歳の若者が加わっていた。彼の名はムスタファ・ビンアブドルカーデル・セットマリヤム、のちのアルカーイダを代表するイデオローグとなる、「アブー・ムスアブ・スーリー」(前出P.112)である。彼はまた、アブー・ムスアブ・ザルカーウィーと共に、イスラーム国の精神的支柱となる。アブー・ムスアブ・スーリーは「ハマの虐殺」の後、シリアからヨルダンに逃れ、長い年月を経た後ロンドンに現れる。この時、私は彼とロンドンで出会った。

そして驚いたことに、私はアフガニスタンのトラボラで彼と再会することになる。当時彼はウサーマ・ビンラーディンの側近を務めていた。アブー・ムスアブ・スーリーは二〇〇五年にパキスタン当局に逮捕され、二〇一一年に革命が始まる直前の故国シリアに送還される。以来、彼は今日に至るまで収監されている。

アルカーイダにはもう一人、主導的役割を果たしたシリア人がいる。「アブー・ハーリド・スーリー」である。彼はアルカーイダ創設以来の幹部の一人だったが、二〇一四年二月、自爆攻撃によって他の同志らと共に殺害された。殺害当時、彼はアルカーイダの最高指導者アイマン・ザワーヒリーの依頼により、ジャウラーニー(前出P.113)とバグダーディーの仲介をつとめており、「イラクとシャームのイスラーム国」が主犯とみられている。「イラクとシャームのイスラーム国」は当時、「ヌスラ戦線」(公式なアルカーイダ・シリア支部)との間で対立が生じていた。その最中にアブー・ハーリドはアレッポで殺害されたのである。

一九九〇年代、シリア人のジハード主義者たちは、アルカーイダと関連する諸組織に加わり、アフガニスタン、ボスニア、チェチェンにおける戦闘に参加していた。二〇〇〇年にアブー・ムスアブ・ザルカーウィーが「二つの河の地のアルカーイダ」を設立する前、アフガニスタンのヘラートに拠点を定めたときも、シリア人のジハード主義者が彼の組織に加わった。一方、「イラクのイスラーム国」指導者アブー・バクル・バグダーディーの命によってシリアに送り込まれ「ヌスラ戦線」を設立したアブー・ムハンマド・ジャウラーニーは、二〇〇一年以来アフガニスタンのザワーヒリーの指揮下にあった。

二〇一一年夏、私のオフィスにムスリム同胞団の指導者たちが訪ねてきた。彼らの中には、外交部代表のズハイル・サーリム、最も著名な指導者の一人であるファーティフ・ラーウィーの姿もあった。サーリムはこのとき、二つの点を確認した。一つは、ムスリム同胞団はシリア政府に対して平和的な革命(当時革命は、初期の段階にあった)を行ない、武装闘争は行なわないことであった。

彼らは、武装闘争は結果的にシリア政府を利してしまうことを承知しているとし、ムスリム同胞団は、一九八二年の「ハマの教訓」を胸に刻んでおり、この教訓に基づき平和的な反対運動を行なう方針を掲げている、と述べた。彼はまた、政権と対話を行なう部門が存在していることを明らかにし、シリアに帰国し活動を再開する目標であること、そして彼自身がこの交渉を政権と行なっているとした。

もう一点サーリムが確認したことは「シリアに『アルカーイダ』の居場所は一切なく、『アルカーイダ』のシリアへの侵入は絶対に許さない」というものであった。この時私は、シリアで起きた、治安機関二箇所を狙った自爆攻撃をアルカーイダが行なった可能性を記事にしたため、彼はこの記事に反論したのである。

しかしその後、事態は異なる方向に進行していく。平和的なシリア革命の指導者たちは、カタールやサウディアラビアといったアラブ諸国の圧力、そして、革命の武装化を主張する人々の圧力により、「政権による残虐な弾圧からデモ参加者を守るため」を名目に、武装闘争を検討するようになる。この動きはやがて「自由シリア軍」と、ムスリム同胞団指導部も参加した政治組織「シリア国民評議会」の結成へとつながる(こうした動きについては続く章で触れたい)。

二〇〇二年、ザルカーウィーがイラク北部に到着したとき、複数のシリア人ジハード主義者が彼に従った。彼らは、シリアやレバノン国内で眠っていた細胞を活性化させるための手助けを行なったほか、シリアとの長大な国境地帯を調査し、人員や資金、武器を入れる地点を策定した。そして、二〇〇三年のアメリカのイラク侵攻に対する抵抗運動の活発化に目をつけ、多くのシリア人戦闘員を組織に加えることに成功した。シリア人のアルカーイダ・メンバーらは、シリア国内に「安全な拠点」を作ったのち、外国人戦闘員をシリア経由でイラクに呼び寄せるルートを確立した。

ザルカーウィーの殺害から一年が過ぎた二〇〇六年、シリア政府は、ザルカーウィーの命によってシリア国内に作られた、ジハード主義者によるアルカーイダ細胞の拠点に対する摘発を開始した。アサド政権によるこの厳しい摘発により、シリア国内にいたジハード主義者の多くがイラ

サイクス・ピコ協定によるオスマン帝国の分割

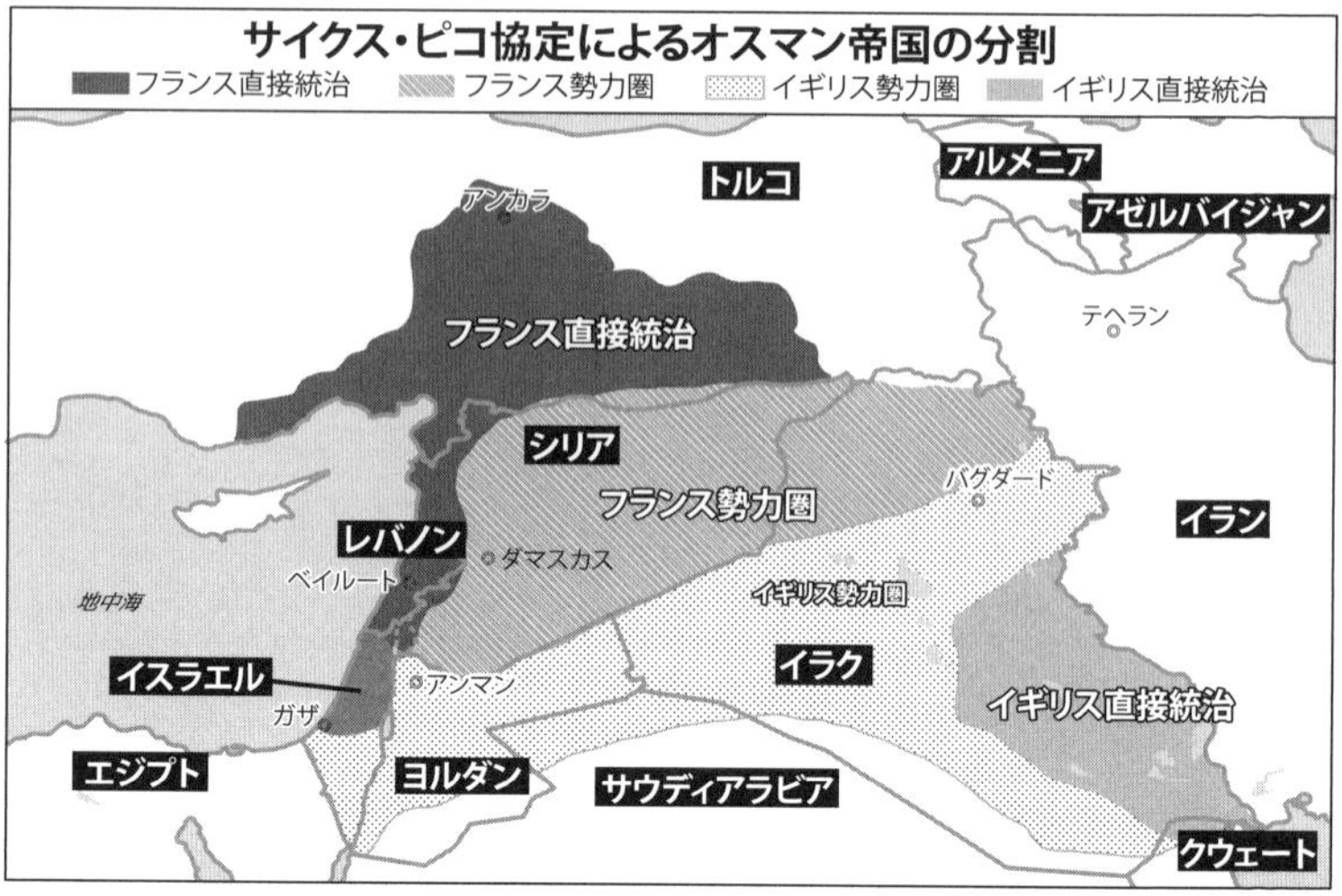

クに流入した。二〇一一年のシリア革命のはじまりは、こうしたジハード主義者たちにとり、故国への帰還の機会となったのである。

シリアの外交関係

シリアは「アラブの春」の到来を受けながら、その巧みな外交手腕で生き残りに成功した珍しい例である。シリアは中東地域の覇者であるイラン、世界で覇権を握るロシア、中国と同盟した。これらの同盟国の力は、シリア危機の政治的、あるいは軍事的解決をより困難なものにした。その後、シリア国内が混乱に陥り、中央政府の力が国内の諸地域に及ばなくなり、イスラーム国が空白地帯で勢力を伸ばし国土の約三〇％を支配下におさめて以降、シリアの立場は逆転し、外交の舞台で優位となる。

二〇一四年六月、イスラーム国がカリフ制を樹立した際、最高指導者アブー・バクル・バグダーディーは

「サイクス・ピコ協定に基づく国境の終焉」を宣言した。一九一六年に英国とフランスによるこの秘密の協定は、両国がアラブの同盟者に行なった公約を覆すものであった(この点については後述する)が、この協定こそが、一〇〇年余りの間中東で起こった混乱と悲劇の元凶となったのである。

　この協定は、英国の外交官マーク・サイクスと、フランスの外交官ジョルジュ・ピコの間で、オスマン帝国の分割を目的として結ばれた。加えて、将来新たなイスラーム勢力がこの地域を統一しないようにするための予防策でもあった。「シャーム」と呼ばれる「大シリア」は、パレスチナ(現在のイスラエル)、ヨルダン、レバノン、シリアに分割された。愛国的なアラブ人はこれに反発したが協定は強行され、一九二〇年フランスがダマスカスを占領、委任統治を開始した。英国はヨルダン、パレスチナを占領統治し、のちにイスラエルの誕生を助け、大きな悲劇を招くことになる。フランスは宗派ごとにドルーズ派、アラウィー派、レバノンの三つに分割されたシリアを統治した。

「サイクス・ピコ協定」を結んだイギリス人のマーク・サイクス(左)と、フランス人のジョルジュ・ピコ(右)

　第二次世界大戦(大戦中、シリアとレバノンは親ナチスのフランス・ヴィシー政権の統治下にあった)の後、シリアの人々は独立を求めてデモを開始した。一九四六年、フランス軍は撤退、統治下に分断されていた国家は統一され、シリア共和国として独立を果たした。

独立直後の数年間、シリアの政情は混乱を極めた。軍事クーデターが数度にわたって起き(一九四九年には、一年間に三回ものクーデターが発生)、西欧に対する反感からアラブ国家主義の波が押し寄せた。一九五八年、エジプト、シリアは統合され「アラブ連合共和国」が誕生した。のちにクーデターを経たイラクも加わったが、この統合は長くは続かなかった。エジプトの強権に不満を抱いた将校によってダマスカスで起こされたクーデターによって、統合は失敗に終わった。しかしその後も、統合の構想はアラブの指導者に影響を与え続け、一九七一年にはリビアが「アラブ連合共和国」に加入した。

このような統一国家は、ウンマ、カリフ制の「世俗主義版」とも言えた。今日に至るまで、アラブの統一はすべてのアラブ人の悲願である。アラブ諸国間の対立と暴力により、統一は前世紀に達成されることはなかった。

当時、「パレスチナ問題はすべてのアラブ人の問題」という認識のもと、シリアは対イスラエルの前線としての役割を演じていた。一九四七年、アラブ諸国は国連総会におけるパレスチナ分割案を拒否した。同案は、イスラエルに建国の機会を与えることになるとの理由からだった。英国がパレスチナから撤退した直後、エジプトとシリアに率いられたアラブ諸国はパレスチナに侵攻したが失敗、一九四九年に停戦条約を結んだ。

次のイスラエルとシリアの対決は、一九六七年の「六日間戦争」であった。イスラエルはこれにより、シリアのゴラン高原を占領した。ゴラン高原はイスラエル―シリア国境の要衝であり、この占領により、ドルーズ派の住民一四万五〇〇〇人が難民となった。

一九七三年の「ラマダーン戦争」は、エジプトとシリアがイスラエルに奇襲攻撃を行なった。シナイ半島とゴラン高原を奪還することを目的としたが、失敗に終わった。一九八一年、イスラエルはゴラン高原の併合を一方的に宣言、国際社会はこの非合法行為に沈黙した。一九七四年以来、国連の平和維持軍がゴラン高原に展開し、イスラエル領とシリア領の間に非武装地帯を設定した。アサド政権は、イスラエル東部に面したこの地域を重要なカードとして使うようになる。シリア革命が始まった二〇一一年以来、ゴラン高原は戦闘地域となる。結果、広範な地域が厳格なイスラーム主義者の支配下となり、イスラエル国境に迫った。なお、シナイ半島の一部においてもイスラーム主義者が支配権を握っている。ゴラン高原に展開する国連軍は過去数年、攻撃と誘拐の危機に晒され続けている。

シリアによる、パレスチナ革命諸組織とレバノンの「ヒズブッラー」（一九八二年に結成されたレバノンのシーア派イスラーム主義の政治組織、武装組織）への支援は、ワシントンとテルアビブを憂慮させた。一九七六年、シリアはイスラエルの隣国レバノンに派兵した。「二年戦争」と呼ばれた内戦の終結を目的とした「アラブ停戦維持軍」の一員として派兵が開始され、やがてシリア軍はレバノンで最大の軍事力となる。この支配は、二〇〇五年のハリーリ元レバノン首相暗殺事件をきっかけとしたシリア軍のレバノン撤退まで続くことになる。

「九・一一」直後の二〇〇一年一一月、英国首相トニー・ブレアがダマスカスを訪問した。バッシャール・アサドを「対テロ戦争」に協力させることがその目的だったが、それは失敗に終わった。二〇〇二年、アメリカ大統領ジョージ・ブッシュはイラクを「悪の枢軸」と呼び、シリアもイラクと同種の国家と位置付けた。その後アメリカ政府はシリアが大量破壊兵器を開発していると非難したほか、レバノンの「ヒズブッラー」支援を止めなければ、ダマスカスは制裁を受けると公言した。

ワシントンがダマスカスに対して使った「邪悪な」というドラマチックな表現は、ダマスカスがかつてソ連を支援した過去を彷彿とさせた。以前と異なるのは、最大の敵が「共産主義者」から「過激なイスラーム主義者」に変わったことであるが、シリアはその二つの敵の「代理人」であったのである。

このシリア内戦は、テルアビブに新たな不安材料を提供することになった。アサドは敵であったが、国内を完全に掌握し、確固とした外交政策を持っていた。しかし、イスラーム国や「ヌスラ戦線」がシリアの反体制組織内に影響力を及ぼすようになり、厳格なイスラーム主義組織が自らの国境近くにまで来るようになってしまったことに加え、「ヒズブッラー」がアサド政権と共闘するようになった。そしてイスラエルにとってさらに悪いことに、ロシア製の対空ミサイルS三〇〇がシリアに供与される可能性が出始めた。シリアでの戦いがどのような形で終結するにしても、イスラエルは安閑としていられなくなるのである。シリア―イラン―イラクによる新たな同盟の構築も、イスラーム主義者の権力掌握も、イスラエルにとって好ましくない事態となる。

シリア反体制派の概要

シリアの反体制武装勢力は、革命が始まってから一二カ月―一八カ月の間に現れたが、当初からその内部は混乱し、複雑化していた。少なくとも一〇〇〇の組織が乱立し、参加する戦闘員の総数は一〇万人とみられる。小規模かつローカルな組織の多くが、様々な同盟、連合関係を互いに結んでいる。最近になり、これらの組織の多くがイスラーム国か、「ヌスラ戦線」のどちらか一つを支持するようになっている。

以下は、主要なシリア反体制武装勢力の概要である。

●自由シリア軍

二〇一一年七月、政府軍を離反した人々や有志によって設立された。トルコの町を拠点に訓練、資金と武器の獲得を行なっている。シリア国内では、自由シリア軍の名を冠した数十の組織が戦闘を行なっているが、統合司令部は存在しないばかりか、「政権の打倒の実現」の目標の他に、統一された戦略やポリシーも持っていない。

反体制派を支援する西欧諸国、アラブ諸国の不満を解消するため、自由シリア軍は「最高軍事評議会」を二〇一二年一二月に立ち上げる。同評議会は、アフマド・トウマを首班とする亡命政府が政治的イニシアチブをとることが定められ、サリーム・イドリース少将が最高軍事評議会参謀長に任命され、地上戦の総司令官とされた。最高軍事評議会は、西欧諸国が望むような「アサド政権の代わりとなる、統一された穏健な軍事組織」となり、ジハード主義者より優位に立たねばならないはずであった。

軍事評議会は五つの方面の司令部が存在している。北部方面(アレッポ、イドリブ)、東部方面(ラッカ、デリゾール、ハサカ)、西部方面(ハマ、ラタキア、タルトゥース)、中部方面(ホムス、ラスタン)、南部方面(ダマスカス、ダルアー、スウェイダー)である。そして、各方面の司令部所属の司令官六人が、統合司令部に所属し、これらの各方面司令官が兵士や民間人に指令を与えることになっていた。このように、整然と体系づけられていたにもかかわらず、イドリース少将は作戦をコントロールできなかった。最高軍事評議会は内紛により分裂した。

そして軍事評議会の下、共通の戦略で作戦を行なう部隊はいなくなってしまった。彼らはアイデンティティすら共有できなくなり、こうした部隊の中には、この数年の間に厳格なイスラーム主義者と同盟関係を結ぶ者まで現れた。

最高軍事評議会と同盟関係にある組織には、「シリアの殉教者旅団」がある。同旅団は七〇〇〇人の兵力を有し、イドリブ(シリア北西部のイドリブ県の県都)に本拠を置く。同様の組織に、トルコ国境の町アーザーズを支配し、後にイスラーム国に同地を奪われたイスラーム系勢力「北部の嵐旅団」、元空軍将校のカーセム・サアドッディーン大尉に率いられた「シリア解放民旅団」がある。

二〇一四年二月、サリーム・イドリース少将は「自由シリア軍の組織化の失敗」を理由に参謀長を解任され、後任にはアブドルイラーフ・バシール准将が就いた。

二〇一四年六月二五日、アメリカは最高軍事評議会に五億USドル(約六二〇億円)の供与を決定したが、そのわずか一日後、最高軍事評議会の解散を決定、アブドルイラーフ・バシール准将を解任し、最高軍事評議会指導部の解散と、汚職に関する調査を行なうと発表した。

●イスラーム戦線

同戦線は二〇一二年一一月結成された。結成の背景には、サウディアラビアのイスラーム国と「ヌスラ戦線」の伸張に対する危機感があった。同戦線には七つの組織が加入しており、四万五〇〇〇人の戦闘員が所属する。七つの組織は、アハラール・シャーム・イスラーム運動、イスラーム軍、シャームの鷹、タウヒード旅団、ハック旅団、アハラール・シャーム、クルド・イスラーム戦線である。

イスラーム戦線は、ジハード主義組織と似通った内容の声明を発しているが、アサド政権を打倒し「イスラーム国家」を樹立することを目標とする「穏健勢力」の形成が設立の目的であった。二〇一三年一二月、イスラーム戦線は自由シリア軍最高評議会傘下から脱退した。そして同評議会に属する旅団と戦闘状態となり、トルコ国境バーブルハワーにあった武器庫を制圧した。この事件により、アメリカとイギリスはシリア北部の反体制派への「非殺傷兵器」の供与を凍結せざるを得なくなった。

●アハラール・シャーム・イスラーム運動

同組織は二〇一一年末、「イラクのイスラーム国」の司令官であったハッサーン・アッブードによってイドリブ県で結成された。戦闘員は約二万人とみられる。別名「シャームの解放民(アハラール)のためのイスラーム運動」。実戦における功績により急速に知名度を上げ、反体制武装勢力の中では最も強力な組織と考えられ、自由シリア軍最高軍事評議会とも、各地で共闘・調整関係を有していた。二〇一二年一二月、「ハック旅団」等一〇組織が「シリアイスラーム戦線」を結成するが、「アハラール・シャーム」はのちに、この「シリア・イスラーム戦線」に参加していた三つの組織とともに「アハラール・シャーム・イスラーム運動」を結成、シリアのアルカーイダ系組織と共闘した。

二〇一四年九月、イドリブ郊外の「アハラール・シャーム・イスラーム運動」の司令部で爆発が起き、数十人が殺害された。犠牲者の中には、同組織の最高指導者であるアッブード、ナンバー2のハーシム・シェイフ(アブー・ジャービル、技師)も含まれていた。

●イスラーム軍

イスラーム軍は二〇一三年九月、ダマスカス一帯の五〇のイスラーム主義系勢力が連合し、結成された。九〇〇〇人以上の戦闘員を擁する。この中で最も強力な組織が、ザハラーン・アッルーシュ率いる「イスラーム旅団」である。サラフィーであり、サウディアラビア在住のイスラーム学者を父に持つアッルーシュは、シリア国内で投獄された経験を持つ。「イスラーム軍」結成の目的は、自由シリア軍を援護し、首都ダマスカス近辺で活発化するアルカーイダ系勢力に対抗するためであった。「イスラーム旅団」はグータ地域で主に活動しており、政府軍は同地域において二〇一三年、化学兵器を使用した。「イスラーム旅団」は二〇一二年七月に結成。ダマスカスの「国家安全部」を爆破し、アサドの義兄アーセフ・シャウカトや軍・治安機関の高官らを殺害したとみられている。

●シャームの鷹

この組織は、約一万人の戦闘員を擁し、イドリブ郊外のザーウィヤ山地を拠点としている。最高指導者はアブー・イーサー(アフマド・シェイフ)であり、「イスラーム国家の樹立」を目標に掲げているが、現在イスラーム国が行なっているような、強制的なプロセスは志向していない。「シャームの鷹」は二〇一一年九月に結成され、アレッポやダマスカスにも活動範囲を広げた。二〇一三年末、同組織は「イスラーム戦線」に加入した。

●クルド・イスラーム戦線

クルド人主体のサラフィー組織であり、イスラーム国と共闘関係にあった。

これらの諸勢力のほかにも、最高軍事評議会(暫定政府によって解散された)傘下で活発に活動する「タウヒード旅団」、「ハック旅団」、「アンサール・シャーム大隊」などが存在する。

またこのほかには、独立系の勢力も存在するが、その大半がイスラーム主義者である。「預言者の末裔《まつえい》」、「独創と発展戦線」、「革命の盾」（ムスリム同胞団の支援によって結成）、「アンサール・シャーム」、「ヤルムーク殉教者旅団」である。「ヤルムーク殉教者旅団」は、シリア―トルコ国境地帯、ゴラン高原で活動しており、二〇一三年五月には、ゴラン高原において国連軍兵士らを拘束した。

唯一の、世俗主義と統一国家を志向している武装勢力が「自由シリア軍」である。昨今は非常に脆弱で影響力のない組織となってしまい、二〇〇〇人程度の戦闘員を有する程度である。

このような武装勢力の分布図を見ると、シリア革命がイスラーム主義者中心の武装反乱に変質していったことがわかる。二〇一四年九月、バラク・オバマ大統領は、「穏健な反体制派」への武装支援に関する自身の見解を繰り返したが、これに関し、中東取材に長い経験を有するパトリック・コバーンは「穏健な反体制派など、どこにもいない」とコメントした。

「シリア革命」から「シリア内戦」へ

チュニジアとエジプトの革命は、数週間のうちに成功した。一方、リビアとイエメンは、二人の圧政者――カッザーフィー（リビアの軍人、革命家、政治家。通称「カダフィ大佐」）とアリー・サーレフ（イエメンの初代大統領）――の打倒に、より長い時間を要したが、一年以内に終結した。しかしシリアの状況は異なり、バッシャール・アサドは反対運動のみで退陣することはなさそうである。

二〇一一年二月、アラブ地域を覆った混乱に呼応する形で、シリアで反体制運動の兆候が現れた。二月四日、「怒りの日」と称するグループが「フェイスブック」上に現れたが、国内では何も起きなかった。

リビアの最高指導者、ムアンマル・カッザーフィー(右)とイエメンの元大統領、アリー・サーレフ(左)

市民による反体制運動は、二〇一一年三月一五日、ダルアーで一五人の生徒が逮捕され拷問を受けて以来、急速に進行した。生徒らは、アラブ諸国の革命で使われていた「民衆は政権の打倒を求める」のスローガンを壁に落書きしたのだった。彼らの逮捕に対する反対運動が起きたとき、治安部隊は運動に参加した数十人を殺害することで応じた。反対運動はこの間に、バニヤース、ホムス、ダマスカス郊外の複数の町に広がった。地域の指導者は、人々が掲げた要望の内容を中央政府に通知したが、無視された。

この時、アサド大統領が反対運動に参加した人々の要望に応えるならば、反対運動は続くことはない可能性が指摘された。しかしシリア当局はこうした可能性を否定、運動を「シリアの政権打倒を企図した外国の陰謀」と決めつけた。アサド大統領の支持者らはこの見方を支持し、「ウィキリークス」が公表した、シリアの反体制派にアメリカの諜報機関から、「ロンドンを拠点とする反体制テレビ局の設立」の名目で六〇〇万USドルが支払われていたこと、別のインターネットサイトにも資金援助があったことをその根拠とした。この支援は、反対運動が起きる約二年前の出来事であった。イギリスもまた早い時期に、シリア反体制派に活動の場を提供し、彼らの亡命を受け入れていた。

同じ頃、反体制活動家達は新たな運動を起こすことを、「フェイスブック」と「ツイッター」、他のインターネットサイト上で呼びかけた。三月一八日の金曜礼拝の後には「尊厳の日」と呼ばれる大規模なデモが、国内全域で行なわれた。治安部隊は当初放水や催涙弾で応じていたが、間もなく実弾を使用するようになり、死者は二〇人に上った。

しかし、反対運動は拡大する一方だった、三月二〇日、ダルアーのバース党支部、複数の公的機関が焼打ちに遭った。三月二五日金曜日、最大級のデモが全国で発生した。重武装した治安部隊、警察の「暴動鎮圧部隊」の手によって、七九人が殺害され数百人が負傷した。

反対運動の拡大をみたアサド政権は、政治活動とみなされた運動に関わった人々すべてを逮捕の対象とし、逮捕者は数万人に上った。法令が改定され、警察官や国内の一八の治安機関支部の将校に、容疑を開示せずに、あるいは逮捕状の発行なしに人々を逮捕し、八日間拘留することが認められた。

四月、反体制派は座り込みを行なうテントを設営しようとした。エジプトの反体制派がムバーラク政権打倒のために行なった策を取り入れたのである。しかし治安当局は人員を大量に動員してこれを阻止、反体制派が都市間を移動できなくするために、検問所を設けた。しかしこの月も、反対運動は続けられた。

反対運動を残忍に弾圧することを許可していた大統領バッシャール・アサドは同時に、反体制派が掲げる要求に譲歩する姿勢を示すことで革命の火を消そうと試みた。彼は多くの政治犯を釈放し、四八年間発効していた非常事態宣言を解除、公務員の給与をただちに引き上げ、新たな政党の結成を認めた。同じ四月、アサドは法令を発令、「平和的な反対運動はシリア憲法に定められた基本的人権」と認めた。こうした反対運動に参加していた人々は、常に命の危険に晒されていたにもかかわらず、である。

アサドの約束は、シリアの人々に「体制の変革」として受け入れられることはなかった。反体制運動は広がる一方だった。四月二五日、六〇〇〇人の政府軍兵士が、反体制運動の中心地となっていたダルアーを包囲したことで状況は悪化した。兵士らはダルアーの家に押し入り、捜索を行ない、反体制運動に参加したと疑われたすべての人々を拘束した。同時にスナイパーが家屋の屋上に展開し、戦車が市内に入った。当局はダルアーの水道、電気、電話回線を停めたほか、食糧の搬入を禁止した。この事態は、武装革命の始まりとなった。包囲はそれほど長く続かず、治安部隊は市内を掌握した。数百人が死亡したにもかかわらず、反対運動は五月中ダルアーで続けられた。治安部隊は、反体制運動の起きたバニヤース、ホムス、ダマスカス郊外の町を同様に包囲した。五月二四日までに、反体制運動に参加した一〇〇〇人の市民が殺害された。革命が起きた街を当局が包囲する中、反体制派は武装蜂起の準備を整えていた。

六月末までに、シリアで最大、そして最も裕福な都市アレッポにも反体制運動が波及した。アドナーン・アルウールは、シリア革命を宣揚《せんよう》した最も有名なイスラーム法学者の一人である。二〇一一年、私はアルウールにドーハで会ったが、彼はこのときこう話していた。「アレッポで戦線を開くことは時期尚早だ。ダマスカスとホムスに重点を置いた方が良い」

他の「アラブの春」の革命と異なり、シリア革命は、瞬く間に軍事的に非対称な武装闘争に変わった。二〇一一年七月末、「自由シリア軍」の設立が発表された。短時間での設立であり、政府軍から離反した将校に加え、経験に乏しい有志が参加した。同年一二月までに、「自由シリア軍」の構成員は二万人に増え、続く二年の間に五万人に増加した。

同時に、アサド政権の軍は強大な力を保ち続けた。シリア政府軍内部で起きた離反は、他の「アラブの春」を経験した諸国で起きたものと比べると小規模だった。政府軍は戦闘能力が高く、空軍も有していた。リビアのムアンマル・カッザーフィーは、意図的に国軍を脆弱にしておいた。自身に対するクーデターを恐れていたのである。彼は自らの親類や傭兵で固めた治安部隊を、革命勢力との戦闘に投入した。エジプトのホスニ・ムバーラクの政権は、国軍が民衆との連帯を発表し、民衆への発砲を拒否したことで終焉を迎えた。二〇一一年八月、現在に至るまで続くシリア内戦が始まる。現在までの民間人の死者は二〇万人以上に上る。

国際社会の反応

アラブ諸国での事態に当初は驚いた国際社会は、シリアで内戦が始まるまでの間、シリアで将来起こりうることを予測した。

シリアの革命勢力は、西欧は早期に、アサド政権に対し軍事行動を起こすと単純に考えていた。二〇〇三年のイラク、二〇一一年のリビアで起きたような、誰にも邪魔をされない介入が行なわれると考えたのである。しかし彼らは大きく失望することになる。

「アラブの春」で打倒された指導者らと異なり、アサドには強力な同盟者がいた。ロシア、中国、イラン、ヒズブッラーである。

ロシアは、ソ連の解体から立ち直っておらず、二〇〇三年のアメリカによるイラク戦争にも対応できなかった。リビアにおいてもロシアは委縮し、決議一九七三号(カッザーフィー打倒のために西欧が準備した)に対する拒否権を行使することはなかった。国連安保理でのこの決議は、カッザーフィーが行なっている民間人に対する虐殺行為を阻止することを目的としており、ロシアはこれに嵌《は》められた形となった。NATO指導部にとって、この決議は「リビア全土の民間人の保護」であり、カッザーフィーの軍に対するすべての攻撃にゴーサインを出すものであった。

しかしロシアはその後、アサドの同盟者として復権する。ロシア海軍の地中海における唯一の基地が、シリアのタルトゥース港(タルトゥースは、シリア西部の地中海に面した港湾都市で、タルトゥース県の県都。ロシア海軍の補給処がある)であった。ダマスカスの同盟者を権力の座に残しておきたいロシアの意図は明らかだった。

そして、イランとレバノンのヒズブッラーという、地域における同盟者も、バッシャール・アサドを支援している。その動機は政治的なものだけではなく、宗派的な動機も含まれている(前述のように、アサドはシーア派の一派、アラウィー派の出身である)。

現在に至るまで、ロシアと中国は、アサドに圧力をかけるために国連安保理に提出されたあらゆる決議案——アサド政権に制裁を科すものを含む——に拒否権を行使している。アメリカとEUは、シリア危機の当初から、アサド一族や政府高官の銀行口座を凍結したほか、二〇一一年五月には武器取引を禁止した。

シリア危機に関する他の事象同様、制裁に関する政策もまた混乱をきわめた。二〇一二年四月、EUは反体制派への武器供与を決定、武器取引禁止の制裁を解除することになった。またほぼ同時期、複数の油田を制圧していたシリア革命勢力から石油を購入するため、石油取引禁止の制裁も解除することとなる。この決定はしかし予想外の事態をもたらす。反体制諸派が、油田の支配権をめぐって対立し、戦闘状態に陥ることになる(現在油田を支配しているのは、厳格なイスラーム主義者である)。この対立により、アサド政権が退陣する可能性はさらに遠のいた。

国連安保理がシリアに関する決議を採択できなくなったため、西欧諸国は国連に代わりシリアに関する決定を行なう組織を作る必要に迫られた。これにより結成されたのが「シリアの友人」である。当時の米国務長官ヒラリー・クリントンが主導的役割を担うこの組織は、反体制派の「シリア国民連合」(以前は「評議会」だった機関が「連合」になったのである)に合法性を与え、「シリア国民連合」は「シリアの友人」参加国から認知された。「シリアの友人」は当初、熱意ある国際社会によって支えられていた。二〇一二年二月二四日にチュニスで行なわれた「シリアの友人」第一回会合には、七〇カ国の代表が参加した。第二回会合は四月一日にイスタンブールで行なわれ、新たな国が加わった。会合は二〇一二年七月六日にパリで、二〇一二年一二月一二日にはマラケシュで続けられ、参加国は一一四カ国までになった。

しかしわずか二カ月後、参加国は減少し始める。ロンドンでイギリス外相ウィリアム・ヘイグの主催で行われた会議では、参加国は一一カ国に減少する。参加国は「シリアの友人」の代わりに「ロンドン・グループ」「一一のグループ」と呼ばれた。シリア反体制派への支援のありかたをめぐり、参加国の間で対立が生じた結果、「シリアの友人」は後退する。軍事侵攻を主張する国、最新兵器を反体制派に供与すべきとする国、非殺傷兵器の供与では不十分と考える国の意見が対立した。

こうした意見対立は、チュニスにおける第一回の会合から存在した。「鷹」と呼ばれたサウディアラビア外相のサウード・ファイサルは会合の最中、「アサドによる民衆の殺害を停めるために十分な対策をとっていない」ことに抗議し退席した。提案された基本的な事項すらも、参加各国は合意する

サウディアラビア初代国王アブドルアズィーズ・イブン・サウードの孫、第3代国王ファイサルの子で元サウディアラビア外務大臣、サウード・ファイサル

シリアをめぐる各国の支持構図

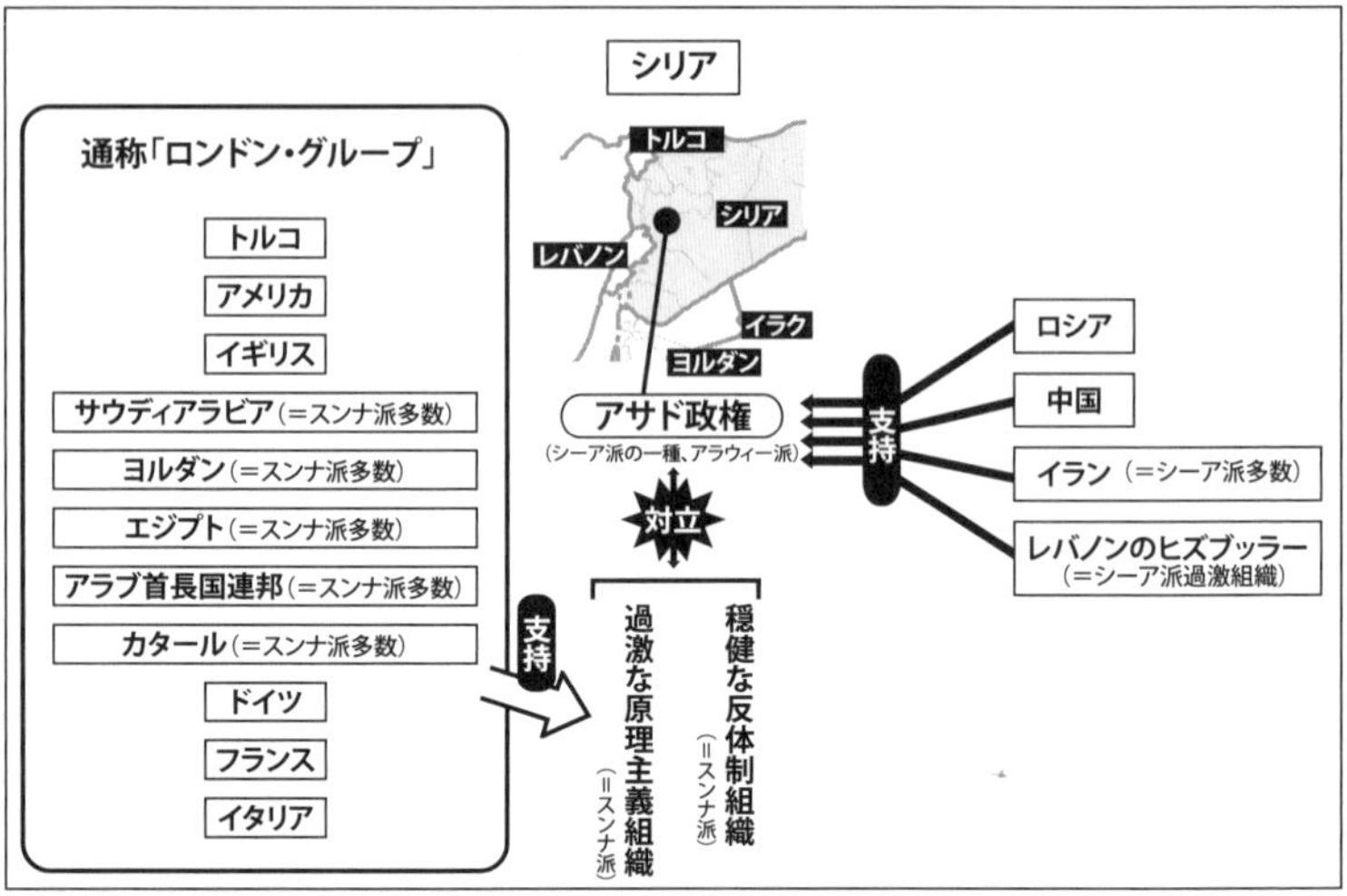

ことができなかった(マラケシュでの例を挙げると、組織の正式名称を「シリア民衆の友人」に変更するか否かに、多くの時間が費やされた)。そしてこれに絶望した多くの国が脱退していったのである。「ロンドン・グループ」と呼ばれる一一の参加国は、トルコ、アメリカ、イギリス、サウディアラビア、ヨルダン、エジプト、アラブ首長国連邦、カタール、イタリア、ドイツ、フランスである。

シリア危機は、国際社会に亀裂を生じさせ、地域の安定は危機に瀕し、世界の平和、政治的安定も脅かしかねなかった。宗派を背景にした、各国同士の同盟や対立が繰り返された。イラン、中国とロシア、ヒズブッラーがアサド政権側につく一方、アメリカ、イギリスとヨーロッパ、トルコ、スンナ派のアラブ諸国(湾岸諸国、エジプト、ヨルダン)が「穏健な反体制派」を支援する側についた。こうした、宗派により分けられた対立の構図は、シリア内戦の特徴であり、イスラーム国の「成功」を助ける結果となる。しかしこの対立の理由は、現在起きていることにすべて帰結するとはいえない。何世紀にもわたりこの地で起き、そしてこれから何世紀も続くであろうことが背景にあるのだ。

武装支援をめぐる問題は、闘争の結果に影響を及ぼすことは明らかだった。政権は過去数年、ロシアとイランから兵器支援を得てきた。ロシアはこれを「過去の合意に基づく供与のため、国連の制裁対象には該当しない」と釈明した。一方イランは、ミサイル対戦車砲、迫撃砲、大砲などを供与した。これらはたいてい商業航空機やトラックに搭載され、密かに運び込まれた。

革命勢力には武器支援が約束されたにかかわらず、アメリカ、イギリス、フランスは、ごく限られた軽火器以外供与しようとはしなかった。二〇一三年夏、これらの国々はトラブルに陥った。彼らが「革命勢力に高度な武器の支援を行なう」と宣言するのとほぼ同時に、ジハード主義者たちの存在とその危険性がより明確に現れるようになったのである。供与した武器が「誤った方面」に渡ることを恐れた各国は、支援を凍結せざるを得なくなった。反体制派の「穏健派」と「厳格なイスラーム主義者」を区別する必要が生じ、ＣＩＡ要員がトルコ国境に派遣され、「良い革命勢力」を識別し、彼らのみに支援が行き届くようにすることになった。

西欧による反体制派支援は慎重となり、ＣＩＡの要員の主導により注意深く選ばれた指導者や戦闘員が、トルコとヨルダンで訓練を受けた。

一方で、サウディアラビアとカタールが革命勢力に資金、武器支援を行なった。『ニューヨークタイムス』は、二〇一二年一月、カタールが武器を貨物機に載せてトルコに運び、革命勢力に

2013年、エジプトで初めて民主的に誕生したムハンマド・モルシー大統領の権限をクーデターによって剥奪、新たに大統領に就任したアブドルファッターハ・シーシ

供与していたと報じた。サウディアラビアも軍用機でミサイルや迫撃砲、機関銃、自動小銃をヨルダン、トルコに運び、シリア国内に送り込んでいた。非公式の情報に基づけば、サウディアラビアは五〇億USドル（約六一五〇億円）を、武器支援などのシリア反体制派支援に費やしたという。後に最も厳格なイスラーム主義組織となる、アフガニスタンのムジャーヒディーンに対してかつて行なったような支援を、サウディアラビアはシリア反体制派に対しても行なった。サウディアラビアは、シリアのイスラーム主義組織を統合し、「イスラーム軍」を結成する手助けを行なった。その目的は、アルカーイダ系のジハード主義組織に対抗させるためであった。

ここにおいて、カタールとサウディアラビアの抗争が勃発した。その背景にあったのは、エジプトで二〇一三年七月に発生したクーデターだった。選挙で選ばれたムスリム同胞団出身のムハンマド・モルシーを、アブドルファッターハ・シーシ（現大統領）率いる軍が失脚させたのである。クーデターの後も、カタールはムスリム同胞団への支援を続けたが、同時にサウディアラビアは、アメリカにムスリム同胞団を「テロ組織」に指定するよう働きかけた。その上で、バンダル・ビンスルターン王子が行なっていた政権打倒を目的としたイスラーム主義系武装勢力の設立と支援を覆した。サウディアラビアは「テロ組織」を結果的に支援してしまっていたことに自ら気付いたのであった。

　サウディアラビアとカタールの対立の影響は、「シリア国民連合」(シリアのバッシャール・アサド政権に対するシリア反体制派統一組織)内部の会派にも表れた。サウディアラビアは、自ら支援するアフマド・ジャルバー(元国民連合議長)を、アサドを打倒した後のシリアの首班の座に据えたかった。二〇一三年、サウディアラビアはシリアをめぐり国際社会との間で意見対立を繰り返していた。大統領バラク・オバマは、化学兵器の使用を「レッドライン」とし、アサド政権が化学兵器を使用した場合はアメリカによる軍事介入を行なうとしていた。それは、武力による政権打倒を意味した。二〇一三年八月、政府軍はグータの住民に対し化学兵器を使用した。オバマは軍事介入を行なおうとしたが、寸前で中止した。

アラブの春における民主化後では最初となるエジプト大統領、ムハンマド・モルシー。後に、アブドルファッターハ・シーシ(現大統領)らによるクーデターにより解任される

　この軍事介入がもし行なわれていたら、大国が関与した世界規模での戦争になった可能性が存在した。オバマは、ペテルスブルグのG20において、ロシアとの外交交渉を開始することを選んだ。そして、ロシアが国連に提出した、シリアを化学兵器禁止機関に加入させ、二〇一四年の中期までに化学兵器を廃棄、二〇一四年一一月までに、化学兵器工場を閉鎖させるプランに同意した。ワシントンは、ダマスカスの体制転換という第一目標を放棄し、唐突にロシアに接近、アンカラ(トルコの首都)やリヤド(サウディアラビア

イランのシーア派ウラマー、政治家。現イラン大統領、ハサン・ロウハーニ

の首都)、ドーハ(カタールの首都)といった、反アサドの陣営から距離を置きシリア危機の解決に当たるようになる。

このアメリカの変節に、サウディアラビアは激怒した。サウディアラビアは、アメリカがグータでの化学兵器使用を理由にアサド政権に打撃を与えるものと期待していた。

さらに悪いことにアメリカは、サウディアラビアの敵であるイランとの外交関係改善に向けて動き出した。サウディアラビア王家は、このニュースをテレビで知り戦慄した。イランの新大統領ハサン・ロウハーニとオバマの電話会談に関し、アメリカはサウディアラビアに相談どころか通知すらしなかったのである。オバマはシリア危機の外交交渉による解決を強く望むようになり、二〇一四年一月に行なわれた「ジュネーブ2」での諸国の外交活動に期待を寄せた。それは、数カ月に及ぶ駆け引きの末の出来事だった。

サウディアラビアの指導部は、彼らがアメリカに要請したことが実行されなかったことへの怒りを隠さなかった。二〇一三年九月、サウード・ファイサル王子は国連総会でのスピーチをボイコット、一〇月にはサウディアラビア外務省が、国連安保理の非常任理事国に入ることはないと発表した。この時、サウディアラビアは非常任理事国(任期は二年)に初めてノミネートされていた。非常任理事国入りは世界の多くの国にとり、自国に関わる問題を世界に訴え、各国の首脳に影響力を及ぼすための絶好の機会のはずであった。

一九四五年に設立されたアラブ連盟は、シリアで戦っている二つの勢力を調停するどころか、戦闘を助長した。連盟はまず、シリアの連盟資格を凍結、二〇一一年一一月、シリアに対する経済的、政治的制裁を科した。チュニジア、エジプト、湾岸諸国は在ダマスカスの大使館を閉鎖し、自国の首都からシリア大使を追放した。

こうした速《すみ》やかな対応により、反体制派が「シリア国民の正統な代表」となり、二〇一三年三月、アラブ連盟はドーハでの首脳会議に、「シリア国民連合」のムアーズ・ハティーブ議長を招聘、シリア国旗が置かれた代表席を与えた。アラブ連盟の設立時の目的は「参加国の独立と指導権を保護する」ことであったが、こうした動きはその目的と全く逆を行くものであった。それは参加国による解決に向けてではなく、国内問題への直接介入であった。もし解決が成されていれば、「アラブ諸国間の協力」という目標を達成できていたであろう。

「シリア国民連合」議長、
ムアーズ・ハティーブ

連盟はまた、当初は武力による体制変換を目標とし、その目標の早期達成のため、反体制派に最新式の武器を供与することが決められた。このことがシリアにおける闘争を武力闘争へと早期に転換させ、ジハード主義組織がシリアに流入するきっかけとなった。

二〇一四年四月、国連・アラブ連盟シリア問題担当特使のアフダル・イブラヒーミーは、アラブ連盟の役職を辞し、国連選任となった。イブラヒーミーは「アラブ連盟による反体制派支援は、どのような価値があるにしろ、私の中立的立場を損ねるものだった」と語った。イブラヒーミーはまた、アラブ連盟を無視し「ジュネーブ２」(シリア内戦の終結を目指して開催される和平会議)にイランに招待状を送る一方、アラブ連盟加盟国には招待状を送らなかった。最終的に、イランはサウディアラビアの強い反対により参加を見送った。二〇一四年五月、前任のコフィ・アナン同様、イブラヒーミーは辞任する。複雑なシリア危機を外交活動によって解決できなかったというのが辞任の理由であった。辞任後の非公式会合においてイブラヒーミーは、政権と反体制派双方を「化学兵器を使用した」と非難した。

現在に至る主要な問題は、統一された強力なシリア反体制派の不在である。「シリア国民連合」は、ムスリム同胞団からクルド勢力にいたる、様々な反体制勢力の連合体である。二〇一四年、反体制派内部の抗争、分裂が深刻になっていることが、リークされたＥメールにより判明した。「シリア国民連合」内部では、サウディアラビアとカタールにそれぞれ支援された二つ会派が勢力争いを行なっているというのである。

シリア政府(アサド政権)に代わる、信頼できる反体制派が存在しない限り、外交努力が失敗に終わるのは自然な流れともいえる。「ジュネーブ１」「ジュネーブ２」といった国際会議は、何の結果ももたらさなかった。先述のように、「ジュネーブ２」はサウディアラビアの反対によりイランの参加が見送られたが、政権とその同盟者――ロシアとイラン――が参加しなければ、解決に至らないのは明らかだった。

失敗に終わった「ジュネーブ2」であったが、進展もあった。政権と国民連合の代表者が、合意には至らなかったものの、同じ部屋で協議を行なったのである。

あらゆる外交努力がなされ、体制変換のための軍事介入というオプションは取り除かれた。しかし各国は、シリアで進行する、予想もしなかった問題に直面することになる。従来の地図を書き換える大混乱を引き起こした事件――イスラーム国の出現と、二〇一四年六月のカリフ制樹立――である。西欧諸国がここで介入すれば、三年前から打倒を企図してきたアサド政権を支援してしまうことになる。アメリカにとっては、介入を行なえば、イラン(サウディアラビアの地域における最大のライバルであり、西欧諸国とも敵対している)やロシアと結果的に同盟関係を結ぶことになるのである。もし西欧諸国とロシアが同盟を公表すれば、非常に複雑となる。二〇一四年三月に、すでに西欧諸国は、クリミア半島情勢をめぐってロシアに制裁を発動しているためである。また、ロシアが支配権を狙うウクライナに関しても対立している。シリアのイスラーム国攻撃に関し、非公式の同盟関係を結ぶことは、愚かしい案ともいえる。「スンナ派連合」(サウディアラビア、カタール、トルコ、ヨルダン)と、彼らの敵である「シーア派連合」(イラン、シリア)を共闘させることになるのだ。

では、アメリカの外交政策の要《かなめ》となっているイスラエルはどうであろうか。サッダーム・フセイン政権下のイラク、ムアンマル・カッザーフィー政権下のリビアは、革命以前のシリアと同様、強大な軍事力と反イスラエル政策で知られていた。シリアは、イスラエルにとって直接的な脅威である。ゴラン高原を挟《はさ》んで、シリアはイスラエルに隣接しているためである。エジプトでムバ

エジプト出身のウラマー、ユースフ・カラダーウィー

ーラク政権が打倒され、イスラーム主義者が主導権を握るようになると、イスラエルと西欧諸国は懸念を抱くようになった。イスラエルとの和平条約を遵守するシーシによるムスリム同胞団出身のモルシー大統領に対するクーデターは、イスラエルにとって歓迎すべき出来事であった。しかし、シリアでは、アサド政権とイスラーム国が闘うという予想外の展開となった。両者ともイスラエルにとって脅威である。

モルシーはシリア革命の推移に興奮していた。彼はエジプトのイスラーム法学者や、世界の著名なイスラーム法学者——ユースフ・カラダーウィー、ムハンマド・アリーフィーら——を招き、カイロのナセルシティーにあるサッカー場でイベントを催した。彼を失脚させることになるクーデターの一週間前のことである。

このイベントにおいてモルシーは、「シリアの政権を打倒するためのジハード」を呼びかけ、カイロのシリア大使館を閉鎖し、大使を追放した。彼のこうした行動は、カタールとトルコの圧力によるものだった。カタールはモルシーらムスリム同胞団、アラブの春の革命の主要な支援者だった。経済的、政治的支援、そしてメディアによる支援も行なわれた。複数の政治アナリストは、このイベントが、エジプト国軍やそれを支援する国々——特にムスリム同胞団を、体制を脅かすものとして壊滅を企図するサウディアラビア——にクーデターの決行を促したとみている。

第五章

パワーの源泉

――ワッハーブ主義、サウディアラビア、アメリカとイスラーム国

私はよく、サウディアラビアと暴力、アルカーイダやイスラーム国(旧「イラクとシャームのイスラーム国」)の関係について、そしてワシントンとリヤド(サウディアラビアの首都)の「矛盾した関係」について尋ねられる。

アメリカとサウディアラビアの同盟関係は、数十年の間、中東地域を安定させていた。しかし今、イスラーム国の嵐はこうした同盟関係を乱そうとしている。

この同盟関係、そしてイスラーム国がなぜ、サウード家(最大の産油国、石油輸出国であるサウディアラビアを支配しているサウディアラビアの王家)の将来を脅かす存在となっているのかを理解するための鍵となるのは、極端なまでに厳格なスンナ派のワッハーブ主義である。

イスラーム国は、自身を「一八世紀にムハンマド・ブン・アブドルワッハーブが示した道を忠実に歩む唯一の存在」と称し、サウディアラビア王族を「宗教から逸脱した一族であり、殺害されなければならない」としている。

こうした彼らの主張は空疎なものに思われるが、サウディアラビアの多くの人々がイスラーム国の思想に傾倒していることを考えると、この主張は意味を持つことになる。二〇一四年七月、インターネット上のアンケート調査で、九二%のサウディアラビア人が「イスラーム国はシャリーアに従い、正しいイスラームを体現している」と答えた。

サウディアラビア建国の礎《いしずえ》となったワッハーブ主義と、現在のイスラーム国のイデオロギーに大きな違いはない。

サウディアラビアの評論家ジャマール・ハーシュクジーは、サウディアラビア国内にいるイスラーム国支持者に対する警告を発し、「彼らはサウディアラビア国内で起きていることを密かに監視している」と話した。

ワッハーブ主義とは何か

イマーム・ムハンマド・ブン・アブドルワッハーブ（一七〇三年―一七九二年）は、ワッハーブ思想の創始者となったスンナ派の法学者であり、ナジド（アラビア半島の中央部にある高原地帯で、サウディアラビア王国の首都リヤドの所在地でもある）で生まれた。ナジドは後にサウディアラビア王国の一部となる。イブン・アブドルワッハーブは、最も重要なサラフィーの法学者と考えられるタキーユッディーン・イブン・タイミーヤ（一二六二年―一三二八年）の著作に影響を受けた。イブン・タイミーヤは、イスラームの第一〜第三世代を「正しき過去」

18世紀半ばに、クルアーンとムハンマドのスンナに戻り、イスラーム教を純化することを説いたイマーム・ムハンマド・ブン・アブドルワッハーブ(1703—1792)

ワッハーブに大きな影響を与えた中世シリアのハンバル派イスラーム法学者で哲学者、タキーユッディーン・イブン・タイミーヤ(1262—1328)

と規定、この世代がイスラームを正しく信仰し、クルアーンとハディース（イスラーム教の預言者ムハンマドの言行録）にある規範を忠実に実践した唯一の世代であるとした。預言者のハディースには「あなた方の中で最も素晴らしい人こそ、私の教友《きょうゆう》である。それはあなた方、あなた方に続く人々、そしてその次に続く人である」とある。

イブン・タイミーヤは、大混乱に見舞われた一三世紀半ばのダマスカスで暮らした。モンゴル軍がアッバース朝を滅ぼし、首都バグダードを破壊した頃である。ダマスカスとバグダードで起きた歴史的な出来事、そして同じ地で現在起きている出来事は結ばれているようだ。モンゴルによってムスリムが蒙《こうむ》った災禍《さいか》を、イブン・タイミーヤは「ムスリムが真の信仰を失い、イスラームが定める義務を怠り、道を踏み誤ったため」と説明、クルアーンとスンナに立ち返るようムスリムに呼びかけた。イブン・タイミーヤは、真の信仰に至る道を狭め、彼の思想はのちにワッハーブ主義の基礎となった。彼はまた、不信仰者認定、不信仰者と背教者に対するジハードに関する考えを体系化した。

一九九六年、ウサーマ・ビンラーディンは、イブン・タイミーヤを参考とし、アメリカに対するジハードに関するスピーチを行なった。ビンラーディンはこのとき「イブン・タイミーヤのような往古《おうこ》の法学者が言及したように、真の信仰者とは、敵を倒すためにウンマを扇動するのである」と語った。

イブン・アブドルワッハーブは、イブン・タイミーヤが没して四〇〇年のち、イブン・タイミーヤの思想に息を吹き込んだ。これには歴史的背景がある。当時ヨーロッパが植民地主義を拡大するにつれ、イスラームの影響力は縮小しつつあった。イブン・アブドルワッハーブはこれを、「ムスリムが正しい宗教を学ばないため」と説明した。イブン・アブドルワッハーブはアラビア半島を旅し、自らの思想を人々に説いて回った。そして一七四一年までに、彼はダライーヤ・オアシスの部族長ムハンマド・イブン・サウードの保護を得た。イブン・サウードは信仰に篤く、有能な人物であった。彼はイブン・アブドルワッハーブの思想が、当時のアラブ社会に挑戦する内容であり、このイデオロギーを自らの権力掌握のために利用できると考えた。特にイブン・アブドルワッハーブが説いた、「イスラームの教えに従うことを拒否する者に対するジハード」の思想にヒントを得た。

イブン・アブドルワッハーブは、当時のアラブ―オスマン文化に否定的であり、豪奢《ごうしゃ》な隊列を仕立てメッカに巡礼する富裕層を「逸脱者」とし、不信仰者と認定した。また、シーア派や神秘主義者、ギリシャ哲学、聖廟《せいびょう》を建設し聖地として訪問するスンナ派の一派も「逸脱」と認定した。

ワッハーブ主義の基幹《きかん》は、「崇拝の対象となるのはアッラーのみ」という考えである。この考えのもと、聖なるもの、聖者、写真、聖なる場所、聖廟は否定され、「宗教を改竄《かいざん》する行為」とみなされた。「ターリバーン」がバーミヤンの大仏二体を破壊したのは、この教えに彼らが従ったためである。二〇一四年九月、ワッハーブ派の法学者らは、「巡礼者が礼拝をしているため、メッカのムハンマド廟は破壊されるか移設するべき」との見解を発表した。イブン・アブドルワッハーブは自らの著書の中で、「礼拝の時にのみ唱えられるのはアッラーの御名のみであるべきであり、アッラーと人々の間には何人も介在してはならず、預言者、聖者、ウラマーに赦《ゆる》しの執り成しを請うことはできない」と説いている。彼はまた、預言者の生誕祭を「キリスト教徒のような祝賀行事」として批判した。

ワッハーブ主義に基づくもので、現在イスラーム国が実行している思想は、クルアーンの一文字一文字に忠実に従うことであり、シャリーアは「カリフ国」の源泉であり、すべての問題はシャリーアによって処理されるとする考えである。この思想に基づき、男性はモスクでの礼拝が義務付けられるほか、モスクは一切の装飾が禁じられる。

日常生活においては、「逸脱行為となる技術」が否定され(ジハード主義者たち自身はインターネットを高度に駆使しているにも関わらず)、髭《ひげ》を剃ること、飲酒、喫煙、雑言《ぞうごん》の使用が禁止される。ジハード主義者たちの間ではナシード(イスラームの宗教歌)が人気であるにもかかわらず、楽器はハラーム(前出：イスラーム教の法学における五段階の義務規定〔「義務」「推奨」「合法」「回避」「禁止」〕のうち、「禁止」を指す言葉)とされる。イブン・アブドルワッハーブはクルアーンに基づき、「女性は指導的役割を果たしてはならない」と規定した。

サラフィーのイデオロギーはこうしたものがあり、イスラーム国の行動もこのイデオロギーから説明できるだろう。二〇〇六年、アブー・ウマル・バグダーディーは、文書(題は『国家の思想』)において、忘れられた教義である「忠誠と絶縁」(イブン・アブドルワッハーブの教え)を重視すべきであると説いた。「忠誠」とはアッラーへの帰属、そして「絶縁」とは不信仰者、あるいは「真のイスラーム」を説いたイブン・タイミーヤやイブン・アブドルワッハーブ以外のムスリムが説いた教義との絶縁を意味する。

イブン・アブドルワッハーブは、「すべてのムスリムのためのただ一人の統治者」「すべての信仰者が忠誠を誓うただ一人の統治者」を説いた。この統治者はカリフ、ないしは「権威を与えられた首長」であるとし、イブン・アブドルワッハーブは「三つの支柱」(一人の統治者、一つの統治機構、一つのモスク)を主張したが、ムハンマド・イブン・サウードは「一人の統治者」を「王」に置き換えられると解釈した。

サウード王家とワッハーブ主義の関係

一七四五年、イブン・サウードとイブン・アブドルワッハーブ同盟は、当時オスマン・カリフ制の支配下にあったアラビア半島全域を制圧し、イブン・アブドルワッハーブのイデオロギーに基づいた王国を建設すると誓言《せいごん》した。イブン・サウードの部族は戦闘に長《た》けており、ジハードの名の下、村落を制圧しその財産を没収した。没収は「私欲や部族の方針に基づいたものではなく、ジハードによるもの」としたのである。彼らの戦闘中のこうしたマナーは、やがて現代によみが

「第一次サウード王国」の版図の変遷

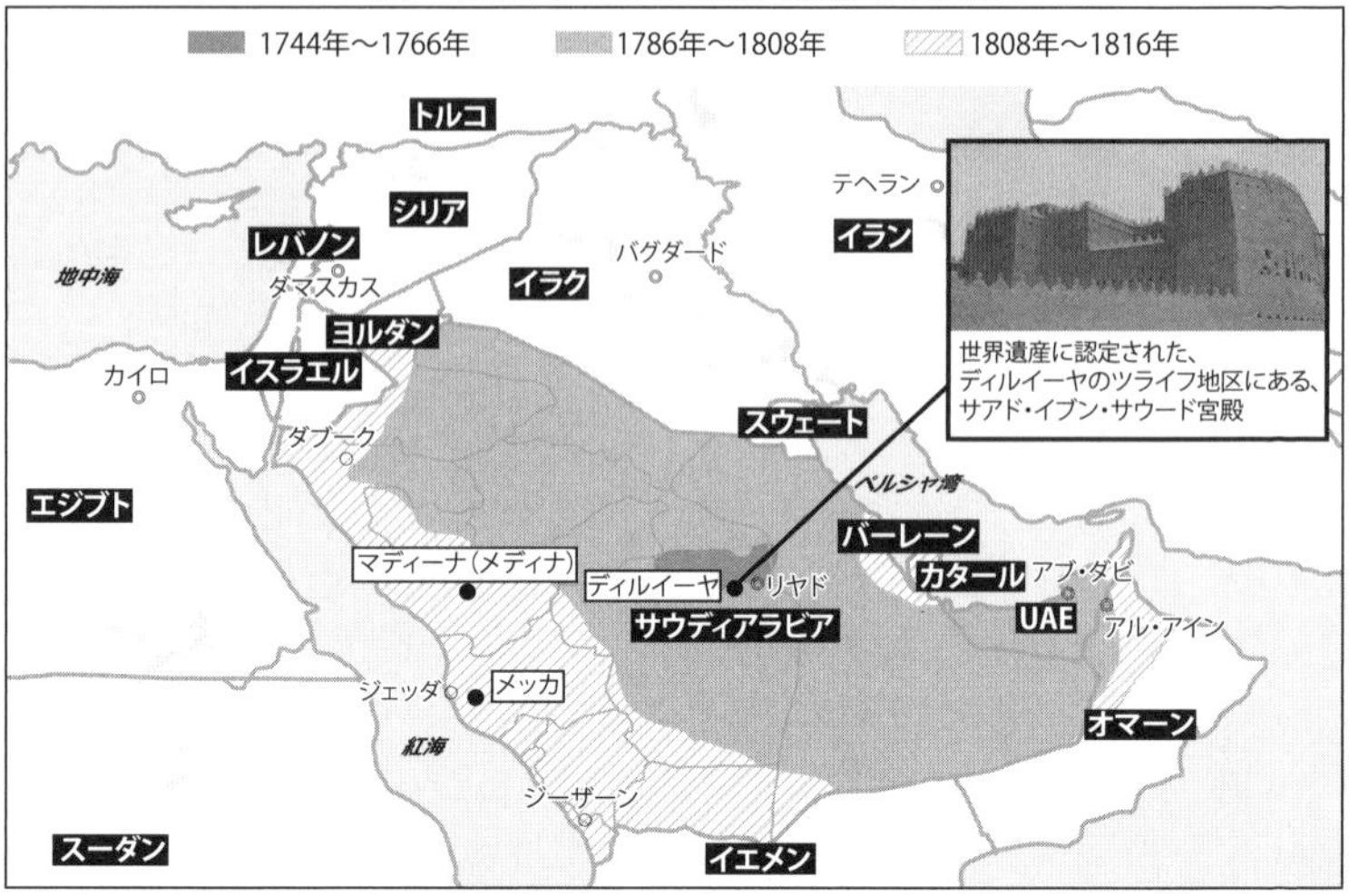

えることになる。

一七九〇年、メッカとマディーナ(前出：アラビア半島の都市で、メッカに次ぐイスラームの第二の聖地。「メディナ」ともいう)を除くアラビア半島の大半は、イブン・アブドルワッハーブとイブン・サウードの支配下となる。二人の同盟はまた、シリアとイラク国境付近に向かって侵攻を行なった。アラビア半島の外にも支配権を広げようとしたのである。イスラーム国同様、二人の連合は敵を恐懼《きょうく》させるポリシーを持っていた。一八〇一年、カルバラー(前出：イラク中部の都市で、イスラーム教シーア派の聖地)が攻撃され、五〇〇〇人のシーア派が殺害された。イブン・アブドルワッハーブとイブン・サウードによる新国家の誕生を記録した歴史家オスマン・ブン・バシール・ナジュディーは次のように記した。「我々はカルバラーを制圧した。そして殺した。そして女性を捕虜とした。アッラーにこそ称賛あれ。このことについて我々は謝罪することはない。

すべての不信仰者に呼びかける。『あなた方も同じ目に遭《あ》うだろう』と」

一八〇三年、この連合はメッカとマディーナの支配権を握った。ワッハーブ主義者の戦闘員のマナーを知っていた二つの都市は、即座に降伏したのである。戦闘員は「イフワーン(同胞)」(現在のムスリム同胞団とは無関係である)の名で知られ、彼らは前世紀の廟やイスラーム時代に関連する遺跡を破壊、彼ら独自のビジョン「正しい道」に、「すべての信仰者は従うべき」と命じた。こうした過剰な暴力と破壊の方針は、イブン・サウード―イブン・アブドルワッハーブ連合が、心理的効果をもたらすために考え出したものだった(この方針については後述する)。この方針は現在、イスラーム国の戦闘員が踏襲している。二〇一四年六月、イラク軍は「イラクとシャームのイスラーム国」の前に武器を捨て敗走したが、これは運によるものではなく、イラク軍が恐怖に駆られた結果起きたことだった。

ワッハーブ主義を奉じるイフワーンにより樹立され、「宗教的義務」として王への忠誠を誓わせた「第一次サウディアラビア国家」は、長くは続かなかった。一八一二年、サウード家の第三代当主サウード・イブン・アブドルアズィーズ治世下による急速な伸張を見たオスマン帝国は、その危険性を認識し、反撃を開始した。一八一八年までに、オスマン帝国はアラビア半島の主要な都市の支配権を取り戻した。そこには、ワッハーブ主義の拠点であるダルイーヤ(サウディアラビアの首都リヤド郊外に位置する都市。かつてのサウディアラビアの王族サウード家の本拠地で、一七四四年から一八一八年の第一次サウード王国の首都)も含まれていた。

ワッハーブ主義者たちはその後約一世紀の間無名の存在となるが、第一次世界大戦の開戦によ

初代サウディアラビア国王、アブドルアズィーズ・イブン・アブドッラフマーン・アール・サウード(1880年—1953年11月9日)

り状況が変わった。この大戦で、オスマン帝国はドイツを支持したことで致命的な誤りを犯し、帝国は解体に追い込まれる。当時アブドルアズィーズ・イブン・アブドッラフマーン・アール・サウードがサウード家を率いていたが、彼はワッハーブ運動を再開、部族と連盟を結んで「同胞団」を再組織した。一九一四年から一九二六年の間に、サウード家とワッハーブ主義者の連合は、アラビア半島を支配権に置くことに成功した。しかし、石油の発見と生産開始により、サウード家の王とワッハーブ主義者たちの関係が不安定となる。この種の不安は現在も存在しており、サウディアラビアの安全を脅かし、サウディアラビアという国の「多重性格」化をもたらした。

石油の発見は西欧諸国の関心をひきつけ、諸国首脳やビジネスマンは、サウディアラビアの王、シャリーフ・フサインに接近し始めた(同時にこれらの国々は、シャリーフ・フサインに対し「アラビア半島の盟主に任命する」と持ち掛けていた)。アブドルアズィーズ・アール・サウードは、イフワーンが、自らが計画する国家経営に従うように企図したが、厳格なイフワーンは考えを改めなかった。やがて内戦が始まり、アブドルアズィーズが勝利する。彼はイギリスから、当時珍しかった重機関銃を供与されており、イフワーンの反乱軍を多数殺害することができたためである。

一九三二年、アブドルアズィーズはサウディアラビア建国を宣言、これによりワッハーブ主義は政府によって利用されることになる。ワッハーブ主義者たちの厳格で不寛容な振る舞いは、そのままサウディアラビアの機構となり、「王制の保護」が大義となった。ウサーマ・ビンラーディンの有名なスピーチに「この国(サウディアラビア)は、シャリーアに基づいた国を建国するためではない。アブドルアズィーズ・アール・サウードの家族のために建国された」というものがある。

一九三三年、国王アブドルアズィーズは、アメリカ「スタンダードオイル」社と契約を結び、同社にすべての石油の探索・試掘権を与えた。一九三八年までに、サウード家と「スタンダードオイル」社は、この「黄金の水脈」が国内にあることを発見した。

一九五三年、国王アブドルアズィーズが死去し、彼の四人の子息がポストを継承した。当時は明文化された憲法、選挙により選ばれた国会、司法システム、政党は存在せず、ごく限られた公民権が存在しているだけであり、その状況は現在も続いている。サウディアラビアには、生まれながらに恩給を受ける王子王女が六〇〇〇人以上存在しており、さらにその親戚は二万人以上に上るが、彼らは莫大な資産を有している。この資産は、腐敗によりもたらされたものと言えるだろう。駐米大使を務めた

19世紀のメッカのシャリーフでオスマン帝国からのアラブ独立運動の指導者、シャリーフ・フサイン(=フサイン・ブン・アリー)

王族サウード家の一員でサウディアラビアの政治家、バンダル・ビンスルターン

バンダル・ビンスルターン（サウディアラビアの政治家。王族サウード家の一員で、元皇太子スルターン・ビン・アブドルアズィーズの子、初代国王アブドルアズィーズ・イブン・サウードの孫）は、テレビのインタビューにおいて、「腐敗は人間の自然な性質だ。もし四〇〇〇億USドル（約四九兆六〇〇〇億円）かかるはずの国家運営が、三五〇〇億USドル（約四三兆四〇〇〇億円）でまかなえたとする。その場合、五〇〇億USドル（約六兆二〇〇〇億円）が腐敗により使途不明になったとしても、どこに問題があるだろうか」と語ったことがある。

二〇一三年、サウディアラビアの石油収入が二五〇〇億USドル（約三一兆円）に達した。これに基づけば、すべてのサウディアラビア国民が裕福な暮らしを送ることができるはずである。しかし現実には、王族は城やヨット、純金の調度品に満ちたボーイング787の自家用機を所有し豪奢な生活を送る一方で、二五％の国民が「貧困ライン」以下で生活しており、若者の失業率は三〇％に及ぶ。「アラブの春」で起きたことを考えれば、この国でも民衆による反対運動が起きるはずである。サウディアラビアの矛盾点は、ワッハーブ主義に基づいた教育を行なっていることである。その結果、卒業後の彼らの「進路」は、ジハードに向かうことになるのである。イスラーム国の支持者、参加者にサウディアラビア人が多いのは、こうした理由によろう。

サウディアラビアの国家基盤は、ワッハーブ主義の教育カリキュラムによって成り立っている。この教育カリキュラムにより、王族ですら、新しい政策実行にあたっては宗教機関から許可を得なければならない。「高位ウラマー評議会」（著名なイスラーム学者、裁判官で組織される）は、王国の政策決定に参画しており、特に教育・司法において大きな発言権を有している。同評議会はクルアーン、シャリーアに基づき決定を行なっている。ウラマーがサウディアラビアのすべてを支配しているというのが実情と思われ、彼らは社会全体がイスラームの道徳規範に則って動いているかをチェックしているのである。そのチェックのために一九四〇年に「勧善懲悪委員会」が設立された。この委員会は、恐るべき独自の警察機構「ムタワーウィーン」を所有している。

法学者のトップにいるのが、王族のサウード家に次ぎ、サウディアラビアで有力なシャイフ家の出身者である。彼らはムハンマド・ブン・アブドルワッハーブの弟子の末裔達であり、サウディアラビアの現在のムフティー（シャリーア［イスラーム法］の解釈と適用に関して意見を述べる資格を認められたイスラーム教の宗教指導者で、一般的にファトワーを発行する資格を持つ）は、アブドルアズィーズ・ビンアブドッラー・アール・シャイフであり、彼は「高位ウラマー評議会」の委員長を兼任している。サウード家とシャイフ家の連合は、領土拡大という軍事的な同盟のみならず、相互補完的な連合であり、この関係は三〇〇年余り続いている。この間、両家は婚姻関係によって、同盟関係を「更新」し続けている。イブン・サウードとブン・アブドルワッハーブの「冒険」が始まって以来、宗教機関がサウード家に権威を付与するというシステムは変わっておらず、サウード家の存続を支える柱となっている。サウード家はその見返りに、ワッハーブ主義者が好む道徳と慣習を国民に義務付け、ウラマーに権力を与えるという形でシャイフ家に見返りを与えているのである。

イスラーム国はワッハーブ思想に基づき類似の機構を有し、民主主義を否定している。イスラーム国はサウード家と同じワッハーブ思想を奉じる立場であるにもかかわらず、サウディアラビアの政体を「自らの恥部を隠すために宗教を利用している」と非難し、サウード家を「ムスリムの統治者」と認知していない。サウディアラビアは「カリフ・イブラーヒーム」アブー・バクル・バグダーディーの支配下に入るべきとしている。

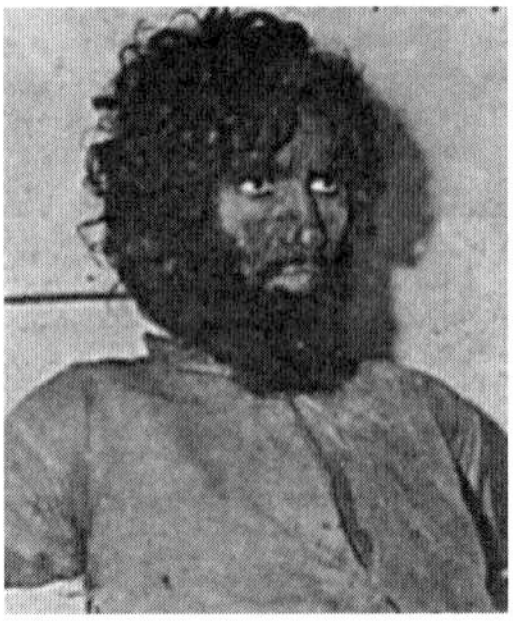
1979年、サウディアラビアのメッカで、武装集団によってアル=ハラム・モスクが占拠された事件アル=ハラム・モスク占拠事件」の首謀者、ジュハイマーン・ウタイビー

サウディアラビアで石油を生産する外国企業は、石油の安定供給のため、サウディアラビア政府を安定させ、サウディアラビアを自国に対し友好的、協力的にさせる必要があった。ここにおける矛盾は、ワッハーブの思想によりサウディアラビアは権力の座にあるにもかかわらず、諸外国は「サウディアラビアに時代錯誤的な要素はなく、腐敗や人権侵害もない」とし、その統治を容認した。

こうした状況は、サウディアラビア国内に反体制派が不在であることを意味しない。実態はその逆である。一九七九年、ジュハイマーン・ウタイビーに率いられた厳格なワッハーブ派の法学者らが、二〇〇人の反体制派と共にメッカのカーバ神殿を占拠、王族を「信仰を実践せず、腐敗したことによって宗教に背いた」と非難した。

一一日間続いた激しい戦闘の後も、神殿を占拠した者たちは降伏せず、サウディアラビア政府はフランスに軍隊の出動を要請せざるをえなくなった。裁判所は、この運動に参加した六三人に斬首の判決を下した。政府に対し反乱を起こそうと考える者が二度と現れないように、彼らは公開処刑にされた。

アラブの国々で革命が始まった時、サウディアラビアはそのドミノ化を恐れ、革命を真似て反体制運動を起こそうとする者を早々に取り締まる決定を下した。二〇一一年三月一一日の「怒りの日」への参加を、「フェイスブック」上で呼びかけたファイサル・アフマド・アブドルアハドは、反対運動実行前の三月二日、サウディアラビア治安部隊によって殺害された。リヤドで行なわれる予定のデモを呼びかけるページには、二万六〇〇〇人が参加していた。リヤドで行なわれたデモには結局、ハーリド・ジャフニーただひとり(これに取材陣が加わった)が参加しただけだった。のちにハーリドはインターネット上で、「サウディアラビアにたった一人いた勇敢な男」として有名になる。政府はデモを規制する一方、懐柔によって人々が反対運動に参加しないように図り、総額一二七〇億USドル(約一五兆七五〇〇億円)の予算を、失業者への給付金、住宅の供給、給与の値上げ、困窮者への生活保護などに充てた。こうした状況にもかかわらず反対運動は散発的に続き、二〇一三年初頭までに一七人が発砲等により死亡した。

二〇一四年、「BBCアラビック」は、サウディアラビア人女性サファー・アフマドが制作したドキュメンタリー番組を放映した。この番組は、シーア派が多く住み、石油資源が豊富な東部地方で反対運動が開始してからの三年間を追ったものであり、これまで世界のメディアに隠されていた内容だった。

西側との同盟――サウディアラビアとアメリカ

イギリスの風刺雑誌は、アメリカ・イギリスのサウディアラビアとの関係に見る偽善にスポットを当てた。この雑誌は次のように報じた。ジャーナリストのジェームス・フォーリーが二〇一二年一一月に拘束され、二〇一四年八月二六日にイスラーム国の「ジハーディー・ジョン」と呼ばれるイギリス人の手によって残忍な手法で斬首されるまでの二一カ月間、サウディアラビア当局は一一三人を斬首した、と。

サウディアラビアの指導部が、イギリスのマーガレット・サッチャー元首相、アメリカのヒラリー・クリントン前国務長官の手を握っていた頃、この国の女性は車の運転を禁じられ、家族の男性の付き添いがなければ外出できずにいた。女性が男性と握手をすれば、石打の刑にもなりかねないというのに、何という偽善であろうか！

この友好関係は六〇年以来続いているが、両者は同じ価値観を共有した上で関係を築いてはいないことは明らかだった。両者は、石油と金と、腐敗の上に関係を築いてきたのである。アメリカとサウディアラビアの、強力だが矛盾した同盟関係は、第二次世界大戦の最中に生まれた。石油に対する需要が、「石油と安全保障・武器の交換」の関係を生んだ。一九四六年、両国はリヤドとワシントンにそれぞれ大使館を開設した。

アメリカは、中東において同盟の締結と石油の売買の契約を結ぶ際、イギリスと熾烈な競争を繰り広げた。イギリスはすでに、イランとイラク、クウェートとバーレーンの石油を収奪していた。一九四三年、第二次大戦中にアメリカの内務長官を務めたハロルド・アイクス(石油関連政策の責任者でもあった)は、大統領フランクリン・ルーズベルトに対し、サウディアラビアが、自国の重要な同盟者であることを公式に宣言するよう進言した。サウディアラビアは一九三九年に石油供給を開始していたが、石油に関連する経済活動は大戦により凍結されていた。サウディアラビアは依然貧困国(もちろん、王族は別だったが)であった。しかしルーズベルトが「サウディアラビアはアメリカの重要な同盟者である」と宣言するや、一〇〇〇万ＵＳドル(約一二兆四〇〇〇億円)あまりの援助を受け取ることができた。デービッド・ホールデンの「サウディアラビアの歴史」によると、この時こそ、アメリカがサウディアラビアに主導権を行使し始めた瞬間であった。

民主党出身のアメリカ合衆国第32代大統領、フランクリン・ルーズベルト

以来、イブン・サウードとルーズベルトの関係がスタートした。アメリカの大統領の趣味が切手収集だと知ったサウディアラビア国王は、自国の希少な切手を贈った。ルーズベルトが切手のお礼を伝えたとき、国王は会見を持ちたい旨を伝言してきた。一九四五年二月一四日、アメリカ艦船「マーフィー」が、サウディアラビア国王と側近を迎えに来た。ルーズベルトは会談のため、艦船クインシー号で紅海にやって来た。同行のジャーナリストによると、イブン・サウードは、純金の王座に座った

まま、クレーンでルーズベルトの船に移された。国王同様ルーズベルトも体が不自由であり、ルーズベルトの車いすを見た国王は満足そうだったという。それを知ったルーズベルトは、DC3型旅客機に車いすを搭載し、国王のもとに送った。イギリスの首相チャーチルは、ルーズベルトが国王のご機嫌を取りに行ったことを知ると、ただちに自国の艦船を派遣し、帰国する国王を送り届けた。

イブン・サウードが残したメモによると、イギリス船の乗組員らは「退屈極まりなく」、チャーチルは、イブン・サウードの顔にたばこの煙を吹きかけたり、晩餐では酒を飲む「傲慢で尊敬の念を見せない」人物であったという。イブン・サウードは、チャーチルからの贈り物である、イギリス式の右ハンドル仕様のロールスロイスも気に食わなかった。ルーズベルト、チャーチルとも、パレスチナ問題という敏感な問題について、イブン・サウードと協議しようとした。イブン・サウードはこのとき、チャーチルが自らの見解を述べるときは高圧的で傲慢な態度であったこと、一方のルーズベルトは、敬意をもって自らの意見をサウディアラビア側に伝えているという印象を受けた。こうした逸話は、リヤドとの関係、アメリカとイギリスとの関係をコミカルに物語っている。国王との会談を成功させた二カ月後、ルーズベルトは死去するが、ロンドンとワシントンとの関係は、一九四八年のパレスチナにおける「ナクバ（大破局）」（イスラエルによるパレスチナの占領のこと）まで続く。

サウディアラビア国王は枢軸国に宣戦布告し、西欧との相互安全保障協力を開始するが、これは、自らの中東における目的達成のためであった。

一九四六年アラムコ（アラビア＝アメリカ石油会社の略称。サウディアラビアの石油採掘権を一手に握っていた石油会社で、アメリカ四大石油会社［シェブロン、テキサコ、モービル、エクソン］系）の設立と送油が保証され、ダーラン（サウディアラビアの東部州に位置する、同国における石油産業の中枢を担う都市）から地中海に至るパイプラインが敷設された。これによりアメリカは、一九八〇年にサウディアラビア政府がアラムコを国有化するまで、サウディアラビアのパイプラインを支配し続けた。アラムコは現在、日平均収入一〇億USドル（約一二四〇億円）という、世界で最も高収益を上げる会社となっている。

サウディアラビアとアメリカの軍事協力は一九四七年に始まった。ダーランにアメリカ空軍基地が開設され、一九四九年にはサウディアラビア軍に対する軍事訓練が始まった。

一九六四年、サウード王の弟ファイサルは、兄が病気治療で外国に滞在中に新国王となった。ファイサルは「開明的な王」とされ、西欧が気に入り、ワッハーブ主義者たちが嫌悪する存在となった。彼は即位から一年後、テレビ局を開設した。この決定は地域社会の怒りをかい、彼の異母弟の一人が、テレビ局を攻撃、警官隊に射殺される事件まで発生した。ファイサルはのちにこの代償を支払うことになる。一九七五年、ファイサルは甥の一人に撃たれ落命する。

第３代サウディアラビア国王、ファイサル・ビン・アブドルアズィーズ・アール・サウード

「政略結婚」によって結ばれたサウディアラビアとアメリカであったが、過去に数々の障害に直面している。一九七三年にアラブ諸国とイスラエルの間で「ラマダーン戦争」

イランのモハンマド・レザー・シャー・パフラヴィー。日本では別名「パーレビ国王」とも呼ばれた

が勃発すると、ファイサル国王は西欧への石油禁輸を発表し、オイルショックを引き起こす。

この制裁措置は、一九七四年三月、アメリカがイスラエルに圧力をかけ、シリアとゴラン高原をめぐる交渉を開始させるまで継続した。このショックを機にアメリカは、サウディアラビアとの関係を強化、従来の経済中心の関係に加え、軍事・安全保障分野の協力関係を築くようになった。

先述のように、サウディアラビアが直面した最初の反体制運動（公式発表による）は、一九七九年一一月に発生した、ジュハイマーン・ウタイビーによる、メッカのカーバ神殿占拠事件である。事件は収束をみたものの、革命の火種は残っていた。そのような中、同年一二月二五日に、ソビエトによるアフガニスタン侵攻が起きた。ソビエトに対するジハードが宣言され、サウディアラビア政府は、厳格なジハード主義者をアフガニスタンに送り込む支援を行なう。これにより政府は、国内の厳格なイスラーム主義者との対立激化を回避することができたのである。アメリカはただちに、サウディアラビアをアフガニスタン危機に介入させ、サウディアラビアはアメリカの代理としての役割を演じることに満足した。しかしその直後サウディアラビアは、アメリカの同盟者だったイランのシャーが、イラン革命によりアメリカに見放され、亡命するさまを目の当たりにすることになる。「アフガニスタンのアラブ人」（あるいは「アラブ人ジハード主義者」）と呼ばれ、外国での「武装ジハード」に参加したサウディアラビア人たちは帰国し、やがてアルカーイダの中核となっていく。その中心にいた最も有名なサウディアラビア人が、ウサーマ・ビンラーディンである。

第一次湾岸戦争(前出P.108)は一九九〇年から一九九一年まで続いたが、アメリカはこの戦争で、サウディアラビア国内における自国権益の保護につとめた。ジョージ・ブッシュ(父)は、サッダーム・フセインがクウェートに侵攻した後、サウディアラビアにも侵攻することを恐れた。アラブの指導者が石油を支配することは、アメリカにとって不利となる。サッダームは一〇〇万人の軍隊を有していた一方、サウディアラビアは豊富な資源にもかかわらず、わずか七万人程度の軍隊であった。しかもサウディアラビアは非効率にも、一〇〇〇人程度の兵士をクウェートとイラクに国境を接する北部地域に展開させていただけだった。サッダームのクウェート侵攻は湾岸全体の危機であった。この混乱の解決のため、五〇万人のアメリカ軍兵士がサウディアラビアに派遣されることとなり、サウディアラビアはこれを歓迎した。この決定は、サウディアラビア政府と原理主義者との関係を悪化させることになる。原理主義者たちは、ムスリムでない軍隊が「二つの聖地の国」に駐留することに激怒、国内で反対運動が沸き起こることになる。ウサーマ・ビンラーディンは、アメリカ軍のサウディアラビア駐留に反対した、最も有名な人物の一人であった。こうした批判に応える形で政府は、「高位法学者委員会」の委員長のアブドルアズィーズ・ビンバーズに「イスラームを守護することを目的とした、外国軍のサウディアラビア駐留を限定的に認める」旨のファトワを出させ、収拾に努めた。

第５代サウディアラビア国王、ファハド・ビン・アブドルアズィーズ

ウサーマ・ビンラーディンと厳格なワッハーブ主義者たちにとっては、サウード家はイスラームに対し犯罪を犯したも同然だった。彼らの目には、「イスラエルとアメリカによる二重の占領」によりメッカとマディーナの聖地は冒《ぼう》瀆《とく》されたと映った。

　クウェート解放の後も、アメリカ軍の即時撤退はなかった。ビンラーディンは、一〇九人の法学者やサウディアラビア人に対し、「進言と修正に関する覚書」と題するサウディアラビア国王ファハドに宛てた書簡を送った。この書簡は四六ページにおよび、腐敗と人権侵害に対する政府への批判も含まれていた。ここにおいても、サウディアラビア政府は、自己の正当化に法学者を動員した。政府はサウディアラビアの著名な宗教指導者一七人を含む「高位ウラマー評議会」に依頼し、この覚書を非難する声明を発表させた。しかし、このうちの七人が声明の発表を拒否、国王は七人をただちに解任した。

　二〇〇三年に第二次湾岸戦争が開始されたとき、サウディアラビア国内には一万人のアメリカ軍が展開していた。アルカーイダが国内のアメリカ軍基地や関連施設を標的とした攻撃を行なったが、その後も撤退することはなかった。

　同じころ、サウディアラビア―アメリカ関係をより強化することになる、大きな試練が訪れた。一九九六年、「ターリバーン運動」がアフガニスタン政府を樹立した。当時アルカーイダはカンダハルに拠点を置き、「ターリバーン」の支援と保護のもと活動していた。リヤドとワシントンの関係は、パキスタン、UAEがターリバーン政権を認知し、両国に同政権の大使館が開設されたことで不安定化した。

二〇〇一年九月一一日、アメリカの懸念は現実のものとなる。ウサーマ・ビンラーディンが、ニューヨークの世界貿易センタービル、国防の中枢であるペンタゴンを攻撃したのである。この事件に加わったのは、指導者一人だけではなかった。飛行機をハイジャックし攻撃を実行した犯人一九人のうち、一五人がサウディアラビア人であった。二〇〇一年一一月、サウディアラビアは「ターリバーン」の認知を取り消し、アメリカ軍によるトラボラ（アフガニスタン東部にある険しい山岳地帯）のアルカーイダ拠点の空爆に賛成した。そしてアメリカの強い圧力により、厳格なイスラーム主義者に資金援助を行なっていた団体、個人、慈善団体の銀行口座を凍結した。ワシントンはまた、ジハードの必要性を説くサウディアラビアの教育カリキュラムの変更を要請したほか、欧米の中東政策を公然と批判していたモスクのイマーム一〇〇〇人を追放した。

九月一一日の「成功」は、アルカーイダの人気をこれまでにないほど押し上げることになった。FBIは、サウディアラビア内務省の捜査関係者に対する訓練を実施したが、ここで問題が生じていたことが後に複数の情報筋により明らかになっている。捜査課に所属する職員の八割余りが、ビンラーディンに好意的だったのだ。その頃、サウディアラビア人のジハード主義者たちは、アメリカによるアフガニスタン空爆を逃れ、母国に戻った。彼らはサウディアラビア国内で体制を整え、国内の治安を脅かすことになる。

第６代サウディアラビア国王、アブドッラー・ビン・アブドゥルアズィーズ

二〇〇五年に即位したアブドッラー国王は、諸外国と良好な関係を築くことでアメリカを試そうとした。二〇〇七年、リヤドはモスクワと契約を結んだ。アラムコとロシアのエネルギー業界大手ルクオイル(ロシア最大の石油会社)が、サウディアラビア国内の新たなガス田の開発に合意したのである。二〇一二年には、サウディアラビアと中国は、核開発に関する合意を結んだ。サウディアラビア外相のサウード・ファイサル(前出：P.201)は、二〇一一年九月一一日の事件以後の諸外国との同盟関係を「カトリック式ではなく、イスラーム式の結婚」と評した(すなわち、「離婚」が可能)。「アラブの春」が訪れる直前、アメリカは湾岸諸国の軍事拠点を強化し始めていた。二〇一〇年、サウディアラビアは、過去最大規模の六〇五億USドル(約七兆五〇〇〇億円)に及ぶ、武器売買に関する契約をアメリカと結んだ。この契約に基づき、「両国の協力」の名目で最新鋭の兵器が、最も腐敗した政府に供与されることになった。アメリカは、サウディアラビアとの緊密な協力により、近い将来想定される事態に備えたのである。

シリア危機に関しては、数年間にわたりリヤドとワシントンの間で意見対立が生じている(後述)。しかし、二〇一四年九月二〇日には、イスラーム国のシリア国内の拠点を標的として開始された空爆には、サウディアラビアはアラブ五カ国の一員として参加した。現在のところ標的はイスラーム国であるが、サウディアラビアは、目標が達成できれば、次いでアサド政権も打倒しようと考えているであろう。

宣教——蒔《ま》かれたワッハーブ主義の種

これまで見てきたように、サウディアラビアは、自国の王を「すべてのムスリムの指導者」(守護者)という見方をしている。しかし、ウサーマ・ビンラーディンや「カリフ・イブラーヒーム」(アブー・バクル・バグダーディー)に代表されるようなワッハーブ主義者、サラフィー、原理主義者らはこうした見方に同意していない。

サウディアラビア政府は、宗教的権威を自らに付与することに懸命になっていたことを示す例に、ウサーマ・ビンラーディンに対し「サウディアラビア国王は、シャリーアに基づいた統治を行なう真のムスリムの王」という旨の声明を出すよう要請していた、というものがある。政府はその見返りに、凍結されている二億USドル(約二四八億円)を倍にして返還するとした。凍結されていたのは、ビンラーディンの父親の遺産であった。ビンラーディンは私に「あの口座には収益が入り続けているが、引き出すことができない」と語ったことがある。政府によるこのオファーは一九九六年にカンダハルを訪れた、ヒジャーズ(アラビア半島の紅海沿岸の地方)出身のビジネスマンと、ビンラーディンの娘婿のガッタース経由でもたらされた。

サウディアラビア国王を「世界中のすべてのムスリムの指導者」と認知させるため、政府は、西欧のムスリムコミュニティーを含む世界各地へのワッハーブ主義の「輸出」を熱心に行ない始めた。また、ワッハーブ主義の根幹である、イブン・アブドルワッハーブの思想を広めた。かつてサウード家は同じ手法で、諸部族を支配下に置き、サウディアラビアの版図《はんと》を広げることに成功してきた。

「ワッハーブ主義」という名は知られていたにも関わらず、サウディアラビアの指導部とウラマーは「ワッハーブ主義者」を自称せず、単に「ムスリム」と称した。彼らはまた、「イスラームに関する文献には新たな解釈を加えていない」としていたが、その実態は異なった。サウディアラビアの宗教教育カリキュラムは、政府が政策を変えるたびに度々変更されており、それは一貫して「保護者(国王)への服従」を命じている。またサウディアラビアの学校では、ムハンマド・ブン・アブドルワッハーブが著わした『タウヒードの書』の学習が必須であった。この書はジハードに関する言及が多く、これまでに多くの人々によって「暴力的なイスラーム主義の典拠」と指摘されてきたものである。こうした教育システムにより、厳格な思想を持った若者が自動的に生まれるようになったことに加え、厳格なイスラーム主義勢力にとり、戦闘員のリクルートや、スポンサーを見つけることが容易な社会が生まれた。

サウディアラビアは、石油の輸出で莫大な収入を得るようになった時、ワッハーブ思想を世界中に広めることができる経済的余裕があることを悟った。そして一九七〇年代以降現在に至るまで、ワッハーブ思想の広布を続けている。

結果、ワッハーブ主義による支援で運営される宗教学校、大学、学科は増加した。特に、政府が教育政策にあまり関与しない国々において、効果的であった。これらの国々においてサウディアラビアが設立する教育機関は、学習が可能な唯一の教育機関となることもあった。こうした教育機関の教育カリキュラムは、厳格なワッハーブ主義に基づくものであり、宗派の峻別《しゅんべつ》、不信仰者との戦闘の呼びかけ、西欧の不道徳の非難もこれに含まれていた。

また高等教育においては、哲学のような教科が禁止された。卒業者の大半は男子であり、卒業後の進路は宗教機関か、ジハードに行くことしかなかった。

サウディアラビアが力を入れるワッハーブ思想の広布の第一の目的は宗教ではなく、自らの政策のための宗教の利用が目的である。それを示す例が、ファハド前国王(アブドッラーの前王)の生き方である。彼はギャンブルなどの放蕩で知られる一方、二一〇のイスラミックセンター、一五〇〇のモスク、二〇二の学部、二〇〇〇の宗教学校を、パキスタン、ナイジェリア、ボスニア、チェチェン、カナダ、アメリカ、イギリス等の世界各国に建設した。その総額は八七〇億USドル(約一〇兆七九〇〇億円)に上った。

二〇一三年、インドの新聞は、サウディアラビアが三五〇億USドル(約四兆三四〇〇億円)の予算を投じ、南アジアの各地にモスクや学校を建設すると報じた。南アジアは一六億人のムスリム総人口のうち一〇億人が住む地域である。

極めて矛盾しているように思われるが、サウディアラビアのこの対外政策は、アメリカに奉仕するものである。サウディアラビアがイスラームの解釈を自らのものとし、ウンマをコントロールすることは、アメリカの石油の保障、イスラエルの安全保障に有益となる。アメリカはサウディアラビアを使い、イスラーム世界の外交政策をコントロールし、対するサウディアラビアはアメリカから安全保障を得るという協力関係である。サウディアラビアは、数十億USドル(約数千億円)を投じて最新式の兵器や防衛システムを購入しているが、現在に至るまでこれらを応用できず、国内外の敵から自国を守るためアメリカに依存し続けているのである。サウディアラビアへの兵器供与に関する合意は、締結に関わったあらゆる仲介者に、手数料などの名義で莫大な利益をもたらした。

ジハードの宣揚《せんよう》と資金援助

西欧と湾岸諸国がかつて、一九七九年アフガニスタンに侵攻したソ連に対抗するため、ムジャーヒディーンに支援を行なったことはあまりにも有名である。ムジャーヒディーンは一〇年に及ぶ激しい戦いの末、勝利した。ムジャーヒディーンの間で力を持っていた学派は、サラフィー、ワッハーブ思想に近いデオバンディー学派だった。

アフガニスタンにおけるウサーマ・ビンラーディンは、一九八〇年代を通じ、アラブ人ムジャーヒディーンの看板役者であり、彼の姿は複数のドキュメンタリーフィルムに見ることができる。サウディアラビア政府は、ビンラーディンを「アフガニスタンでのソ連に対するジハードに若者を駆り立てるのに役立つシンボル」と捉えていた。サウディアラビアのメディア、モスクはアフガニスタンのジハードに参加する義勇兵を募るための一大キャンペーンを実施した。一九八〇年末までに、三万五〇〇〇人から四万五〇〇〇人のサウディアラビア人が参加したというデータが存在する。また、サウディアラビア人は多額の寄付を行ない、のちにアルカーイダとなる戦闘員のグループに供与された。

サウディアラビア政府は最近になって、複数の対テロ法令を発し、獄中でジハード主義者の更生を行なうなどとしているが、サウディアラビア人はジハード主義者たちの大半を占めている。戦闘に参加できない富裕層による多額の支援も行なわれている。

サウディアラビアから最も厳格なグループに続けられた支援は、西欧にとっては公然の秘密であった。二〇〇九年、アメリカ国務長官ヒラリー・クリントンは極秘のメッセージをアメリカの外交官に送った(のちに「ウィキリークス」で暴露)。彼女は「サウディアラビア国内の人々が、『アルカーイダ』や『ターリバーン』、『ラシュカレ・タイバ(インド・パキスタンの係争地域であるカシミール地方の分離独立を掲げ、南アジア地域で活動している反体制武装勢力)』にとっての世界最大の寄進者になっているが、サウディアラビア政府はこの活動を規制することを躊躇している」と伝えた。

同じメッセージには、カタール、クウェート、UAEもまた武装勢力のスポンサーになっていると指摘されていた。シリアの革命勢力の中からジハード主義者が台頭したとき、これらの国々の名前が再び挙がることになる。彼らは、ジハード主義者こそアサド政権を打倒できると信じたためである。

「ウィキリークス」はまた、類似の文書を公開している。寄付金を得たいジハード主義者は、ハッジ(大巡礼)の際にサウディアラビアに入国、ダミーの会社を立ち上げる。この会社を使いマネーロンダリングを行なう。また巡礼者の中には、多額の現金を持って入国し、純粋にジハードを支援する気持ちから、こうした組織に寄付を行なう者もいる。また、政府公認の慈善団体から寄付を得ることも可能である。こうした慈善団体もまた、旅行者などから現金で寄付を受け取る。口座の送金の流れを監視されないようにするためである。

二〇〇八年にムンバイ(インドの西海岸に面するインド最大の都市)で大量殺人を引き起こした「ラシュカレ・タイバ」の母体は、二〇〇五年にサウディアラビアで設立されたダミー会社であった。この会社は「ジャマーア・ダアワ(宣教団)」という慈善部門を持っており、パキスタンでの宗教学校建設を名目に富裕なサウディアラビア人から寄付金を集めていた。「ラシュカレ・タイバ」はこの部門を経由して資金を得ており、資金は軍事訓練、武器の購入、攻撃に使用された。アメリカの諜報筋のデータによると、「ラシュカレ・タイバ」の予算は、年間三〇〇万ポンド(約五億七六〇〇万円)に上った。

ヒラリー・クリントンは先の書簡の中で、サウディアラビアが自国民によるジハード主義者への資金援助を放置していることに不満を抱いており、「サウディアラビアから資金が流れているテロリストの銀行口座に対処するよう、サウディアラビアに求めているが、それを彼らは優先課題ではないと考えている」と述べた。またアメリカ政府は、自国が「テロ組織」に認定している三つの慈善団体に対し、サウディアラビアが規制を行なわないことを非難したが、これらの団体に関しクリントンは「依然外国のイスラーム主義者に送金し続けている」とした。

リークされた一連の文書は、西欧の外交官が、自らの「金持ちの友人」を公式の場で非難できないことを明らかにした。躊躇の理由となっているのは、サウディアラビアとの通商関係である。

イギリス一国だけで、サウディアラビアとのジョイントベンチャーを二〇〇以上有している。西欧はパキスタンやアフガニスタンを公然と非難する一方で、サウディアラビア等湾岸諸国に対しては、非公式の場で優しくアドバイスをする程度で済ませている。また、リヤドのアメリカ大使館は、アルカーイダがサウディアラビアの油田を標的にしない限り、サウディアラビアにおけるアルカーイダ支援を問題にしない方針であったことが、「ウィキリークス」によって明らかになった。

アメリカは、湾岸諸国がテロ支援を行なっていることを知っている。クリントンはカタールを名指しし、「テロ対策においては最悪の状態」と非難している。

中国もまた、少数民族ウイグル族をめぐり、ジハード主義者の問題を抱えている。中国とパキスタンはともに、国連において「宣教団」に制裁を発動しないよう工作を行なった。二〇〇八年のムンバイにおけるテロの前のことである。実のところジハード主義組織は、大国にカモフラージュとして利用される存在なのだ。

シリア革命が始まった時、サウディアラビアと湾岸諸国は、「ジハード主義者ならばアサド政権を早期に打倒できる」と考えた。サルマーン・アウダやムハンマド・アリーフィー、ムフスィン・アワージのようなサウディアラビアのサラフィー主義、ワッハーブ主義の法学者は、テレビのインタビューにおいて、シリアにおけるジハードを「バッシャールの独裁政治をこの世から消滅させるもの」として支持した。アリーフィーは、時に涙を流しながら、感動的なスピーチを行なった。サウディアラビアのテレビでスター的存在であるシェイフ(長老)たちは、シリアのジハードに参加する戦闘員のリクルートに一役買った。そして国民に対し、資金や武器を援助するよう訴えた。アリーフィーはイギリスを頻繁に訪問し、ここでもジハード主義者のリクルートを行ない、イギリスの新聞は、彼の「成功」を報じた。彼がスピーチを行なった場所の一つに、カーディフの「マナール・センター」がある。センターにいた人々の中に、二人のイギリス人——ナーセル・ムサンナ、リヤード・ハーン——が含まれていた。二人はのちにシリアに渡り、イスラーム国に参加したことが映像によって確認された。

二〇一四年八月八日、保守系紙『ファイナンシャル・タイムス』は、「ワッハーブ主義を広めジハードへの参加を煽り、イスラーム主義者に資金を与えたサウード家に、イスラーム国伸張の責任がある」と強く非難した。同紙はまた、「サウディアラビア王国はスンナ派の盟主としての地位を失ったか」と論じ、新世代のジハード主義者を「ステロイドを摂取した者」と評した。『ファイナンシャル・タイムス』の記事は、イスラーム国問題に関し頑迷《がんめい》なサウディアラビアの姿勢をこのように説明した。「サウディアラビアはメッカとマディーナという二つの聖地を抱え、カリフ制に類似したシステムを持つ国であるため、イスラーム国の暴力を嫌い、ムスリム同胞団のような、『原理主義のライバル』を嫌う」

ムスリム同胞団に対するサウディアラビアの嫌悪は、イスラーム国に対する嫌悪と同程度のものである。その背景には、サウディアラビアの、複雑な政策(アメリカの外交政策とも関連を持つ)がある。

多くのアナリストは、サウディアラビアが「イスラーム原理主義者」であり、ムスリム同胞団のメンバーでもあるエジプトのモルシー前大統領を支持せず、前大統領を失脚させたクーデターを歓迎したことに驚いた。サウード家にとり、カイロの軍事独裁政権との友好的な関係を持つことは、自国の安全を保障することでもあった。ムスリム同胞団は、「アラブの春」以後、中東地域全体で力を持った。これは、サウディアラビア政府にとり、スンナ派世界の盟主としての地位を脅かすものであったが、さらに彼らにとって危険だったのは、ムスリム同胞団が民主的な手続きを経て、政体として登場したことである。

二〇一四年七月一四日、アメリカ議会はムスリム同胞団を「テロ組織」のリストに追加した。(注一)ムスリム同胞団は九〇年前に設立され、「イスラームとアラブの統一」を掲げ、BBCによって「イスラームの慈善・政治活動のモデル」と評されたが、これによりアルカーイダと同等の「テロ組織」とみなされたのである。

イランとムスリム同胞団の脅威に恐れをなしたサウディアラビアは、これまで数年にわたり、アルカーイダやイスラーム国に関しミスを犯してきた。イギリスの諜報機関MI6元部長リチャード・ディアラブは、パトリック・コバーンとのインタビューにおいて、「サウディアラビア国内の寄進者の動きを、政府は無視し続けた。このことがイスラーム国のシリア、イラクのスンナ派地域での伸張を助けた」と語った。コバーンは、サウディアラビアから私的な支援金がイスラーム国に頻繁にわたっていた時期は、バンダル・ビンスルターンが諜報機関のトップにあった時期と重なることを指摘したほか、バンダルはシーア派を嫌悪し、同派の壊滅のために宗派主義を扇動していたことにも言及した。バンダルは、ライバルであるイランの政府打倒、アラウィー派

注一：実際は、アメリカ議会では「ムスリム同胞団」をテロ組織に認定する法案について審議されたが、可決されなかった。

であるアサド政権の打倒に忙しく、イスラーム国がサウード家にもたらすリスクに気付かなかったというのである。イスラーム国に近い情報筋が私に語ったところによると、「次の標的はサウディアラビア」であるという。

バンダルはサウディアラビア政府にとって最も困難な時期に地位（諜報機関トップ）を手に入れた。二〇一三年九月、サウディアラビアに最初の一撃が見舞われた。ロシアとアメリカの合意により、アサドは化学兵器使用の制裁を免れ、化学兵器禁止機関への参加を許可されたのである。

同月サウード家は、ワシントンが、最大の敵イランとの関係改善に動いていることを知った。ワシントンは、イランとロシアが協力することにより、シリア危機の政治的解決は可能になると考えた。アサドにとってイランは中東地域の同盟者、ロシアは後ろ盾となる超大国であった。アメリカは、スマートな外交的手腕を使い、シリア危機の解決のためジュネーブ会議を準備した。サウード家はアメリカによる「三つの裏切り」に怒った。アメリカは、アサドが化学兵器を使用したにも関わらず空爆を行なわず、化学兵器禁止機関のプランをロシアに監修させ、テヘランと交渉し始めたのである。サウディアラビア政府はこれまでにない、まるでメロドラマのような手法で自らの怒りを表明した。二〇一三年九月、サウード・ファイサル王子は、国連総会でのスピーチをボイコットした。翌月、サウディアラビアは国連安保理非常任理事国入りを辞退した（前出：P.206）。

サウディアラビアの怒りはアメリカに影響を与え、シリア危機の政治的解決の機会を逸することになる。サウディアラビアはジュネーブ会議へのイランの参加を拒否、そして、アサドのいかなる形(暫定的であっても)での留任も拒否した。当時アサドは、シリアの多くの都市を掌握しており、アサドの退任という選択肢は非現実的だった。二〇一四年一月、数カ月間に及ぶ外交努力と非公式折衝の末ジュネーブ会議が開催されたが、何も合意できぬまま終わった。

二〇一四年四月、バンダル・ビンスルターンはポストを解任された。サウード家はこの時、自国がイスラーム国の次なる標的にされていることに気付いていた。パトリック・コバーンによれば、リヤドは、反アサドであり反アルカーイダ(「イラクとシャームのイスラーム国」と「ヌスラ戦線」)のスンナ派の同盟者を探し続けたという。

「アラブの春」の後、各国の中央政府が不在となったことで中東は混乱に陥っていた。イラクやシリアのような、かつて強大な力を持った国は、宗派対立によって分断された。このような状況下にあって、サウディアラビアは「スンナ派の盟主」としての地位を、継ぎを当てるようにして取り繕い保っていたが、その継ぎも間に合わなくなってきていた。アラブの諺に「穴は、継ぎよりも大きくなってしまった」とある通りである。

エジプトの軍人、政治家で、第2代エジプト共和国大統領、ジャマール・アブドンナーセル

サウディアラビアは政治的影響力と同時に、メディアにも影響力を有する。数年の間、サウディアラビアはメディアの買収を試みてはいるものの、より自由なインターネットやSNS上のメディアの挑戦に晒されている。

アラブを代表する歌手、音楽家、ウンム・クルスーム（右）とアブドルハリーム・ハーフィズ（左）

メディアのコントロール

二〇世紀、アラブの指導者の中で最も早くメディアの影響力に気付き、それを行使したのは、エジプトの指導者ナセル大統領（ジャマール・アブドンナーセル〔在職：一九五六年―一九七〇年〕）であった。彼は新聞、ラジオ、テレビを国家の管轄下に置き、自らの世俗的、アラブ国家主義政策の宣伝の道具とし、世論に影響力を及ぼした。ナセルはこの手法により、エジプト国内の遠隔貧困地域から、他のアラブ諸国に至るまで影響を与えることができたのである。エジプト大統領は頻繁にラジオ・テレビ演説を行なった。演説は一般民衆が理解できるようにわかりやすい言葉が使われた。これにより彼の人気は上昇した。「カイロ放送」はナセル大統領と、「大洋から湾岸に至るアラブ共同体」を信じるアラブの様々な階層の人々をつなぐ架け橋となった。当時アラブで最も有名な歌手は、ウンム・クルスームやアブドルハリーム・ハーフィズといったエジプト人であったが、この人気に乗じる形で、ナセルはさらなる人気を勝ち取ることができた。エジプトの放送局は、ナセルと彼の業績を称えるウンム・クルスームやアブドルハリーム・ハーフィズの歌を放送した。一方活字メディアに関しては、ナセルは政治活動に若干の自由を与えていた。右派政党の意見を代弁する『アフバール』紙、左派政党の意見を代弁する『ローズ・ユーセフ』誌、中道の『アハラーム』紙などである。ナセルはこうした新聞を頻繁にチェックしており、影響も受けていたという。

ナセルは、他のアラブ指導者を非難する道具としてメディアを活用し、これにより、アラブ諸国の反体制派に影響を及ぼそうとした。彼の非難の筆頭に挙げられたのが、サウード家であった。エジプトが、アラブの近代革命と発展の旗手となったとき、ナセルの人気は、サウディアラビアの保守的な旧体制にとって脅威となった。ナセルはサウディアラビア政府を「守旧的であるばかりか、アメリカ帝国主義の策謀に加担している」と非難した。アラブの王制を嫌悪し、ソ連と近い立場にあったナセルは、国王サウード・ブン・アブドルアズィーズとその後継ファイサルと常に対立した。ナセルはイエメン内戦を、アラビア半島に影響を及ぼす好機と捉えイエメンに介入、サウディアラビアとの代理戦争となった。サウディアラビアはこれに危機感を覚えた。サウディアラビアは王制を支援し、エジプトは社会主義者を支援した。

ワシントンとサウード家は、ナセル打倒を企図した(一九五八年三月、ナセルは、サウディアラビアによる自分の暗殺計画を公表した。ダマスカス空港に着陸する寸前の搭乗機を撃墜しようと試みたのだという)。一九七〇年、ナセルは心臓発作により死去した。

サウディアラビアは、アラブ諸国におけるメディアの影響力を学んだが、一九七〇年代末まで、メディアに金を投じることはなかった。彼らが世論に影響を与えるべく、メディアを活用し始めるのはその後である。一九七八年、サウディアラビアは『シャルク・アウサト』紙をロンドンで創刊した。同紙はアラブ初の国際紙であり、アラブ、世界の諸都市で刊行され、各地に特派員を置き、アラブで最も有名なジャーナリストや作家が寄稿した。

しかし一九九〇年、サッダームによるクウェート侵攻の後、サウディアラビアは数十万人のアメリカ軍兵士の駐留を受け入れたことで、アラブ諸国の反発を受けるようになった。アラブ人の多くがサッダームを支持し、サウディアラビアの政策に反感を抱いていることが明らかになった。この状況を見たファハド国王は、メディアを使ってアラブ人の心を摑《つか》もうとした。

ここで私たちは、サウディアラビアのダブルスタンダード――ワッハーブ主義の広布との矛盾――に気付くことになる。サウディアラビアのメディアは様々なカモフラージュを駆使し、自らの政策やその背景を隠すという狡猾《こうかつ》な手法を用いている。

一九九一年、サウディアラビアはMBC(中東放送協会)を設立し、放送が開始された。MBCのオーナーは、ファハドの義弟であるワリード・イブラーヒームであった。MBCは拠点をロンドンに置き、その名称もBBCを真似た。湾岸戦争時の国軍司令官ハーリド・ブン・スルターンは、日刊紙『ハヤート』を管理下に置いた。続いて、サルマーン王子の子息らが、ロンドンの『シャルク・アウサト』をコントロールし始めた。これらの出来事はすべて、一九九一年に起きたことである。

一九九四年、サウディアラビアの王子ハーリド・ブンアブドッラー・アール・サウードは、エンターテイメントチャンネル「オービット」を立ち上げた。また同年、エンターテイメントチャンネルART(アラブ・ラジオテレビジョン)が設立された。これらの「リベラル」なチャンネルは、「西欧のチャンネル」に似た放送を行ない、検閲が行なわれず、カットもされていないハリウッド映画やドラマを放映するほか、日常生活を取り上げた番組、討論番組などを放映している。

一九九六年、カタールは「アルジャズィーラ・チャンネル」の放送を開始した。この衛星放送チャンネルはラディカルさと進歩性で知られ、他のチャンネルが放送できない内容も進んで放映したことで、サウディアラビアにとってのメディア市場を脅かすことになる。アラブ人は、長い眠りから覚めたのである。サウディアラビアは「アルジャズィーラ」に並ぼうと試みたがいずれも失敗、「アラビーヤ」（MBCグループ）も敗北を喫した。アメリカの大統領ジョージ・ブッシュは「アルジャズィーラ」とのインタビューを拒否する一方、「アラビーヤ」の長時間にわたるインタビューに応じたが、放映されたのはちょうど、イラク国内のアメリカ軍の監獄で起きた拷問が明らかになり、アラブ世論の怒りをかった時期であった。人々は「アラビーヤ」を、そのアメリカ、イスラエル寄りの姿勢から「イブリーヤ」（ヘブライ、ユダヤの）と呼ぶようになった。

多くのサウディアラビア人が政府の黙認のもと、厳格なイスラーム主義組織に資金援助を行なっていたにも関わらず、「アラビーヤ」が、ビンラーディンやザワーヒリーのいかなる映像をも放映することを拒否したのは興味深い。サウディアラビアが所有するあらゆるチャンネルは、厳格なイスラーム主義組織がサウディアラビア国内に及ぼす脅威について頻繁に取り上げてきた。後にこれらの組織は、リヤドの政府にとっての正真正銘の脅威と化す。その頃開放的な「アルジャズィーラ」は、アル

サウディアラビアのサルマーン国王の息子で、同国の国防相も兼ねるサルマーン王子

カーイダの映像を放映し、同組織のイデオロギーや歴史について討論していた。

このように、サウディアラビアメディアは、政治や思想、社会に関連するニュースを密かにコントロールするポリシーを持っている。そのポリシーは、公式に発表されているものとは逆の内容である。サウディアラビアのテレビチャンネルは中立で開放的を装い、様々な思想信条を持つ人々を参加させているが、現実には、彼らはサウディアラビアのオイルマネーに縛られており、サウディアラビアを擁護する報道を行なわざるを得ない。

アンドリュー・ハモンドはこの問題について興味深い記事を書いている。彼は「サウディアラビアの爪は、他のアラブ諸国メディアも支配下におさめようとしている」と述べ、次のような例を挙げた。一九九四年、「サウディアラビア人に息子を強姦された」と訴えたエジプト人の医師が投獄された事件があったが、エジプトのメディアはリヤドの顔色を窺いこれを報じなかった。また、「アルジャズィーラ」に勤務するジャーナリストに、サウディアラビア政府はビザを発行しないほか、サウディアラビアの企業は「アルジャズィーラ」のスポンサーになることを拒否している。

サウディアラビアは、自国に不都合なスキャンダルなどのニュースを報じたメディアに訴訟を起こし、最も優秀な弁護士を高給で雇い、原告側が経済的に抗しきれなくなるまで裁判を行なう。こうした手法により、自国への批判を最小限に抑えることに成功している(裁判に持ち込まれない)。

この章のおわりに

サウディアラビアの政権は過去八〇年間、イスラームのワッハーブ主義に依拠《いきょ》している。加えて、左派や国家主義に対抗するために、過激な、あるいは中庸なイスラーム主義を交互に使い分けてきた。そして、自国の宣伝のためにメディア帝国を確立し、世界各地のムスリムの若者二世代、三世代にわたって影響を与え続けてきた。これらの若者は厳格主義に走り、若い厳格なウラマーの「軍団」が誕生した。彼らは説教壇から、西欧や不信仰者へのジハード、「正しきイスラームの広布」を呼びかけた。政府がこの説教壇を閉鎖すると、彼らは活動の場をSNSに移し、自らの思想を様々な階層の若者に広めることに成功した。彼らは「ツイッター」や「フェイスブック」上で一〇〇万人単位のフォロワーを抱えるスターとなった。ムハンマド・アリーフィー師の「ツイッター」上のフォロワーはこの本を執筆中の時点で八〇〇万人を超えており、その多くがサウディアラビア人である。この七月のイード(イスラーム教最大の祝祭。年に、「断食明けの祝祭」と、牛や羊を神様に捧げる「犠牲祭」の二つがある)の際、サウディアラビア国王アブドッラー・ビンアブドルアズィーズはスピーチを行ない、ウラマーに対しイスラーム国に反対するキャンペーンを行なうよう要請した。これに応えたのは、王国ムフティーのアブドルアズィーズ・アール・シェイフ師やカーバ神殿のイマームら、公的な立場にあるウラマーのみであった。

サウディアラビアはいま、自らが作り上げた怪物と戦っている。この怪物はしかし、あまりにも巨大化してしまい、壊滅は困難となっている。

ジハードは犯罪として罰則の対象となった。国外に渡航し厳格なイスラーム主義組織に参加した者には、禁固二〇年の刑が科せられると発表されたが、こうした組織に参加するサウディアラビア人は後を絶たない。七〇〇〇人のサウディアラビア人がイスラーム国に参加しているとの情報が存在している。そのうちの数人はＹｏｕＴｕｂｅに登場し、この罰則に対抗するように、パスポートを破り捨てるパフォーマンスを行なった。私は信頼できる筋から、シリアとイラクでの戦闘に参加するジハード主義者の中で、サウディアラビア人の若者が最も熱意があり、残忍な処刑や自爆攻撃に進んで参加するという話を聞いたことがある。

サウディアラビア当局が、シリアとイラクでのジハードに、自国の若者が参加していると気付いた時は手遅れだった。ＭＢＣチャンネルは、ジハードを呼びかけるウラマーを貶《さげす》めるキャンペーンを開始した。ＭＢＣの番組「８」の司会者ダーウード・シャリヤーンは、これらのウラマーを激しく攻撃したことで知られた。シャリヤーンはアリーフィーを非難し、彼の逮捕を呼びかけたほか、アルウールをサウディアラビアから追放するべきとした。

サウディアラビア当局は、シリアのジハード主義組織に参加している自国民の若者に帰国を呼びかけた。当局は、彼らが帰国すれば特赦されるとしたが、これに応えた者はごく僅《わず》かだった。それればかりか、イスラーム国や「ヌスラ戦線」に参加して戦うサウディアラビア人の数は増加した。二〇一四年のイスラーム国のモスル、アンバル、サラーフッディーン、ラッカ、デリゾールでの進撃がインパクトを与えたのである。

アメリカ軍によるイスラーム国拠点を標的とした空爆の後、イスラーム国の人気は上昇し、「イスラーム国はアメリカが作った」とするデマは姿を消した。

第六章

野蛮さという戦略

イラクのアブー・ムスアブ・ザルカーウィーの組織(「タウヒードとジハード」、のちの「二つの河の地のアルカーイダ」)や「シリアとイラクのイスラーム国」(現イスラーム国)が公開した映像は、一つの転換点であった。イスラーム国は、その映像の内容においてザルカーウィーの組織を凌駕《りょうが》したともいえる。彼らは冷血な斬首を行なったほか、ヤズィーディー教徒の女性を強姦して殺害した後で、その心臓を取り出したという未確認情報も存在した。

イスラーム国が露《あら》わにしたこうした野蛮さは、彼らの基本的な戦略である、心理戦の一環である。そしてこの野蛮さは、アメリカが主導し、五〇カ国が参加した有志連合の結成と、二〇一四年九月に始まったシリアとイラクへの攻撃の動機ともなった。

こうした野蛮さは、決して新しいものではない。過去の歴史を振り返ると、戦争集団による犯罪行為、あるいは犯罪行為を通り越した狂気の行状《ぎょうじょう》を知ることができる。かつての大半の帝国が、こうした血の海と恐るべき暴力の上に成り立っていたのだ。

イスラーム国の指導者とイデオローグは、自らを「カリフ制という新たな帝国をムスリムが住む地に打ち立てる者」であるとしている。イスラームの一四〇〇年の歴史のうち一三〇〇年間、イスラーム国家はカリフ制によって統治されていたのは事実である。一九二二年、オスマン帝国の崩壊によりカリフ制は終焉《しゅうえん》を迎える。このように考えると、イスラーム国がカリフ制を再興する力を持っている可能性があるということは、決して不自然ではない。

野蛮さは、ジハード主義者たちの武器庫の基本的要素といえる。二〇〇四年、『野蛮さのマネージメント―共同体が経験することになる最も危険な時代―』と題する長文のレポートが発表された。著者は、アルカーイダの理論指導者の一人、アブー・バクル・ナージーである。このレポートは、カリフ制の再興に至る三段階のレベルが提示されている。そのレベルとは、「敵の襲撃と、消耗」、「野蛮さのマネージメント」、最後に「イスラーム国家の建設」である。

戦闘における残忍さの歴史

あるイスラエルのアナリストの指摘によると、イスラーム国は「カリフ国家の樹立」を掲げ、この目標達成のために、複雑かつ継続的な、そして非常に暴力的な心理戦を行なっているとしている。イスラエル人は被害者であると同時に、凶暴な暴力を用いた加害者でもある。彼らは中東における、心理戦とプロパガンダのパイオニアであった。イスラエルはパレスチナ人を恐怖に陥れるために野蛮さを露わにし、デイル・ヤーシーン(パレスチナのエルサレム近郊の村)、カビヤ、ガザ(パレスチナの一角に位置し、東地中海に面して存在する帯状の地域)、カナなどで虐殺を行なった。

ドナルド・デイトンはその著書『集団虐殺と過剰な暴力の心理学』の中で、戦争において暴力行為を駆り立てる要因は「部族主義的な感情」であり、この感情が激しい怒りのエネルギーを創出し、人々を一人残らず殲滅《せんめつ》させたい暴力的衝動に駆られるのだという。デイトンはまた、二一世紀に起きた虐殺の構図は、一一世紀の虐殺と全く変わらないとし、「社会構造が急速に変化し、新たに生まれるイデオロギーが、暴力を『許容できるもの』として正当化していく」「個人の殺意が社会の支持を得る。その人は力を得たと考え、『こうなるのは運命だ』と信じるようになる」と指摘した。

デイトンは「進歩し文明化した社会もまた、野蛮さを持つ他の社会と同程度に凶暴になることができる。その社会と共通の目標があれば、凶暴な行為も受け入れられる」とし、その例として、ベトナムの「ミライの虐殺」(一般に知られている「ソンミ村虐殺事件」)に際し、多くのアメリカ人が示した反応を挙げた。アメリカ軍将校のウイリアム・カレイは、部下に女性や子供の殺害を命じたが、多くの人々は、彼を罰することに反対の意を示したのである。

同じくベトナムにおいて、「虎」の異名を持つアメリカの一〇一師団は、恐るべき残忍さで土地を占領していった。拷問、強姦、殺害された遺体の一部をコレクションにするなどの行為が行なわれた。戦争においてこうした行為に走る者は、「精神錯乱による犯罪者」とされた。

デイトンの指摘では、「どのような文明であっても、過酷な状況下、暴力は日常的な行動と見做されるようになる」という。複数の社会心理学者も、人類が凶暴であった頃の遺伝子が後世まで残され、この遺伝子により、過酷な状況下におかれた人々(その人が属する文化を問わず)は暴力的衝動に駆り立てられると指摘している。この時人は、「痛みと血と死は、獲物を奪い取るにはつきものだ」と認識するようになる。

国家は、自らの政治的目的と支配権が達成される限り、恐るべき行為を容認する。ジュリアス

・シーザーは、在任中に一一九万人の敵を殺したことを誇りとしていた。一九四五年八月、連合国は第二次世界大戦の終結を祝うような気持ちで、広島と長崎に原爆を投下し、二五万人が殺害された。大統領ルーズベルトはこの七カ月前に、ダグラス・マッカーサー将軍から「日本は降伏する用意がある」旨を文書(この文書は現存している)で受け取っていた。

苛烈な暴力は、政府による反体制運動弾圧という形でも用いられた。二〇世紀を通じ、様々な国の政府は、一億七〇〇〇万人の自国民を殺害した。うち六二〇〇万人はソ連国内で一九一七年から一九八七年の間に殺された。

二〇世紀は人類史上最も血塗られた世紀といわれたが、二一世紀は前世期を上回るようにも思われる。地域全体を巻き込む戦争が起き、殺害のための兵器はより進化している。

そして、一一世紀の十字軍以来の野蛮さは何ひとつ変わっていない。

ジハードは、七世紀以来合法的なものとされてきた。預言者ムハンマドは、イスラームの宣教と、多神教徒の制圧のために剣を用いた。キリスト教徒もムスリムと同様の考えを持っていた。カトリックの「首都」であるローマは一一世紀、「肯定される暴力」という考え(聖戦)を確立した。暴力を正当化し、暴力によって天国に行く思想を作り出す必要に迫られた、教皇ウルバヌス二世のアイディアによるものだった。

ウルバヌス二世は「聖戦」を「神によって許可され、推奨された試み」であるとし、十字軍遠征を開始した。遠征を始めたとき、ウルバヌス二世はイスラームを「人間性が無い」「神に受け入れられない逸脱者」「最も凶暴で野蛮、キリスト教徒に暴力的」と評した(ディトンの著書による)。し

十字軍による東地中海域の侵略・破壊・虐殺に道を開いた11世紀のローマ教皇、ウルバヌス2世

かし、ウルバヌス二世が自身の「聖戦」を正当化するために強調した「捕虜を生きたまま切り刻む」といった「敵の野蛮さ」は、キリスト教徒自身が行なっていたことであった。

十字軍にとって、殺害行為は「自身の純化」を意味し、地上における暴力の代償は、「永遠の平安」であった。この考えは、クルアーンにあるジハードの考えと同じである。十字軍から一〇〇〇年後、ジハードの概念はアルカーイダの間で存在しており、十字軍は西欧のイメージとして、彼らの中に存在し続けている。キリスト教、イスラームとも、ハルマゲドン（世界最終戦争）の概念を持っている。「世界の終焉」は、現在においても過去においても、凶暴な行為を正当化するために使われてきた。

心理戦は十字軍運動の際に広く用いられた。それは、敵に対する「公開された脅迫」であった。キリスト教徒はムスリムの捕虜を斬首し、その首を、投石機を使い、包囲を行なっている城の塀の内に投げ入れた（デイトンの著書五頁）。一方、ムスリム側は十字軍兵士の首を城壁に吊るし、それが腐敗していくさまを十字軍側に見せた。

十字軍の残虐行為は、人肉食にまで発展した。シリアのマアッラト・ノウマーンにおいて十字軍は、ムスリムの遺体を料理しこれを食べた（デイトンの著書一〇頁）。こうした行ないによって、十字軍に対する激烈なイメージが定着、十字軍は次の戦いで勝利する。十字軍の恐ろしい噂を知った兵士達は、戦わずして撤退したのである。こうした戦法は、イスラーム国によって現代に忠実に受け継がれている。二〇一四年六月、イスラーム国の兵士がモスルに進軍していると聞いたイラク軍兵士は、数で勝るにもかかわらず、武器を捨てて敗走した。

　第一次十字軍に参加したレイモン・ドゥ・サンジャル（アラブではこの名で呼ばれる。西欧ではレイモン・ドゥ・サンジルとして知られる、トゥールーズ出身のフランス人）は「（十字軍は）偶像崇拝者を長い時間をかけて拷問し、焼き殺した。切られた首や手、足が、家や街路に集められているのを見た。彼らは、家から逃げた女性を刺し殺し、赤子の足を摑《つか》んで壁に叩きつけて殺していた」（デイトンの著書一〇頁）。十字軍は宗教的な動機の他に、戦利品目当てなどの私欲によって行動していた。

第1回十字軍の主要な指導者の1人でフランス人のレイモン・ド・サンジャル

　両者が使用した暴力、両者の野蛮さにより、どちらの側も、相手の人間性を信じることができなくなった。女性の強姦といった暴力は、すべての時代に共通して起こった。デイトンはこれを「こうした出来事は時と場所を問わず、繰り返される。あたかも国際基準の型が用意されているかのように」と評した。

　さらにその数世紀前は、より恐ろしい事態が起きていた。アッシリア人は生きたままの捕虜の皮を剥ぎ、体を切り刻んだ。またカール大帝は、敵の兵士を高所から飛び降りるよう強制した。戦争自体が暴力である。勝者となった軍は、敗者の軍に対しコントロールを失い、残忍に振る舞った。

二〇世紀に入ると、政治的な動機の虐殺による犠牲者数は信じがたいものとなった。またその手法も様々なものになった。スターリンは、数百万人のウクライナの人々を飢餓で死に至らしめた。それは「ホロドモール」と呼ばれた。スターリンはまた、反対者とみなした三〇〇〇万人を殺害した。一九一四年、オスマン帝国はアルメニア人約一〇〇万人を殺害した。第二次世界大戦中、ナチスドイツは東ヨーロッパの二〇〇〇万人を殺害、ユダヤ人、障害者、ロマ人、同性愛者を数百万人殺害した。中国では、「共産主義の父」毛沢東が「ブルジョワ」と決めつけられた二〇〇〇万人の殺害を監督した。カンボジアでは、ポルポトが、教育を受けた人々——七年生以上の教育を受けた人々、眼鏡をかけた人々に至るまで——約二五〇万人を殺害した。一九九四年ルワンダでは、フツ族がツチ族八〇万人を三カ月の間に殺害した。一九九五年、セルビア軍が旧ユーゴスラビアのボスニア人ムスリム八〇〇〇人の老若男女を殺害、三万人以上を難民化させた。イスラエルは二〇〇九年末に一三〇〇人、二〇一四年には二〇七〇人のパレスチナ人をガザで殺害、数万人を裁判を行なわないまま拘留している。このような悲劇的なリストはまだ続く。

戦争における暴力は、想像しがたいほど恐ろしい野蛮さが示される。それはコントロール不能な状況(極度の興奮状態)下で起きる。

では、アブー・バクル・ナージーはどのようなアドバイスをジハード主義者らに行なっているのだろうか。

「宗教戦争において、指導者や政府、あるいは神から許可を受けたとする行為を実行する時、罪の意識は薄らぐ。この許可は暴力行為を推奨するものである。暴力的な行ないなど出来ない人にも、それを可能にする力を与える」(デイトン)

「指導者は通常、集団の中で最も厳格であり、他のメンバーに影響力を与え、心理学者が言うところの『自身からの離脱』を促し、暴力へと導く。こうして、その人は別の人格を持ち、無意識状態となる」(デイトン)

殺害命令を受けた時点で、兵士はすでに錯乱興奮状態となっている。この際兵士は二重人格者のようになっており、サディスティックな衝動に陥っている。残虐行為はもはや彼にとって競争のようになった。心理学者によれば、こうした残虐行為は彼らにとって快楽となっているという。

一九九九年のロブミスターとキャンベルの研究によれば、人には暴力を行使したい欲求が存在しているという。研究結果によると、人は他者を殺したり、傷つけたりした直後は、後悔の念にとらわれるが、時間が経過するとそれに快感を覚えるようになるという。

スタッブの研究(一九九〇年)によれば、政治的な暴力や虐殺の当事者、拷問の実行者らには共通の性質がみられた。独断専行であること、自分と似たグループに対する帰属意識が強いことと、このグループの外にいる他者に敬意を持たず、価値を見出さない、といった性質である。

戦争において残虐行為が行なわれる目的は、敵を恐懼させ、敵に対し無慈悲であることを示すことである。アメリカも二〇〇三年にこの手法をイラク戦争で用いている。「衝撃と畏怖《いふ》」と名付けられた作戦である。ティムール(中央アジアのモンゴル=テュルク系軍事指導者で、ティムール朝の建国者)はデリーを包囲した際、城壁の外に九万の骸骨をピラミッドのように積み上げた。アステカ(一四二八年頃から一五二一年まで北米のメキシコ中央部に栄えたメソアメリカ文明の国家）は、敵兵の心臓を刳《く》り抜いた。バイキング（九世紀―一一世紀の約二五〇年間に西ヨーロッパ沿海部を侵略したスカンディナヴィア、バルト海沿岸地域の武装船団）は「乾杯」に敵の骸骨を器として用いた（現在に至るまで「乾杯」の掛け声は「スカル（骸骨）」である）。また、ギャング同士の抗争においても、敵を恐れ戦《おのの》かせるために残忍な手法が用いられた（映画「ゴッドファザー」に登場する、馬の首がその例である）。

イスラーム国は間違いなく、これまでに挙げてきた逸話を知っているはずである。

野蛮さの「マネージメント」

残忍な行為は、複数の邪悪な目的を持っている。前述したように、残忍な行為は、反体制派や好ましくないと判断した人種の殲滅に用いられたほか、広島と長崎のような、自らの軍事力を「確認」する目的、そして政治的目標の達成のためにも用いられてきた。

一方で、敵を「悪魔」にように仕立て、その敵に対する戦争を正当化する目的にも用いられる。第一次世界大戦中、イギリス政府は、新聞向けに「ドイツ兵は市民の目を刳《えぐ》り抜き、少年の手を切断し、女性を強姦している」「子供にはおもちゃと称して手榴弾《しゅりゅうだん》を与え自爆させ、銃剣で赤子を刺し殺した」といった情報を流布していた。こうした情報を流す目的は、国軍に志願する若者を増やすことにあった。

終戦後、イギリス軍の将軍は「敵に関するデマを流布することは、両者を戦わせるために重要だった」(注一)と語った。こうした風説は、人々を怒らせ復讐の念を増幅させ、世論を操作する目的にも用いられる。

満州で起きたことがその例である。日本軍は鉄道橋を爆破して「中国軍の仕業」とし、満州国建国の口実を作った。国際連盟の調査団は、日本の満州への侵攻は「自衛」のために行われたのではないと結論付け、日本はこれが原因で国際連盟を脱退した。また日本軍による真珠湾攻撃は、アメリカが第二次世界大戦に参戦する口実となったが、ルーズベルトはこの攻撃(二五〇〇人のアメリカ人が死亡)を事前に知っていたが、参戦を求める世論を盛り上げるために、攻撃を防がなかったという物証が存在する。九月一一日の攻撃に関しても、「アメリカの世論を喚起し、アフガニスタンとイラクにおける対テロ戦争を開始し、成功に導くために、事前に攻撃の情報があったにもかかわらず、政府は黙殺した」と主張するアナリストが存在する。

より大きな暴力を創出するために、敵はネズミかゴキブリのような有害生物にたとえられる。暴力を行使する側の人間性を失わせることも必須である。実行する兵士達に罪悪感を与えさせないことが重要となるのだ。アメリカ軍兵士のスティーブン・グリーンがその例である。彼は四人の同僚とともに、一四歳の少女アビール・カーセム・ジャナービーを家族の目の前で、集団で強姦した上、家族らを殺害した。彼は後に「イラク人が人間だとは考えていなかった」(注二)と供述した。

二〇一四年七月、イスラエルのクネセット(イスラエルの一院制議会)議員イリエット・シャキドは「パレスチナ人の子供は小さい蛇のようなもので、これを生む女性を殺さねばならない」と発言した。

彼女は「フェイスブック」に「母親を、この蛇を育てる家から追い出さねばならない。もし私たちがそうしなければ、蛇の数はさらに増えるだろう」(注三)と書き込んだ。

注一:suite.io/Michel^streich/252q2nv

注二:http://www.dailymail.co.uk/news/article-1340207/I-didnt-think-Iraqis-humans-says-U-S-soldier-raped-14-year-old-girl-killing-her-family.html

注三:http://jonathanturley.org/201417/07//they-have-to-die-israeli-politicians-comments-calling-for-killing-of-mothers-of-palestinians-trigger-international-backlash/

こうした残虐行為を行なった者の中には、行為自体を否定したり、隠滅した上で「民主主義的で進歩的、文明的な人々」を装う者もいる。第二次世界大戦後、アメリカはドイツ国内に、枢軸国出身の捕虜の収容所を一九カ所設営したが、ここで数十万人が飢えによって死に至らしめられた。最近では、アメリカとイギリス兵は、アブー・グレイブ監獄などのイラク国内の監獄で、イラク人の囚人を拷問し、殺害した。

イスラーム国は、野蛮さという戦略に基づき、残忍な暴力を行使した初の例ではない(初のムスリムでもない)。カリフのアブー・バクル・シッディーク(預言者ムハンマドの最初期の教友で、初代正統カリフ)は、「背教《はいきょう》戦争」と呼ばれる戦いで、ザカー(イスラーム教の五行の一つで、貧しい人々を助けるための義務的な喜捨《きしゃ》)の支払いを拒否した背教者を容赦なく殺害した。厳格さで知られた二代目カリフのウマル・ブン・ハッターブはアブー・バクルに反対したが、アブー・バクルは「無明時代あなたは勇敢だったのに、なぜイスラーム時代になると臆病になったのか」と応じた。

ウマイヤ朝(イスラーム史上最初の世襲イスラーム王朝［六六一年―七五〇年］)は、ダマスカスの市民国家の崩壊後に建てられたが、この王朝はイラクとシャームに苛烈な暴力を行使し、数千人が殺害された。犠牲者の中には、預言者ムハンマドの孫であるフサイン・ブン・アリーも含まれていた。ハッジャージ・ユーセフ・サカフィー、ズィヤード・ブン・アビーの治世においても、暴力の嵐が吹き荒れた。

アッバース朝(中東地域を支配したイスラーム帝国第二の世襲王朝)の実質的な創始者アブー・アッバースは、さらに暴力的であった。七四二年、彼はクーファ(イラク中央部の古都)に移り、反ウマイヤ朝軍を組織、そしてウマイヤ朝に勝利し、イラク、シャーム、エジプトを征服、カリフのマルワーン・ブン・ムハンマドと数千人の兵士、支持者を「ブセイルの戦い」で殺害、「虐殺者」と呼ばれた。彼らはダマスカスを制圧した際、ウマイヤ朝の関係者の邸宅で略奪を行なった上で放火し、歴代カリフの墓を暴いた。アブー・アッバースの弟で彼の後継者となったアブー・ジャアファル・マンスールは、反乱を鎮圧するためより激しい暴力を行使した。マディーナ、バスラ(イラク南東にある港湾都市)、アフワーズ(イラン南西部、現フージスターン州の州都)で虐殺を行なった。殺害された人々の中には、アブームスリム・ホラサーニーがいた。彼はアッバース朝の建設に協力したが、主導権を握ることが懸念され、殺害されたのだった。

イスラーム国は、イマーム・ムハンマド・ブン・アブドルワッハーブが興した、一八世紀の純粋なワッハーブ思想の「再興」を行なっているとの指摘がある。イスラーム国の行動は、ワッハーブ運動とその支持者のかつての行ないを模倣したものである。彼らの、敵を恐懼させ、投降か逃亡を促す手法が特に類似している。

一八〇一年、ワッハーブ派の軍隊はカルバラを攻撃し、シーア派数千人(五〇〇〇人前後とされる)を殺害した。人口の差で比較すると、この犠牲者数は現代の五〇万人に相当する。犠牲者の中には女性と子供も含まれていた。軍隊は預言者の孫、フサイン・ブン・アリーの墓などを暴いた。二年後、アブドルアズィーズ・アール・サウードの軍隊はメッカとマディーナに無血入城した。人々が恐懼したためである。ワッハーブ派はこのとき、メッカのカーバ神殿周辺のイスラームの遺跡、廟を破壊した。

歴史書によると、サウード・ブン・アブドッラーの後継として、その息子アブドッラー・アール・サウードが国王となった。彼が第一次サウード王国の最後の王となる。アブドッラーはオスマン帝国により捕捉され、イスタンブールに護送された。彼は三日間、公衆の面前で殴り罵《ののし》られ、唾を吐きかけられたのち、斬首された。彼の首は大砲に入れて飛ばされ、心臓は刳り抜かれた。

アブドルアズィーズ・ブン・アブドッラフマーン・アール・サウード国王はサウード王国を再興し、自ら設立した「ワッハーブ派イフワーン(同胞団)」(「神のもとでの同胞」を指しており、現在のムスリム同胞団とは無関係である)を率い、メッカとマディーナを再占領した。同胞団は一九一四年から一九二六年にかけてメッカ、マディーナ、ターイフで虐殺を行なった。

しかし、アブドルアズィーズはのちに「イフワーン」を虐殺する。「イフワーン」は王の近代化政策を「不信仰」と断じたため、王は自らにとって脅威になると判断、「イフワーン」はイギリスから送られた機関銃で射殺される。

チンギスハーンも、同様の凶暴なイデオロギーを用いた指導者の一人である。彼は自国民数万人を殺害したが、やはりこれも、敵を恐懼させる目的に基づくものだった。その後、彼が進軍する都市や村は恐れをなし、戦わずして降伏した。のちにこの軍は、バグダードを攻撃し数十万人を殺害することになる。

私達はまた、過去にイラクにおいて現れた野蛮さの歴史を忘れてはなるまい。それはイラクの歴史の様々な場面に登場した。イスラーム国と、この組織が現れる前のバース党の統治時代には、共通の野蛮さが見出される。一九八八年に現れた例は、「アンファール(戦利品)作戦」(クルド語で「カルサティ・エナファル」と呼ばれる)である。この作戦はフセイン旧政権によって、クルディスタン(トルコ東部、イラク北部、イラン西部、シリア北部とアルメニアの一部分にまたがり、伝統的に主としてクルド人が居住する領域)で発生した叛乱に対して行なわれた。もしイスラーム国がアルビルを陥落させていたなら、同様の事態が繰り返されていただろう。作戦を指揮したのは、バース党北部イラク支部書記で軍司令官のアリー・ハサン・アブドルマジードと、元国防相のスルターン・ハーシムである。作戦の目的は、政府に対するクルド人の脅威を抹消することにあった。「アンファール作戦」の名は、ジハードを奨励するクルアーン第八章に由来する。

この作戦で数千人のクルド人が犠牲となった。二〇〇〇余りの村が破壊され、約五〇万人が、政府が支配下に置く村に移住させられた。逮捕者は一八万二〇〇〇人に及び、彼らの多くは処刑

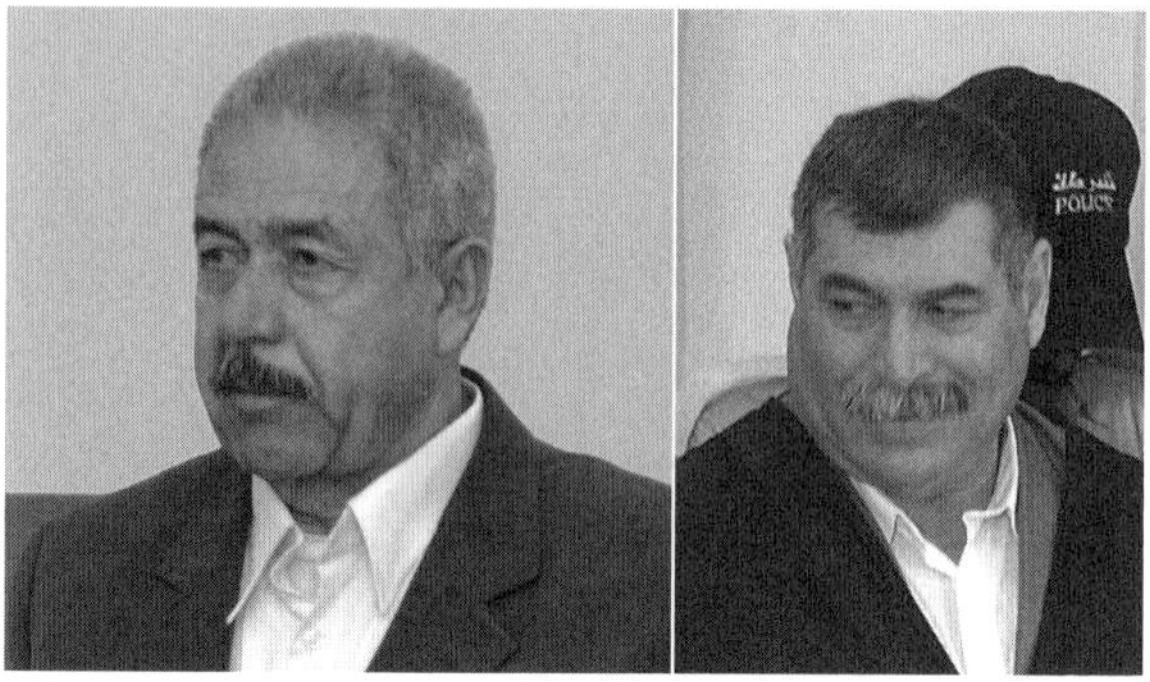

「アンファール作戦を」を指揮したイラクの元軍司令官、アリー・ハサン・アブドルマジード（左）と、同元国防相のスルターン・ハーシム（右）

され、集団墓地に埋められた。

一九九一年、イラクにおける野蛮さを示すもう一つの事件が起きた。イラク軍は、南部のシーア派による反乱（「シャアバーニーヤの蜂起」と呼ばれる）を徹底的に弾圧した。シーア派の人々は、クウェートから撤退するイラク軍を襲撃したほか、イラク軍の基地を包囲し、将校らを殺害、死体を引き回した。政府軍内のシーア派兵士、「イスラーム最高評議会」に属する「ファイラク・バドル」の兵士、ペシュメルガ（イラク領クルディスタン自治政府が保有する軍事組織）、南部の民兵組織が反乱に加わった。

この反乱は、イラク国内一八県のうち、一四の県内で発生した。イラク共和国防衛隊は、この反乱に無慈悲な弾圧を加え、犠牲者は数千人に上ったとされたが、実際は一万人を超えていたともいわれる。この弾圧により政権は延命した。この血塗られた弾圧は、アメリカ軍がシーア派の指導者に対し、革命と反乱を扇動している最中に起きた。アメリカ軍は事態を注意深く追っていたが、反乱を見放した。

一方、シーア派民兵組織も敵方に寛容ではなかった。のちに彼らは、イラク軍とアメリカ占領軍の支援を受け、残虐な殺人、拷問を繰り返した。彼らの所業には多くの例がある。最も有名となったのは、犠牲祭の初日に行なわれた、サッダーム・フセインの処刑である。彼は絞首台に向かうまで罵られた。彼の兄弟、側近らも同様の扱いを受けた。

野蛮さの原点とイスラーム法上の解釈

イスラーム国にとって残虐行為は、周到に練られた上で血をインクとして書かかれた手紙のようなものである。二〇一四年一〇月、同組織の宣伝広報部門「ハヤート」は、クルド人を斬首する映像を公開する。『デイリーテレグラフ』紙は、この手法を「行動によるプロパガンダ」と評した。その内容が残虐であればあるほど、宣伝効果は増大するのだ。

イスラーム国が、斬首や磔刑《たっけい》、串刺しの刑といった残虐行為を公表する理由はそこにある。行動が残虐であればあるほど、彼らはあらゆる視聴覚メディアの「枠」を獲得できる。宣伝が成功すれば、より多くの戦闘員と寄付を得られるのだ。

イスラーム国だけがこのような行為を働いているのではない。アメリカ国境を脅かすメキシコの麻薬組織もまた、SNSに残虐な画像を公表している。彼らの利権に手をつけようとする者には、こうした運命が待ち受けているというメッセージである。二〇一四年六月、「ロス・ゼタス」と呼ばれる麻薬カルテルが、メンバーの一人が女性を斬首する映像を公開した。

残虐行為は、脅迫であると同時に「抑止」ともなる。人々への脅迫は、それ自体が武器である。

数の上で勝るイラク軍やシリア軍がイスラーム国と戦おうとしなかったのは、このためだった。イラク兵やシリア兵は、崩壊間近の政権のために自らの体を切り刻まれるか、さらに恐ろしい目に遭うことなど御免だった。政権は兵士たちに給与を定期的に支払わないか、全く支払わなかった。

同じ事情で、西欧もアラブ諸国、トルコもイスラーム国に対する地上軍の派遣を躊躇している。アメリカ政府は既に、兵士が棺に入って帰還した時の世論の反応を気にかけている。まして、棺の中の兵士が切り刻まれていたらどうなるであろうか。イスラーム国は自らの暴力や報復を、斬首される人質にオレンジ色の服を着せることによって正当化している。その服は、グアンタナモ基地で裁判も受けずに拘留されたムスリムの囚人のものと同じだった。

イスラーム国による過剰な暴力は、意図的かつ、計画的なものである。それは、二〇〇四年に書かれた『野蛮さのマネージメント』にある、イスラーム国家樹立に至る三段階の二つ目において言及されている。著者はアルカーイダの理論指導者の一人アブー・バクル・ナージーであるが、彼の正体はムハンマド・ハリール・ハカーイマ(アブー・ジハード・ミスリー)である。ハカーイマは、自ら率いる「エジプトイスラーム団」の一集団をアルカーイダに合流させた人物であり、アルカーイダの現指導者アイマン・ザワーヒリーと親しい。二〇〇八年、ナージー(ハカーイマ)はアメリカ軍の無人攻撃機によって、ワジールスタン(パキスタン北西部の連邦直轄部族地域にある地域)で殺害された。

このレポート(『野蛮さのマネージメント』)が発表された時、ジハード主義者たちはアブー・

ムスアブ・ザルカーウィーが使う過剰な暴力に困惑していた。ザルカーウィーはイラクやヨルダンのムスリムに対しても、こうした暴力を用いていた。アブー・バクル・ナージーのレポートは、こうした残忍な行為を「行なう必要があるもの」と正当化することを目的としていたことがわかる。

イスラーム国の発表する文書は、いずれもザルカーウィーを賛美している。アブー・バクル・ナージーのレポートは、アブー・バクル・バグダーディーのシリアとイラクでの戦略にも影響を与えていることになる。そのナージーは、サラフィー・ジハード主義の祖と考えられる、一四世紀の学者タキーユッディーン・イブン・タイミーヤの影響を受けている。

ナージーは『野蛮さのマネージメント』の冒頭において、「このマネージメントは、国家と共同体を目的としており、それはまた人間の天性に基づくものである。カリフ制の崩壊の後、闇に沈んだ共同体を救い出す事に目的がある」と述べている。サラフィー・ジハード主義者は、偶像を崇拝する国家群を「無明」と呼んでおり、彼らの価値基準でいえば、現代世界は「無明」である。世界に現れたすべてのカリフ制は、剣によって安泰であった。一四〇〇年のイスラームの歴史のうち、カリフ制が施行されていたのは一三〇〇年間である。カリフ制はオスマン帝国の崩壊で終焉を迎えた。

預言者ムハンマドは軍事指導者として、すべてのムスリムにジハードを義務化した。しかし、メッカにおける最初期の一三年間の宣教(六一〇年―六二三年)では、彼は非暴力を呼びかけており、人々に「あなた方の忍耐は、天国で報われる」と説いた。

クライシュ族（四世紀頃からメッカ近郊を勢力圏として遊牧および交易を行っていたアラブ人の部族で、預言者ムハンマドの出身部族）の多神教徒が、ムハンマドを殺害しようとした時、彼はアッラーから次のような啓示を受けた。

「英知とよき忠告によって、あなたの主のもとに導きなさい」（16章125節）

このように、彼はアッラーによって、暴力を行使しないよう命じられていたのである。

その後預言者は生命を守るため、教友とともにマディーナに移住することになる。この移住は、イスラーム史上最も重要な転機となる。移住（ヒジュラ）を行なった年が、ヒジュラ暦の元年となった。ジハード主義者たちはこの移住を頻繁に例に挙げ、ムスリムの若者を現在住む国から移住させ、ジハードに参加するよう呼びかけてきた。

多様なコミュニティーであるマディーナにおいて預言者は、政治指導者、軍事指導者、裁判官を兼任した。アラブの複数の部族はムスリムに改宗し、ユダヤの部族はイスラームを政体として認知し、これを受け入れた。

マディーナにおいてアッラーから示された各章は、シャリーアに関するもの――イスラームにおいて何が許され、何が禁じられているか――である。それ以前の啓示は、信仰に関する内容であった。メッカが一〇〇〇人の軍勢を用意し、三〇〇人のムスリムの軍勢を攻撃しようとした時、クルアーン第8「戦利品」章の次の節が啓示された。

「使徒よ、信仰者に戦いを奨励しなさい。あなた方の中に二〇人の忍耐強い者がいれば、二〇〇人を打破できるだろう。もし一〇〇人いるならば、一〇〇〇人の不信仰者を打破できるだろう。彼らは理解できない人々であるからだ。アッラーはあなた方の負荷を軽減された。あなた方は弱くなっていることをご存じであるからだ。もしあなた方の中に一〇〇人の忍耐強い者がいれば、二〇〇人を打破できるだろう。もし一〇〇〇人いるならば、アッラーの御許しもとに二〇〇〇人を打破できるだろう。まことにアッラーは、忍耐する者とともにある」(8章66節)

そして　この啓示により、ムスリムに戦闘が許可された。

「彼らと戦いなさい。フィトナ(誘惑や試練)がなくなり、宗教がすべてアッラーのためになるまで」(2章193節)

預言者ムハンマドの軍勢三〇〇人は、この「バドルの戦い」(六二四年)においてメッカの一〇〇〇人の軍勢を打破した。

クルアーン第8「戦利品」章は、ジハードの基本とルールを定めたものであり、ジハードを激しい戦闘として説明している。クルアーンにおいてはジハードに関して言及した箇所が四一カ所あり、うちわずか一〇カ所のみが、戦闘としてのジハードを説いたものである。他の箇所においては、ジハードを「忍耐」、「奉仕」、「勉励」として説いている。また、戦闘を命じるのはアッラーであり、その際は合法的な指導者に従って戦うことを説いている。そして、たとえ敵が多勢であっても、勝利はアッラーによって保証されるとする。クルアーン第8「戦利品」章はまた、敵が降伏した際に結ぶ和平条約についても言及しており、戦争捕虜の処刑や虐待も禁止している。

戦いから三年後の六二七年、「ハンダク(塹壕《ざんごう》)の戦い」が起きた。その前には、ジハードに関する新たな啓示が下された。この時もムスリムは勝利し、敵方は混乱した。

「(戦場において)あなた方が不信仰者に出会ったなら、その首を打ちなさい。彼らの多くを殺したならば、捕虜を縛りなさい。彼らは、後に釈放するか、身代金を取るか、ムスリムの捕虜と交換しなさい」(「ムハンマド」47章4節)

この章には、アッラーの道において斃《たお》れた殉教者について言及がなされ、

「彼らを楽園に入れる」(「ムハンマド」47章6節)

とある。

イスラーム国、アルカーイダはこの章に基づいて思考し、行動していることが判る。一九九六年、ウサーマ・ビンラーディンがアメリカに宣戦布告するファトワーを出した時、ムジャーヒディーンに関し、このように語った。

「彼らは、あなた方を殺し、天国に行くことしか望んでいない。彼らはあなた方の兵士とは違う。あなた方は、どのように自軍の戦意を高めるか悩んでいるが、私達は、次の戦いが来るまで自軍の兵士をどのように諫《いさ》めるか悩んでいる。彼らは戦死しなければ通常の死を迎えるが、彼ら最上の死を戦死と考えている」

イスラーム国の勝利と、その後の西欧とトルコの地上軍派遣の躊躇は、ビンラーディンの予告が正しかったことを示している。

預言者ムハンマドの最後の一〇年間は、ムジャーヒディーンを率いて戦ったが、彼の軍はアラブで最初の正規軍となった。総勢は一万人であり、騎馬隊、歩兵隊、諜報機関も有している。の

ちに多くの歴史家が「ムハンマドは優れた戦略家であり、軍事指導者」と評している。

預言者ムハンマドは、敵を恐懼させることを意図して暴力を行使した。彼は、裏切り者に対する公開の刑執行を通じ、支持者に忠誠を誓わせた。イスラームに対する背教は死刑とされ、多くの政治指導者が暗殺された。不信仰者を恐懼させるため、預言者ムハンマドは「私達は、あなた方を殺すために来た」とのメッセージを送った。

その後のカリフ制は、軍事力を背景に成立し存続した。預言者ムハンマドの没後カリフとなったのは、「アブー・バクル・シッディーク」として知られる、アブドゥラー・ブン・アブー・クハーファ・ウスマーン・ブン・カアブ・タミーミー・クラシーであった。アブー・バクル・ナージー、アブー・バクル・バグダーディーといった名称は、この人物の重要性を示している。アブー・バクルは預言者ムハンマドにとり、最も信頼できる人物であったが、その治世は長く続かなかった。カリフ就任からわずか二年後、彼は死去する。ウマイヤ朝(六六一年―七五〇年)の後、アッバース朝が五〇〇年間支配する(七五〇年―一二五八年)。バグダードはモンゴル軍によって陥落するが、アッバース朝は一五一七年までイスラーム世界に残存する(オスマン帝国の支配開始まで)。アッバース朝期に、世界で最も有名な戦いの一つ「タラス河畔の戦い」(七五一年)がキルギスタンで起きる。アラブの軍隊は中国の唐の軍隊に勝利する。

オスマントルコは自らを新たなカリフであると宣言、五〇〇年間版図を拡大し続ける。オスマン帝国は、一九一六年に「サイクス・ピコ協定」により大シリアが解体されたことにより、一九二二年に崩壊する。カリフ制(オスマン帝国を含む)は一三〇〇年間継続したことになる。西欧のメディアがカリフ制を「中世の遺物」と一笑に付しているが、それは合理的ではない。イスラーム国のような厳格なイスラーム主義者は、この長い歴史を範としカリフ制の再興を企図しているのである。

敵を挑発し、消耗させる

アブー・バクル・ナージーが言う、イスラーム国家の樹立に至る「第一段階」は、「敵を挑発し、消耗させる」ことである。彼らは脅迫、恐懼、攻撃によって大国を継続的に挑発しようと試みる。ナージーは、アメリカとその同盟国は、内部崩壊すると見込んだ。崩壊は、道徳の荒廃、社会の不平等、強欲、現世のみの快楽などによって起こるとしたが、崩壊に最も効果的なのは、継続的な戦争のために引き起こされる経済破綻であるとした。ナージーは「強力な軍事力を持つ敵を敗北させるには、軍と経済の疲弊を引き起こすことである」と述べたが、これは他のアルカーイダの理論指導者にも共通する見方である。

ナージーはまた、経済の破綻による社会構造の崩壊は、敵にさらなるダメージを与えると考えた。これは、ソ連が崩壊に至ったプロセスに類似している。ソ連は一〇年にも及ぶアフガニスタンの消耗戦で疲弊していき、その同盟国も後に続いた。

ナージーの唱える次の「段階」は、「野蛮さのマネージメント」である。この段階において、ジハード主義者は敵対するすべてのものを破壊する。ナージーは語る。

「アメリカ人達は、長期戦にもはや耐えられないほど軟弱になった。ゆえに彼らはメディアを使ってそれを取り繕おうとする。現在の目標は、アメリカを挑発することである。反イスラームの代理戦争を終わらせ、メディアを使った心理戦を阻止する必要がある。その上で、アメリカとの直接戦争に持ち込むのである」

類似の戦略は、ウサーマ・ビンラーディンが「巨象」であるアメリカを敗北させるために使ったものだった。彼は、アメリカをムスリムの地におびき寄せ、そこで戦闘を行なうことを企図した。イスラーム国は現在に至るまで、彼らの目標である、アメリカ軍兵士との直接対決を実現させていない。ナージーは「イスラーム世界を標的としたアメリカの直接介入とシオニストへの支援は、『新たな運動』により打ち砕かれるであろう」と予告した。

野蛮さが存在する場所では、サラフィー・ジハード主義者の動きが活発になる(この地域は今も、原初的な弱肉強食の世界である)。この凶暴な混乱の中に生きる貧しい人々は、野蛮さを「マネージメント」できる存在を希求する。ナージーは、これをマネージメントできる存在こそが、イスラーム国家であると主張する。ナージーはこのレポートを二〇〇四年に書いた。「アラブの春」の七年前のことである。イラクとシリアは内戦に陥り、ナージーが指摘したように、「野蛮さが存在する場所」と化した。ジハード主義者たちはこの場所を、自らの計画の実行の場とした。

イスラーム国の戦闘員は、制圧したスンナ派が住む都市において歓迎された。「混乱と無法状態から人々を救済した」と認知されたためである。それは、アフガニスタン内戦後、人々が「ターリバーン運動」を歓迎した状況と類似する。当時アフガニスタンは、紛争当事者たちが勢力争いを繰り広げ、混乱と暴力の嵐に見舞われていた。

ナージーが予見し、現実のものとなった「野蛮さ」は、政府軍の弱体化と崩壊によって出現した。政府軍の不在により空白となった地帯には、ジハード主義者が入り込んだ。革命前のフセイン政権下のイラク、アサド政権下のシリアは、アラブで最も強力な軍隊を有していたが、現在この二つの軍隊は疲弊しきっている。

ナージーはレポートの中で、「ジハード主義者が凶暴である必要性」を強調、アッバース朝の成立についてこのように言及した。「他勢力が失敗する中アッバース朝が唯一成功した理由は、他勢力が弱小だったことに加え、アッバース朝が使用した暴力にある。他勢力は、自らの犠牲を少なくすることだけに精一杯だった」

いかに人々が、激しい暴力を行なうように訓練されていくかの過程は、預言者の教友の行動にも現れている。彼らは人々を焼殺《しょうさつ》するという、誰もが嫌悪するような行動をとったが、こうした激しい暴力を行なう必要性を彼ら自身感じていた。彼らは、人々を殺す事に快楽を覚えたためにこうした行動をとったのではなかった。そして彼らは凶暴ではなく、純朴な人柄で知られていた。このエピソードは、戦闘を好む若者が知っておくべきことである。イスラーム初期のアラブ人達と、現在の若者とは異なる。イスラーム初期のアラブ人はすでに戦士であり、戦争の性格を熟知していた。

預言者の友であるアブー・バクル・シッディークは後に、戦闘における無慈悲さで知られることになった。彼は「背教の戦い」において、兵士らに「憐れみをかけず、ただちに敵の首を切り落とせ」と命じた。アブー・バクル・ナージー（ならびに今日のイスラーム国のメンバー）は、現在の状況は、預言者の死後「背教の戦い」が起きた、ジハードの初期の時代によく似ていると考えた。そして、クライザ族に対し行なわれたこと（殺害）（イスラーム勢力のアラビア半島征服の過程で起こった、ムハンマドによる、ユダヤ教徒の部族勢力クライザ族への大量虐殺事件）を再び引き起こす必要があると主張したのである。

ジハード主義者がその野蛮さをエスカレートさせるたび、彼らの名声と地位は上がる。彼らは攻撃を行ない、敵に終わることのない恐怖を植え付ける。そしてメディアは彼らの残虐行為を大きく報じる。これにより敵は恐怖し、自らの数が一〇〇〇倍多くとも、反撃しようと考えなくなる。ナージーはこのように語る。

「戦争とは、暴力でしかない。敵を恐懼させ、殺し続けることだ。……優しさを見せることは、ジハードを失敗させる主因となる」

ナージーは苛烈な攻撃を行なうよう扇動する。爆薬を使用したビルの徹底した破壊などを行なうことによって、敵の恐怖感を増幅させると同時に、メディアの注目を集める。また、誘拐の身代金が支払われなかった場合、最も恐るべき方法で人質を殺害し、敵とその支持者を恐怖に陥れるのが良いとした。

またナージーは、このように敵に「代償を支払わせる」ことによって、「和睦《わぼく》」に導くとした。この和睦は、戦闘員に「一息つかせる」ためのものであり、「一時的な停戦で、譲歩は一切しない」という。彼は、アメリカが自らの利益のために結んでいる同盟関係と、「共通の信仰心」で結びつく自らの同盟関係とを比較、次のように述べた。

「アメリカはイスラーム国家との長期戦には耐えられない。アメリカは弱い敵に対しては戦争を続けるが、強い抵抗に遭うと考えを変える。戦争の代償が大きい反面利益は少ないと悟ると、同盟者は一人ずつ撤退を始め、自国の安全保障だけを考え、好機が再び訪れるまで戦争を延期することになる」

ジハード主義者たちが、「野蛮さのマネージメント」の段階に達すると、複数の目標を策定する。これらの目標は、イスラーム国家、ないしはカリフ制が樹立された際に達成されるとする。ナージーはその目標を次のように策定した。

一．領内の治安の安定化。

二．食料と薬品の支給。

三．支配地域を敵から防衛する。

四．支配地域でシャリーアを施行する。

五．支配地域で信仰心を高め、啓蒙活動を通じ、すべての階層によって構成された軍団を育成する。

六．シャリーアの知識、そして世俗的な知識を段階的に広める。

七．情報員を配置し、小型の諜報機関を作る。

八．シャリーアや諸規則に基づき金を分配し、円滑な人間関係を構築する。

九．証拠理由を開示した上での、偽善者、偽証者の取り締まりと、彼らの活動の禁止。

一〇．敵を攻めてその進軍を止め、戦利品を奪い、恐れさせ、和睦に結び付けるまでの能力を持つ。
一一．自らに忠誠を誓わないが、許容できる相手との同盟関係の強化。

この章のおわりに

中東にカリフ制を樹立、版図を拡大しようとする現在の動きは、一〇年以上前に計画されたものだった。それは計画当初より、凶暴な出来事が起こることが予測されていた。

アブー・バクル・ナージーによる『野蛮さのマネージメント』は二〇〇四年に発表された。私はこれまでアルカーイダに関し、『アルカーイダ秘史』と『ビンラーディン後の次世代アルカーイダ』を出版し、これに言及した。二〇〇五年には「二〇二〇年に至るアルカーイダの戦略」と題された文書が、「マッカーウィー」を名乗る謎のアルカーイダ理論指導者(セイフルアドルである可能性)によって発表された。私はこの文書を『クドス・アラビー』紙上で発表した。文書は五段階にわたる計画に言及しており、「巨象であるアメリカを挑発し、ムスリムの地に引き入れ、その兵士を殺す」に始まり、「不信仰者との最終戦を戦い、カリフ制を樹立する」段階で終わる(『アルカーイダ秘史』二二四ページにて詳述)。

イスラーム国は、アルカーイダによるこの計画を実行したようである。それは一時的なものかもしれないが、両者はまったく同じ目標を有している。もしアイマン・ザワーヒリーがアブー・

バクル・バグダーディーに忠誠を誓うようなことになれば、将来両者が共通の戦略に基づいて統一される可能性もある。

恐るべき暴力は、敵を恐懼させるための計画の一つである。そして、これまで述べたようにイスラーム国は、この計画の唯一の実行者ではない。

第七章 イスラーム国の外国人戦闘員

国境を越えた共同体への帰属意識と、宗教的イデオロギーに感化された外国人戦闘員の移住は、昨今までは稀な現象であり、政治学上の名称も存在しなかった。

ジハード主義者たちは、外国人戦闘員を「移住者(ムハージルーン)」という言葉で表現する。それは預言者ムハンマドが、ジハードのために移住した人々に使用した呼称と同じである。共同体の概念は、ジハード主義者たちのイデオロギーにおいて重要な位置を占める。ムスリム共同体は国境を持たない。ジハード主義者たちは、第一次世界大戦後に西欧が引いた、「サイクス・ピコ協定」(一九一六年)に基づいた国境を否定する。

現代においては、アラブ人の志願兵(正規軍ではない)が、イスラエルとの戦いに参加するためにパレスチナに来た例があるが、その数は決して多くはなかった。一九六七年の六日間戦争(同年六月五日~六月一〇日の六日間、イスラエルとアラブ連合［エジプト、シリア、ヨルダン］の間で発生した戦争で、イスラエルが勝利した)の最中においても、彼らの数は一〇〇人を超えるものではなかった。

ムスリムが、非イスラーム圏からムジャーヒディーンとして、志願兵として移住した最初の例は、一〇年間に及ぶソ連のアフガニスタン侵攻の際に見られた。アフガンスタンにおいて、アラブ人の志願兵は、トルコ、パキスタン、バングラディシュ、インドネシア、フィリピン、アメリカ、ヨーロッパ諸国からの様々な志願兵たちと顔を合わせる。こうした外国人志願兵の数はしかし、二万人を超えたアラブ人志願兵と比べると少数であった。

一九九〇年代、ボスニアにおけるジハードには、約二〇〇〇人の外国人が参加した。一九八八年、ソ連が撤退しアフガニスタンで内戦が勃発すると、一五〇〇人のアラブ人志願兵がアフガニスタンにやって来た。のちにこれと同数の外国人がアルカーイダに合流する。

しかし、二〇〇一年にトラボラが攻撃され、ウサーマ・ビンラーディンが同地から撤退すると、彼らは四散した。

二〇〇三年、アメリカによるイラク侵攻により、多くの外国人戦闘員がイラクに流入、その総数は五〇〇〇人に及び、イラク反体制武装勢力全体の五%を占めるまでになった。外国人の大半は、「二つの河の地のアルカーイダ」に加入しており、のちに「イラクのアルカーイダ」に参加することになる。

国際的なジハードに参加する戦闘員の数が増加した背景には、複数の理由が考えられる。このキャンペーンは当初、サウディアラビアのワッハーブ主義のイスラーム世界への広布から始まった。サウディアラビアによって建てられた、厳格なイスラーム主義思想を教えるモスクや学校では、ジハードに関する科目は必修だった。また、渡航や移住に資金援助する、イスラーム系の慈善団体も増加した。

過去一〇年間、インターネットのサイトは、これまでのリクルート活動や宣教活動よりも大きな影響力を及ぼすようになった。「ツイッター」や「フェイスブック」上には、殉教を望む者をを援助、奨励するページが作られた。加えて、いわゆる「ダークネット」と呼ばれるネットワークでは、公開されているサイトよりもさらに危険な情報が共有されている(この点に関しては後述)。

過去二～三年間にシリアとイラクに渡航した外国人の数は想像を超えるものだった。その数は、二〇一四年六月にイスラーム国によって「カリフ制樹立」が宣言されるとさらに増加した。私が中東を訪問した際に複数の筋から得た情報によれば、イスラーム国の戦闘員の総数は約一〇万人であり、そのうち三〇%以上が外国人であるという。外国人戦闘員の出身国は八〇カ国に上る。

公式発表(CIA)では、イスラーム国戦闘員の総数は三万一五〇〇人であるとし、そのうちの外国人の総数も少なく見積もっている。BBCによると、外国人のジハード主義者の総数は、西欧出身者だけで全体の二五%に達するという。また、アラブ人戦闘員の中では、チュニジア人が全体の二五%、サウディアラビア人が二二%、次いでヨルダン人が二〇%、モロッコ人が一五%を占めるという。BBCはまた「トルコ人は全体の三%」としたが、私が二〇一四年五月の中東訪問中に複数のトルコ国会議員に聞いたところによると、『イラクとシャームのイスラーム国』に参加しているトルコ人戦闘員の総数は二万人以上」であるという。また、ヨーロッパ人の中では、フランス人が最も多く全体の六%、次いでイギリス人が四・五%であった。

次第に形成されていったネットワーク

現在のイスラーム国の成功の元となったのは、国境を越えた支援であるが、その種は、かなり以前に蒔かれていた。今回ジハードに参加した外国人戦闘員たちは、数十年前から、複雑な相互援助のネットワークを各地に設立、ジハード運動の強化を図ってきた(内部では分裂していたが)。ジハード戦士をリクルートするネットワークは拡大され、ジハードに参加した者はこうしたネットワークの中で尊敬を集めた。

一つの例が、チェチェンのイスラーム主義者である。地理的には、チェチェンは、グルジアによってトルコ北部から分断されているが、アルカーイダやイスラーム国が宣揚する世界的ジハードのイデオロギーを共有している。一九九四年、チェチェンの分離独立派が、モスクワに対し初の反乱を起こした。彼らの革命はイスラーム主義的なものとなった。彼らの多くがスンナ派のムスリムである一方で、モスクワの中央政府はかつてすべての宗教を根絶させようとした、無神論のマルクス主義者であった。チェチェン紛争の最中、外国人のムジャーヒディーンが、世界各国からチェチェンに移住したが、その中で最も活発だったのが、アラブ人・外国人混成の「イスラーム大隊」だった。

一九九五年、ボスニアでの戦闘が終結した。外国人のジハード主義者たちは彼らの故国に戻ることなく、チェチェンに転戦した。あるアラブのメディアは、「イスラーム集団」や「ジハード団」といったエジプトのジハード主義組織が、ヨーロッパに亡命することなくチェチェンに移住したことを、複数の情報から確認することができた。彼らはボスニア人等の現地女性と結婚していた。この結婚は政略結婚の側面もあり、彼らは国際結婚によって部族主義から脱却し、中東とユーラシア、そして世界各地のジハード主義者たちの絆を強めることになった。

アルカーイダとチェチェンのジハード主義者たちは、最初期に関係を築いた。「世界慈善機構」

という組織が、チェチェンの戦闘員に資金援助を行なっていたが、アルカーイダのメンバーのひとりサイード・イスラーム・ミスリーが、一九九八年まで同組織のグロズヌイ(ロシア連邦南部に位置するチェチェン共和国の首都)事務所で働いていた。

チェチェンのジハード主義者たちは、この恩に報いる形で、のちにアフガンスタンやイラクでの戦闘に参加した。キューバのアメリカ軍グアンタナモ基地には、二〇〇一年にアフガニスタンで拘束された、北カフカス出身者が少なくとも三人収容されていた。二〇〇三年、イラク取材を行なった『タイムズ』紙は、バグダード近郊で武装組織に参加していたチェチェン人がアメリカ兵によって拘束されたと報じた。

二〇〇七年一〇月、ロシアのチェチェン・イチケリア共和国(チェチェン分離独立派による国際的に未承認の国家または武装勢力)元大統領のドッカ・ウマロフが、「カフカス・イスラーム首長国」の建国を一方的に宣言、初代首長を自称した。

アルカーイダと「カフカス・イスラーム首長国」との関係は明らかだった。「カフカス・イスラーム首長国」の公式サイトは頻繁に、アルカーイダの理論指導者や「ターリバーン運動」による声明を載せたほか、「イラクとシャームのイスラーム国」(のちのイスラーム国)の「業績」も載せている。

アルカーイダとイスラーム国は、「カフカス・イスラーム首長国」を「東ヨーロッパ(あるいはヨーロッパ全域)への通路」と認識している。この首長国はまた、コーカサス出身のジハード主義者の増員に貢献した。

二〇一〇年一二月、アルカーイダ系のウェブサイト「アンサール・ムジャーヒディーン」は、「カフカス・イスラーム首長国」を支援するキャンペーンを展開し、「ジハードは今やタタールスタン（ロシア連邦地域管轄区分のひとつ、沿ヴォルガ連邦管区の中央に位置する共和国）、バシキールスタン（ロシア連邦を構成する沿ヴォルガ連邦管区に含まれる共和国。バシコルトスタン共和国とも）に拡大している」とし、「新世代のウラマーを必要としている」と呼びかけた（このことは、アルカーイダが、中央アジアにはジハード主義のイデオロギーが広まっていないと認識していることを示している）。のちのこのサイトは、タタールとバシキールのジハード組織である「イデル・ウラル州」が結成されたと発表した。イデル・ウラルは、かつて存在した国家「イデル・ウラル国」と同名である。この国はタタール人、バシキール人、チュバシ人で構成され、カザンを首都としたが、短命に終わった。「カフカス・イスラーム首長国」はまた、領土が拡大され七つの州を持つことになったと発表した。この七つの州には「チェチェン州」「北オセチア州」、「ダゲスタン州」などが含まれる。

「カフカス・イスラーム首長国」はアルカーイダ、「ターリバーン運動」と関係しており、アンワル・アウラキー（前出P.126）とチェチェン人ジハード主義者が共謀し、ヨーロッパ内に隠れていたアルカーイダ細胞を使った攻撃未遂事件が二〇一一年の二回発生したことにも現われている。この攻撃計画はNATOを標的にしており、「アンサール・ムジャーヒディーン」のサイトを通じて資金調達、戦闘員のリクルートを行なっていた。二〇一〇年のクリスマス、ベルギーで買い物客を狙った攻撃が発生した。実行したのは「ベルギーにシャリーアを」を名乗る組織であり、当局に拘束されたメンバーは、ベルギー人、オランダ人、ドイツ人、スペイン人、モロッコ人、サウディアラビア人に加え、チェチェン人が三人いた。

二〇一一年四月、チェコ共和国で摘発された細胞は、チェチェン人、ダゲスタン人、モルドバ人、ブルガリア人で構成されていた。逮捕されたメンバーらは、パキスタンで訓練を受けたことを認めた。

「ウズベキスタンのイスラーム運動」も、チェチェンとかかわりがあった。この組織はアフガニスタン、パキスタンにおいて「ターリバーン」と共闘関係にあり、パキスタンに共同の訓練基地を有していた。二〇一一年三月、「ウズベキスタンのイスラーム運動」はビデオ声明を発表、「カフカス首長国」が「グローバル・ジハード」に参加したことを歓迎、「私達には、『カフカス首長国』で訓練を受け、戦ったメンバーがいる」と認めた。

アルカーイダは、アブドッラー・クルディーことドゥガル・サブディド、「チェチェンのビンラーディン」とも呼ばれた人物を介し、チェチェンとの関係を保っていたと考えられる。彼は外国人戦闘員のリクルートと訓練、活動の調整を担当していた。彼は二〇一一年、ロシア当局によってグダンスク（グダニスク湾を擁するポーランド最大の港湾都市）で殺害される。ウサーマ・ビンラーディンの殺害からわずか四日後のことだった。殺害の数カ月前、彼はビンラーディンをアボタバードに訪ねていたことが疑われている。

二〇一一年八月、「アンサール・ムジャーヒディーン」は、「カフカス・イスラーム首長国」の首長ドッカ・ウマロフとのインタビューを掲載、同首長はここで、アルカーイダの国際ネットワークに加盟したと発表、「私達はイスラーム共同体の一員であり、ゆえにムスリムを攻撃する者は、私達にとっての共通の敵となる」と語った。ウマロフはまた、イラクの反乱はエスカレートすると予見、「真のジハードがイラクで展開している。すでに首長国も設立されている」とした。

「イラクとシャームのイスラーム国」が現れたとき、ウマロフは戦闘員と資金を送り込み、支援した。「ヌスラ戦線」とイスラーム国が対立した際は、「カフカス・イスラーム首長国」はイスラーム国※側を支持した。イスラーム国には、多くのチェチェン指導者がおり、その中にはウマル・シャーシャーニも含まれている。

二〇一三年末、ドッカ・ウマロフは毒殺され、アリー・アブームハンマドが後任として「カフカス・イスラーム首長国」の首長に就任した。

「イラクとシャームのイスラーム国」の成功は、「カフカス・イスラーム首長国」をも活性化させることとなり、モスクワとワシントン双方は脅威を感じた。アジアとヨーロッパの境界にいるイスラーム主義者と中東のイスラーム主義者が、共同で地域を不安定化させた過去を思い出したのである。両国は、チェチェン人がイスラーム国での戦闘を終えたのち、チェチェンに帰還することを懸念している。以前チェチェン人は、資金・武器・訓練が不足していたが、イスラーム国から得た資金を得て、これまで果たせなかった目標を実現するために帰国する可能性があるのだ。

※(訳者注)「イスラーム国」とあるが、当時の名称は「イラクとシャームのイスラーム国」である。

チュニジア人、リビア人、モロッコ人の参加

一九九二年、アルジェリアの国政選挙が無効化された後、国内で内戦が勃発した。これに、多くの外国人ジハード主義者たちが惹きつけられた。イスラーム主義の反体制武装勢力の数は、最大で二万八〇〇〇人に上った。この中にはアルカーイダによって派遣された外国人義勇兵が多く含まれていた。このアルジェリアにおける共闘により、アルカーイダの強力な支部が生まれ、その根は近隣諸国にも伸びていった。マグリブ諸国におけるアルカーイダは、「宣教と戦闘のサラフィー主義者」と、ウサーマ・ビンラーディンのグループが合流することにより、二〇〇七年に設立された。マグリブ諸国の中では、チュニジアが最もイスラーム国に関わっている。二〇〇一年、チュニジアの総選挙においてサラフィー主義者が勝利したことにより、厳格なイスラーム主義が国内で力を持つようになった。

リビアは、さらに長いジハードの歴史を持つ。リビアはイスラーム主義運動の偉大な殉教者ウマル・ムフタールを生んだ国である。一九一二年、イタリアの占領に対し、イスラーム主義に基づいた抵抗運動を開始、抵抗は二〇年に及んだ。ムフタールは逮捕され、拷問された後に絞首刑に処された。七三歳だった。

二〇一四年一〇月、数カ月に及ぶ激しい戦闘の末、リビア東部のダルナにおいて「イスラーム首長国」の樹立が宣言され、この首長国はイスラーム国への忠誠を誓った。リビア東部にはこの

他にも、多くのイスラーム主義組織が活動しているが、中でも有名なのが「アンサール・シャリーア」(前出P.121)である。同組織は二〇一二年九月、ベンガジ(前出：リビア北東部に位置する主要な港湾都市)のアメリカ領事館を襲撃し、クリストファー・スティーブンス大使を殺害した(「アンサール・シャリーア」は事件への関与を否定)。

リビア人は一般的に、厳格なイスラーム主義に共感を持っている。二〇〇八年、外交公電がリークされ、イラクのアルカーイダに参加しているリビア人戦闘員が「泉からあふれる水」のように増えていることが明らかになった。アルカーイダの指導者には、多くのリビア人がいる。

ムアンマル・カッザーフィーの打倒を祝うベンガジ市民がアルカーイダの旗を振っていたという報告は、驚くに値しなかった。この旗は「イラクのイスラーム国」、そして現在のイスラーム国が使用している黒い旗である。旗のデザインは「アッラーの他に神は無し」と書かれ、その下の円内に「ムハンマドはアッラーの使徒なり」と書かれている。

1920年代、イタリアのリビア侵略に対する抵抗運動を指導したリビア民族運動の英雄、ウマル・ムフタール

リビアのイスラーム主義系民兵、そして非イスラーム主義系の民兵とも、重武装していた。彼らが所有しているのは、打倒された前政権が所有していた武器である。「マグリブ諸国のアルカーイダ」(前出P.135)は、その武器を、マリ国内の砂漠等を経由して手に入れた。シリア、イラクにおいて、リビアのジハード主義者たちが使っていたとみられる武器が発見されたとの報告がある。

マグリブ・イスラーム諸国、アルジェリア、沿岸諸国におけるアルカーイダ、ナイジェリアの「ボコ・ハラム」は既に存在しているが、西欧諸国は、リビアにイスラーム国が「建設」されることを懸念している。アフリカ中のジハード主義者を一手に集める結果になるためである。リビアにイスラーム国が樹立されないにしても、リビア国内の混乱は続くだろう。そして今後数年間、ジハード主義者たちの活動拠点となることも間違いない。

ソマリアの「シャバーブ運動」（前出P.52、122）は、アルカーイダの拠点であるアフガニスタン―パキスタン国境、「イラクとシャームのイスラーム国」の拠点から遠く離れた東アフリカを拠点としているが、長い期間活発に活動している。

二〇一一年から二〇一二年にかけてが、「シャバーブ運動」が最も活発な時期であり、複数のビデオ声明を発表し、ソマリアへの「ヒジュラ（移住）」を呼びかけた。専門家によると、「シャバーブ運動」は二〇〇〇人以上の外国人戦闘員を獲得した。彼らは主にアラブ人、アフリカ人、パキスタン人だった。中でも最も有名なのが「白い未亡人」と呼ばれるサマンサ・ルースウェイト（前出P.130）である。彼女は、二〇〇五年のロンドンの公共交通機関（地下鉄三駅、一台のバス）を標的とした攻撃に参加したジャーミイン・リンゼイの未亡人であったことからこう呼ばれた。

「シャバーブ運動」に占める外国人戦闘員の割合は、同組織の「シューラー評議会」に反映されている。評議会は八五人で構成されるが、うち四二人が外国人だった。サウディアラビア人のムハンマド・アブー・ファーイドはその一人で、財務を担当していた。諜報担当のアブー・ムーサ・モンバサはパキスタン人である。

「シャバーブ運動」の著名な軍事指導者には、アラバマ州出身のアメリカ人、ウマル・ハミーミー(アブー・マンスール・アメリーキー)がいる。彼は一九八四年、シリア人の父と、南部出身のアメリカ人宗教活動家の母の間に生まれた。彼の成績は優秀であり、将来は外科医を志していた。しかしアメリカのイラク侵攻により、彼は自国政府に反感を抱くようになると同時に、父の宗教であるイスラームに興味を持ち、ムスリムに改宗した。ハミーミーはカナダに赴き、ソマリア系カナダ人女性と結婚、二二歳の時にソマリアに渡航する。ハミーミーの姉は『ニューヨークタイムス』に対し、『フェイスブック』を通じ、彼がソマリアに行ったことを確認した」と語った。彼はのちに「シャバーブ運動」の指導部と対立、二〇一三年一〇月に殺害される。

ソマリア移民は全世界に二〇〇万人存在する。「シャバーブ運動」は、彼ら移民に対し、帰国して戦闘に参加するか、居住国内に「細胞」を作るよう呼びかけた。アメリカ国内には一〇万人のソマリア系移民が暮らしており、彼らのうち、ミネアポリス(アメリカ最大のソマリア移民コミュニティーが存在)在住の移民らに対しリクルートが行なわれた形跡があると報告された。また、ミネソタ州でもリクルートが行なわれ、二〇人がソマリアに渡航した。

イギリスには、ヨーロッパ最大のソマリア移民コミュニティーがあり、約二五万人の移民と、それとほぼ同数の非合法移民が暮らす。ソマリア移民協会の責任者は、一〇〇人がソマリアに帰国し「シャバーブ運動」に参加したことを明らかにした。同じく、スウェーデン、デンマーク、オーストラリア、カナダ、ドイツのソマリア移民コミュニティーからも、同程度の割合の移民が「シャバーブ運動」に参加したことが判明している。その総数は依然少ないが、参加の流れは止まっていない。

ヨーロッパの諜報機関は、こうした外国人戦闘員のヨーロッパへの帰還を懸念している。二〇一二年、イギリス諜報部ＭＩ５の部長ジョナサン・エバンスは、「現在『シャバーブ』に参加している者たちが、やがてこの国でテロを起こすようになるだろう」と語った。

アルカーイダは、「シャバーブ運動」の組織強化のため、著名な指導者をソマリアに派遣した。『アフリカの角』地域の指導者」として派遣されたのは、ファドル・アブドッラー・ムハンマドで、彼は後に「シャバーブ運動」の軍事指導者となり、二〇一一年六月に殺害された。ケニア生まれのアルカーイダ古参幹部で、一九九八年のナイロビ、ダラエスサラームのアメリカ大使館爆破事件の関与を疑われた、イーサ・ウスマーンも派遣された。ウスマーンは現在もソマリアにおり、リクルート活動を行なっている。

他には、軍事訓練の責任者でサウディアラビア人のムハンマド・アブー・ファーイド、パキスタン人のアブー・ムーサ・モンバサ、自爆攻撃の責任者でスーダン人のマフムード・ムハージルらがいる。

またイスラーム国には、ソマリア人戦闘員が参加しているとされる。彼らは、ソマリアの「シャバーブ運動」拠点を標的としたアメリカ軍の無人機による攻撃を逃れ、一時的に移住したと考えられる。

アフリカ大陸には、ラディカルなイスラーム主義組織が、マリからモーリタニアにいたる各地域に存在しているが、最も危険視されるのが、ナイジェリアの「ボコ・ハラム」である。彼らの暴力と極端な思想は、「イラクとシャームのイスラーム国」に類似する。もっとも危険なシナリオは、「ボコ・ハラム」と「マグリブ諸国のアルカーイダ」が、イスラーム国の下部組織に組み込まれることである。このような事態が起きないという確証はない。二〇一四年八月、「ボコ・ハラム」の最高指導者アブー・バクル・シカーウは、「イスラーム国家」の一部であることを宣言したのである。

ジハード主義者向けオフィス

二〇〇三年のアメリカのイラク侵攻は、世界中の外国人のジハード主義者をイラクに呼びこむことになった。

ジョージ・ブッシュが、サッダーム・フセインに対する勝利を宣言した時、西欧は、イラクで抵抗運動が始まることに気付いていなかった。アルカーイダはすばやくこのチャンスを摑み、「占領者に対するジハード」を呼びかけた。そして、外国人戦闘員が新たな勢力として加わることになった。アルカーイダの指導部は、ウサーマ・ビンラーディンが一九九〇年後半に作り上げた戦略に基づき、「ムスリムの地に侵入した西欧の軍」との戦いを呼びかけた。なお、現在はイスラーム国が、シリアとイラクに軍事介入を行なうよう、アメリカを挑発している。二〇一四年八月、アメリカがイスラーム国への空爆を開始すると、イスラーム国側は、「戦争の炎」と題する、ハリウッド映画のようなビデオを公開した。このビデオは、アメリカ軍の戦車がイラクの抵抗勢力によって破壊される映像、二〇一〇年のオバマ大統領によるアメリカ軍のイラク撤退を観閲する映像が盛り込まれていた。

二〇〇七年、「シンジャールのファイル」(以下、シンジャール文書)と題する文書が公表された。この文書は、「ムジャーヒディーン・シューラー評議会」が、アルカーイダに参加するべくイラクに到着した外国人戦闘員を登録したものであった。これによれば、「イラクのイスラーム国」の設立の目的を「アブー・ムスアブ・ザルカーウィー率いる『二つの河の地のアルカーイダ』により損害を受けた、イラクの抵抗運動を修復するため」としている。「二つの河の地のアルカーイダ」はイラク人主体の団体であったにも拘わらず、指導部がイラク人でなく、外国人戦闘員の割合も高かった。この文書によれば、二〇〇七年の八カ月間にイラクにやって来た外国人戦闘員の総数は五九五人だったという。

「ムジャーヒディーン・シューラー評議会」の印が押された「シンジャールのファイル」は、イラクのアルカーイダ支部の官僚主義ぶりを物語っている。五九五人のジハード主義者には一人ずつファイルが作られ、顔写真、生年月日、氏名や住所、親族の電話番号(死亡した場合の連絡先)、考えられる任務、預けた貴重品、リクルートした人物の名、イラクへの渡航を助けた人物の名といった情報が記載された。

この文書は、義勇兵の出身国、年齢層、入国ルートを知る上で非常に重要である。これにより四一%の義勇兵(二四四人)がサウディアラビア出身であり、一一二人がリビアから来たこと、四九人がシリア経由で入国したことが判った。イエメン出身者は四八人、アルジェリア人は四三人であった。

「シンジャール文書」が発見されて初めて、多くのリビア人がイラクの反乱に参加していることがわかった。リビアの総人口と比較すると、リビア人の参加者総数は決して少なくない。リビア人一〇〇万人あたり一七人がジハードに参加したことになる。一方、サウディアラビア人一〇〇万人あたりのジハード参加者は、八人であった。二〇〇七年五月から七月にかけ、リビア人ジハード主義者のイラクへの渡航がピークに達した。この時期に増加したことは、アルカーイダと「イスラーム戦士団」が接近したことを意味する。二〇〇七年一一月、「イスラーム戦士団」はアルカーイダに合流し、「マグリブ・イスラーム諸国のアルカーイダ」となる。

リビア人戦闘員は、イスラーム国内部でも最大級の集団となる。リビア系アイルランド人のマフディー・ハーラーティーは、「イスラーム戦士団」の前最高指導者であり、「トリポリ革命家評議会」議長も務めたアブドルハキーム・ベルハージの補佐官であった。マフディーは、最初期(二〇一二年六月)にシリアでのジハードに参加した。カッザーフィーを打倒したリビアの革命勢力の勝利からわずか数カ月後に、彼はシリアに転戦したことになる。

イスラーム国とは逆に、アルカーイダの総司令部と「ターリバーン運動」は、戦闘員のリクルートに失敗したが、パキスタンの部族地域に渡航する外国人ジハード主義者は依然存在しており、ウサーマ・ビンラーディンの死後もそれは続いている。そして彼らは、最近の傾向に従うように、戦闘地域を転々としている。ムハージリーン(移住者)が向かう先は、アフガニスタンかパキスタンのアルカーイダか「ターリバーン」だった。

ほぼすべてのアラブ諸国、北アフリカ諸国、ウズベキスタン、チェチェン、中国西部、ヨーロッパ、アメリカ出身の数千人の外国人戦闘員が、パキスタンの部族地域に移住し、アフガニスタン―パキスタン国境を行き来した。二〇〇八年の報告では、約四〇〇〇人のイギリス出身者、数百人のトルコ人が部族地域にいることが確認された。これは前代未聞の事態だった。

二〇〇九年九月、英『テレグラフ』紙(一八五五年に創刊されたイギリスの一般紙サイズの新聞)は、ドイツ国内のある村のほぼすべての住民が、ワジーリスタン(前出：パキスタン北西部の連邦直轄部族地域にある地域)の「ターリバーン運動」戦闘員らとともに生活していると報じた。ヨルダン人ホマーム・ハリール・バラウィー(アルカーイダと「アフガニスタン・ターリバーン」「パキスタン・ターリバーン」の共同作戦)は、ホウストにあるCIAの「チャップマンキャンプ」に対する自爆攻撃を行なった。彼は遺言に「パキスタン・ターリバーン」のバイトッラー・マフスードが、外国人移住者を快く受け入れたことに言及した。

「アフガニスタン・ターリバーン」のように、ジハード主義組織の大半は、自らの地域に重点を置いているが、「パキスタン・ターリバーン」はその逆である。同組織は数年前より、国外に構成員を派遣している。二〇〇九年五月、「パキスタン・ターリバーン」は、ニューヨークのタイムズスクエアで起きた、自動車爆弾爆破未遂事件の犯人であることを認めた。また、フランスのトゥールーズで数日間の内に七人を射殺した、フランス人ムハンマド・マラハを訓練したことを認めた。

二〇一三年七月、「パキスタン・ターリバーン」は、シリアに戦闘員を派遣したことを発表した。

同組織の指導者の一人はロイター通信の取材に対し、「私たちの同胞が必要としたため、アラブの友人の支援のもと、数百人の戦闘員を送った」と語った。

なぜイスラーム国は多くの外国人戦闘員の獲得に成功したのか？

外国人戦闘員の中には、イスラーム国と同様のイデオロギーを持つ組織から派遣された人々に加え、自らの意思で国(八〇カ国)を離れ、トルコ国境経由でシリアに入国する人々がいる。二〇一四年夏、アメリカ軍によるシリア、イラク国内のイスラーム国拠点への空爆が始まって以降、各国から新たにシリアに来た義勇兵たちは、平均一五〜二〇歳であり、戦闘の経験を一切持っていなかった。驚くべきことは、これらの義勇兵の中に、西欧で生まれ育った少女が相当数含まれていたことだった。彼女達はジハード主義者と結婚し、イスラーム国の新世代を担う子供をもうけることを目的としていた。

イスラーム国は女性に対する軍事訓練も行なっており、その中には自爆犯(この手法は、ザルカーウィーがイラクの抵抗運動の最中に多用した)に仕立てられる女性もいた。二〇一三年、イスラーム国を名乗る以前の「イラクとシャームのイスラーム国」は、女性のみの部隊二つを設立したと発表した。「ハンサー」は女性警察官の一種で、公共の場で女性がヒジャーブを身に着けているかなどを監視する。もう一つの部隊は「ウンム・ラヤーン」である。

アメリカ軍機がイラクを空爆し始めると、イスラーム国に参加する義勇兵の数は増加した。イスラーム国は他のジハード主義組織同様、インターネット上で盛んに活動し、SNSにページを持っている。YouTubeにも映像を投稿し、支持者に訴えかけるような歌を流すほか、「ツイッター」上では戦闘や戦闘員の技能などに関するニュースを流す。

一方、イスラーム国がアルカーイダなどほかの組織と異なるのは、広報宣伝をインターネットのみならず、街頭などでも堂々と行なうことである。二〇一四年八月、長い髪と長いあごひげをたくわえた黒衣の男たちが、ロンドンのオックスフォード通りに現れ、人々を驚かせた。彼らはイスラーム国のパスポートと称するものを人々に配り、「カリフ制樹立」を祝った。八月一二日、私の新聞社に、何者かがそのパスポートを送りつけてきた。そのパスポートには、「イギリスのムスリムが行なうべき七つの命」が記されていた。それは、次のようなものだった。

①「カリフ・イブラーヒーム」アブー・バクル・バグダーディーに忠誠を誓うこと
②シャリーアに定められた通り、カリフに従うこと
③カリフが過ちを犯したとき、それを指摘すること
④アッラーに、カリフが正しい道を歩むように祈ること
⑤移住(移住が可能なものにとって義務である)
⑥ムスリム、非ムスリムにカリフ制について周知させること
⑦イスラーム国に関するデマに対抗すること

こうしたイスラーム国によるキャンペーンは、イギリスの首都にとどまらず、世界各地で行なわれた。パキスタンのペシャーワルでは、人々がイスラーム国を支持する内容のパンフレットを

配った。イスラーム国の旗は、イスラーム世界の複数の都市におけるデモ行進で掲げられた。二〇一四年七月、私はロンドンで、イスラエル軍によるガザ攻撃に抗議するデモを目撃した。参加者の中に、イスラーム国の旗を掲げる若者の一団がいた。パリ在住の私の友人のジャーナリストによると、類似のデモにおいてイスラーム国の旗が掲げられていたという。

イスラーム国の旗を掲げる行為は、宗教的メッセージを掲げる目的よりも、政治、社会、文化に関する意見を表明するために掲げられるようになった。

イスラーム国の厳格なイデオロギーと過剰な武力は、数十年にわたって繰り返されてきたものと変わらない。イスラーム国が発する語句は、イスラーム世界、西欧においても聞き慣れたものとなった。

「アラブの春」の後も、イスラーム世界の状況は何も変わらなかった。このことは、イスラーム国が自らの思想を広めるために役立った。ムスリムたちは、「アラブの春」の失敗、特にエジプトにおける失敗を目の当たりにした。民主化のプロセスが軍事クーデターによって奪われ、合法的に選ばれたイスラーム主義者の大統領ムハンマド・モルシーが失脚した。世俗的な革命が混乱だけを引き起こし、腐敗は継続し、不正が蔓延した。

絶望的な状況下においては、陰謀論や、反西欧感情が噴出する。厳格なイスラーム主義者は、西欧、民主主義、リベラリズム、世俗主義を拒否している。

過激な暴力は、アラブ世界、西欧世界に新たな若者文化を生んだ。西欧の大都市圏のムスリムの若者は、疎外と差別に悩んでいる。こうした状況下に住む若者にとり、ジハードに参加することは、ギャングに参加できたのと同じような快感をもたらす。ギャングへの参加と異なるのは、彼らが、共通の思想、目的、地位を持ち、戦闘の準備を整えた「同胞たちの社会」に入っていく点である。西欧に住む悩める若者は、これによりコンプレックスから解放される。

ビデオゲームや映画、ＳＮＳなどに支配された世界に暮らす人々は、日常的なものに満足しなくなり、心を満たすために非日常的な何かを求めるようになる。戦車に乗り、カラシニコフ銃を持って馬に跨《またが》り、五回の礼拝を欠かさない長髪のジハード戦士の姿、ジハードを呼びかける歌、大義のために命を捧げ、戦闘で勇敢に戦う行為は、こうした人々を刺激した。そして何よりインパクトがあったのは、イスラーム国の「成功」である。

人生経験に乏しい人々にとって、これらはとても魅力的なものに映った。かつてチェ・ゲバラのような政治家が多くの人々を惹きつけたように、そしてポップシンガーやサッカー選手に惹きつけられるように、彼らはジハード戦士たちに惹かれていった。

そして、彼ら(ジハード主義者)は「すべての人々のための正義」を掲げていた。イスラーム国は、権力のために戦うシリアの諸勢力(アサドは二〇一一年の革命開始以来、人々を殺し、脅迫し続けている)の中で最も魅力的に映った。彼らはアサドのみならず、西欧とも戦っている。彼らはさらに、宗派主義に基づいた大義を加えた。アルカーイダは、イラクで起きていることを語るとき、シーア派を非難した。アメリカが、シーア派のマーリキー政権の権力欲こそが、スンナ派の反体制武装勢力を生む結果となったと気付いたときは、もう遅かった。アメリカは慌ててマーリキーを退任させ統一政府を立て、宗派対立による内乱を収拾しようとした。

しかし、火は既に回っていた。イラクの政治家たちは、公益より私益を優先させた。アラブ世界の絶望が、ジハード主義者を「問題を解決してくれる唯一の存在」に仕立てた。ジハード主義者のコンセプトは「腐敗、悲惨な状況、不信仰、拝金主義を終わらせ、真の信仰に、イスラームの原初の教えに立ち返る」であり、人々は「彼らは政治をも解決できる」と考えた。

イスラーム国は、インターネットを通じた広報宣伝に加え、モスクの行事やムスリムの移民コミュニティー内のグループを通じてリクルートを行ない、ラディカルな思想を広めている。

各国政府は、こうしたジハード主義者の広報を阻止しようと試みているが、すでに著名人がシリアにおけるジハードを奨励することに成功してしまっている。テレビで激しい説教を行なうことで知られるカラダーウィー師(前出P.210)はその一例である。彼は革命の初期より、ジハードのためにシリアに移住することを奨励した。イギリスでは、アンジェム・チョウドリーがテレビに出演し「シリアとイラクに戦いに赴くイギリス人ムスリムは、イスラエルのために戦いに赴くユダヤ系イギリス人のようなものである」と述べた。シリアでのジハードを奨励したアラブ諸国の著名人は他にも数多く存在する。レバノン人イマームのマーゼン・ムハンマド、モーリタニア人イマームのアブー・ムンズィル・シャンキーティ、エジプト大統領のムハンマド・モルシーらである。ムスリムの若者たちは、尊敬に値する宗教人や民間人が「移住」を奨励したことで、大きな影響を受けた。

シリアとイラクの混乱、治安の空白状態は、両国への戦闘目的での渡航を容易にした。トルコ行きの航空券かバスの切符を買えば、戦場はすぐ近くだった。その容易さは、あたかもトルコが、外国人戦闘員のシリアへの通過に便宜を図っているかのようだった。

二〇一三年一二月、ＢＢＣの特派員は、トルコ―シリア国境沿いの町ライハーニーヤに「安全な家」を設けている人物にインタビューを行なった。彼によれば、「安全な家」とは、戦闘員がシリアに入る前、あるいはシリアから戻り、母国に帰国する前に一～二泊滞在する施設で、国境沿いにはこうした家が数百カ所あるという。また彼は、このインタビューを行なうまでの三カ月間に、一五〇人の戦闘員が彼の家に滞在したことを明らかにした。そのうちの二〇人がイギリス人だったという。

このインタビューは、国境の両側に「安全な家」のネットワークが存在していることを確認した。そこにはリクルートされたばかりの新参のジハード主義者たちが滞在した。のちにトルコ当局は、国境通過を規制するようになるが、シリアとイラクに現在も入国する戦闘員の数を考慮すると、国境通過は不可能ではなさそうである。また、ヨルダンやレバノン経由で入国する外国人もいる。

二〇一四年六月のカリフ制樹立の宣言以来、「模範的なイスラーム主義者」は、このカリフ国に移住を望んだ。一方で、失業した、あるいは退屈した、機会にあぶれた若者たち、そして無法と弾圧に苦しんだ発展途上国の人々、怒りの感情を持った人々も、カリフ国移住を望んだ。

西欧から来たジハード主義者の二万五〇〇〇人という数を見ると、ヨーロッパの極右の台頭と時を同じくしていることに気付く。極右の台頭も、カリフ国への移住を促す要因となった。二〇一四年、イギリス、フランス、ギリシャにおける欧州議会選挙で、右派政党が勝利を収めた。これらの政党は、ヨーロッパで一〇〇〇万人を数えるムスリムに対する差別的な政策を持っている。モスクやイスラミックセンター、ムスリムの団体、個人に対するイスラームフォビア(イスラーム教やムスリムに対して極度の恐怖を感じること)と暴力が増加した。同時に、西欧のムスリムの間でも、極端な思想が力を持つようになった。

最も重要なことは、イスラーム国は非常に裕福であり、自らの戦闘員に給与を支給できる点である。私がイスラーム国に近い筋から聞いた情報によると、戦闘員の給与は六〇〇USドル(約七万四四〇〇円)であるといい、熟達した戦闘員や特殊技能を持つ者(フセイン旧政権時代の将校など)は、より高額の給与が支給されるという。イスラーム国はまた、数百に及ぶ市町村、広範囲の土地を支配下に置き、治安を保っており、家族を連れてイスラーム国へ移住することも可能になった。

各国から来た戦闘員が、子供を連れていたとの報告が複数存在する。中には「カリフ制に興味がない妻を置いて、子供だけ連れて移住した」という例もある。二〇一四年八月、フランス人が三歳の娘を連れイスラーム国にやって来たほか、二〇一四年一〇月、モロッコから二歳と四歳の二人の娘を連れてイスラーム国に向かおうとした男が逮捕された。イスラーム国が少女をリクルートする目的は、母親がそばにいないこうした子供たちの世話をさせるためかもしれない。

「ジハード戦士の妻たち」という現象もある。西欧のメディアは過去数カ月、この話題に夢中になっている。メディアが取り上げたのは、西欧を離れ「カリフ国」に入り、ジハード戦士と結婚しようとしたティーンエージャーである。

第八章 反アルカーイダとしてのイスラーム国

——敵対する兄弟

アブー・バクル・バグダーディーによるイスラーム国建国の宣言、「カリフ」「信仰者の長」の自称は、イスラーム世界、中東を大きく揺るがした。この突然の宣言は、宗教的、思想的、政治的な意味を持っている。イスラーム国が位置するのは、最も有名であった二つのイスラーム帝国――ウマイヤ朝とアッバース朝――の旧領である。イラクにおけるイスラーム国の拠点は、中部、北部、西部、すなわちニナワ、サラーフッディーン、アンバルの各県である。シリアにおいては、東部と北西部(ラッカ、デリゾール各県、アレッポ県の一部)である。(P.48イスラーム国の実効支配地域参照)イスラーム国は一〇〇年来の国境を廃した。これまで、国家主義者や世俗主義者が失敗したことを、イスラーム国が実現させたのである。バース党は、シリアとイラクに政府を樹立したが、同じイデオロギーを共有しているにもかかわらず、対立した。

半ば忘れられたことであるが、一九九六年、ムッラー・ウマルはアフガニスタンで「イスラーム首長国」を建国、「ターリバーン首長国」と命名し、自らを「信仰者の長」と称した。「カーイダ・ジハード」(当時の名称)の指導者であったウサーマ・ビンラーディンは、彼に忠誠を誓った。またこの時、三カ国が首長国を認知した。サウディアラビア、アラブ首長国連邦、パキスタンである。この首長国の統治範囲はアフガニスタン国内の限られたものであり、中東のイスラーム法学者たちも大きな関心を払わなかった。彼らにとってアフガニスタンは「重視するに値しない」

国であった。

またこの首長国は、アラブ諸国、欧米諸国政府によって「テロ組織」と認識されるアルカーイダと関係を持っていた。そして「ターリバーン首長国」は五年(一九九六年―二〇〇一年)しか存続しなかった。二〇〇一年の九・一一事件後に起きたアメリカのアフガニスタン侵攻により、この政府は完全に破壊された。

「ターリバーン首長国」をここで取り上げたのは、イスラーム国と「ターリバーン首長国」に対する、世界各国の関心の差を比較するためである。両者には複数の共通点があるが、最も共通しているのは、両者の壊滅のため国際社会が一致団結した点である。

二〇〇〇年、ウサーマ・ビンラーディンは、アルカーイダのすべての構成員とともに、ムッラー・ムハンマド・ウマルを「信仰者の長」と認め、忠誠を誓い、ムッラーの政治・宗教指導者としての権威を認める宣言を行なった。ビンラーディンはまた、アルカーイダの戦闘員をムッラーの指揮下に置くことを発表した。二〇〇一年四月、私は、ビンラーディンの側近で軍事指導者のアブー・ハフス・ミスリーからの電話で、ビンラーディンとムッラー・ウマルへのインタビューを行なうよう要請された。彼によれば、インタビューの目的は「現代的、科学的な手段で、『信仰者の長』としてのムッラー・ウマルの存在を世界にアピールするため」であるという。私はロンドンのパキスタン大使館からビザを発給されたが、アフガンスタンへの渡航は危険を伴うと判断し中止した。私の行動は、イギリスとアメリカの諜報機関(パキスタンの諜報機関と協力関係にある)に把握されるであろうこと、パキスタンでの私の足取りは逐一監視され、ビンラーディンの位置が特定されて私たち全員が殺される可能性を考えたのである。

二〇一四年七月、アルカーイダの最高指導者アイマン・ザワーヒリーによる、アブー・バクル・バグダーディーによる「イスラーム国家樹立」と「カリフ就任」の宣言に対する反応は、「信仰者の長であるムッラー・ウマルへの忠誠の再確認」であった。この発表は、バグダーディーの宣言から数週間を経ずして行なわれた。アルカーイダはインターネット上に「ナフィール(臨戦態勢)」と題する声明を発表、「ムジャーヒドであるムッラー・ウマル――アッラーの御加護を――への忠誠を再確認する」と述べ、アルカーイダのすべての支部は「ムッラー指揮下の兵士である」とした。アフガニスタンの「信仰者の長」と、「カリフ」アブー・バクル・バグダーディーの間で競合が始まることは、予測されていた。二〇一一年、アメリカ軍のイラクからの完全撤退は混乱をもたらし、イスラーム国のイラクにおける「建国」の機会を与えた。二〇一六年に予定される、アフガニスタンからのアメリカ軍の完全撤退もまた、ムッラー・ウマルに率いられた「イスラーム首長国」の復活をもたらすのではと危惧されている。バラク・オバマ大統領は、イラク情勢を考慮し、アフガニスタンからの撤退は予定通り行なうと明言している。

二〇一四年夏、「ターリバーン運動」による、アフガニスタン駐留のアメリカ軍に対する攻撃が増加し、カンダハル、首都カブールで戦果をあげた。

ムッラー・ウマルは、アフガニスタンの自らの首長国を安定化させ、すべてのムスリム、ウンマ(共同体)全体を見据えた計画を立てているようである。その意思は、二〇一四年七月に行なわれたウンマとイスラーム世界に向けた彼のスピーチに表れている。彼はここで、「イスラエルによるガザ攻撃からパレスチナ人を守護するため」すべてのムスリムが行動を起こすよう要請した。このメッセージは、彼がアフガニスタン国内問題(二〇年間かかりきりだった)のみならず、国外の問題にも関心を払っていることを示している。

もし「首長国(ターリバーン)」と「カリフ(イスラーム国)」の対立が続き、双方の法学者が思想的、教義解釈に同意できず、どちらが正当性を有するかを判断することができない場合、双方が共に弱体化する道を辿るだろう。しかし、もし双方が対立を解消して統合し、一人の「カリフ(アミール)」を立て、合意により(あるいは力により)一つの「国家」を建設できたとしたら、今後数十年間、中東の多くの地域をコントロールしうる一大イスラーム主義勢力となるだろう。

アメリカ出身のアーダム・ヤヒヤ・ガッダーンは、アルカーイダの著名な理論指導者であり、広報担当者である。ガッダーンは、「ウンマによるジハード」に言及し、「この戦争は、国際的に決められた国境と関係なく行なわれる。あるいは国境の存在そのものを気にかけず認めない戦争である。そして、特定の戦場に固執することはなく戦われる」と述べた。イスラーム国は、シリアとイラクの国境を無効化することに成功した。そして、今後さらに多くの国境線を無効化しようと企図している。

ザルカーウィーの行動

アイマン・ザワーヒリー率いる従来のアルカーイダと、イスラーム国のイデオロギーをめぐる戦いは、イスラーム国と「ヌスラ戦線」がシリア各地で行なっている戦闘と同程度に重要な意味を持つ。双方は、この二つの闘争によって、シリア国内の支配権を拡大しようと競っている。

このイデオロギー闘争のルーツはアフガニスタンにある。二〇〇〇年、ヨルダンのザルカー生まれで、国内で最有力部族の出自を持つ男――アブー・ムスアブ・ザルカーウィー(本名：アフマド・ファーデル・ナッザール・ハラーイラ)――が現れた。彼は一九六六年一〇月三〇日に生まれ、二〇〇六年六月七日に殺害された。ザルカーウィーは、その極端な思想、残忍さで知られ、ウサーマ・ビンラーディン(当時「ターリバーン」に支援されていた)率いるアルカーイダの、どのメンバーとも異なる性格を持っていた。

ザルカーウィーは、アフガニスタンに移住する前、厳格なイスラーム主義の思想が原因で逮捕され、一〇年間を獄中で過ごした。彼は獄中でアブー・ムハンマド・マクデスィー師に出会い、影響を受ける。マクデスィーは、中東で最も著名な、原理主義的なジハード思想理論家であり、ザルカーウィーは彼の弟子となった。

ヨルダン当局は過ちを犯した。厳格なイスラーム主義者たちを、一つの監獄に収監したのである。この過ちによってもたらされた最初の動きは、拘束されたイスラーム主義者たち同士の接近である。彼らは共にイデオロギーの体系化をはかっていく。マクデスィーは、宗教に関する講義を行なうことを通じ、イデオロギーの統一をしていく過程で主要な役割を果たした。そして彼はザルカーウィーらの弟子たちとともに、獄中に「イスラーム首長国」を作り上げる。

マクデスィーは、ウサーマ・ビンラーディン同様、穏やかな口調と礼儀正しさで知られていた。

獄中で、イスラーム主義者らが「アミール(司令官)」の選出を提案したとき、彼らはマクデスィーではなくザルカーウィーを選んだ。彼が選ばれた理由は、強い個性、即決性、権威への挑戦を好む性格、強い感受性、拷問に対する忍耐、頑健な体(重い岩を用いてトレーニングを行なっていた)があったと思われる。

国王の特赦によってザルカーウィーは釈放された。彼はただちにアフガニスタンに向かい、カンダハルの基地に到着した。この基地は、軍事訓練施設が充実していることで知られており、外国人、現地人双方を受け入れていた。ザルカーウィーは新人であるにもかかわらず、ウサーマ・ビンラーディンに忠誠を誓うことを拒否し、周囲を驚かせた。そればかりか、カンダハルとジャラーラバードにあるアルカーイダの二大拠点から遠く離れたヘラートに、独自の基地を立ち上げると宣言した。

これらの背景には、ザルカーウィーと、ビンラーディンとその副官ザワーヒリーらアルカーイダ指導部との間に、思想上の対立に加え、個人的な事情による対立があった。両者はそれぞれ異なる思想を持っていた。ビンラーディンとザワーヒリーらは、「イスラーム世界の諸問題は、西欧の介入を阻止し、腐敗と不信仰により堕落したアラブの諸体制を打倒することで解決される」との信念を持っていた。これに対しアブー・ムスアブ・ザルカーウィーらは、「イスラーム共同体の栄光を取り戻すには、自己を純化した上で、共同体を、偽善者や不信仰者、世俗主義者、スンナ派穏健派、シーア派やアラウィー派、イスマイール派、ドルーズ派、キリスト教徒など他の宗派から浄化することが不可欠であり、これらの集団を攻撃し殲滅させることは合法」と考えていた。

後に、ザルカーウィーとビンラーディンとの間には、もう一つの対立が生じる。それは、ペンタゴンやニューヨークの世界貿易センタービルを標的とした九・一一事件に関してであった。

ザルカーウィーは、この攻撃に強い反対の意思を示した。それは彼が、アメリカ人の犠牲者に憐憫《れんびん》を感じたからではなく、「ムスリム社会の中の不信仰者、偽善者、非ムスリムの諸宗派を浄化することが先決」との理由からだった。また彼は、アフガニスタン国内の軍事基地を温存することを優先的に考えていた。アメリカが苛烈な報復に出ることを彼は確信していたのである。九・一一事件の直後、ザルカーウィーは側近らとともにパキスタン経由でイランに逃亡する。

私は前著『ビンラーディン後の次世代アルカーイダ』の中で、アルカーイダの次世代は、前の世代よりもより過激に、より暴力的になると警告した。アブー・バクル・バグダーディーらイスラーム国の指導者らが、ザルカーウィーを「私達の初代アミール」と仰ぐのは自然ともいえる。一方、前世代であるアルカーイダの草創期メンバーらは、イスラーム国を承認しなかった。

イラン当局は、ザルカーウィーが自国領内に存在していることに気が気ではなくなった。ザルカーウィーはこの時、イラン国内に基地を作ることは考えなかった。イラン当局は、「一切の政治・軍事活動を行なわないこと」という厳しい条件をつけていたためである。ザルカーウィーはイラク北部に移住を決めた。ザルカーウィーのイラン出国に関しては二説ある。ムッラー・クライカールによれば、「イラン当局によって退去を命じられた」といい、別の説では「自組織の支部を開設し軍事活動を続けるため、自ら退去を決めた」となっている。私は、後者の方が真実に近いと考える。この説が、ザルカーウィーに近い筋からもたらされたためである。

二〇〇二年、アブー・ムスアブ・ザルカーウィーはイラク北部に入った。アメリカによるイラク侵攻のちょうど一年前のことである。彼は、「アンサール・イスラーム」が支配する地域を安全と考え、そこに拠点を置いた。ザルカーウィーはこの地域を、ヨルダン人、パレスチナ人戦闘員から紹介されたという。「アンサール・イスラーム」は、ザルカーウィーと彼の組織を歓迎した(二〇〇一年一二月一〇日、ムッラー・クライカールによって「アンサール・イスラーム」が結成された)。

二〇〇三年三月のイラク侵攻時、ザルカーウィーは、アメリカ軍に対するジハードを開始するに適した場所に居合わせたといえる。この頃、再びアルカーイダ指導部との間に意見対立が発生した。ザルカーウィーは、アメリカ占領軍に対する軍事作戦を現地で指揮する司令官は、数千キロ離れたヒンドゥークシュ山脈にいるアルカーイダの老年幹部よりも、多くの権限と独立性を持っていなければならないと主張した。同様の対立はのちに、アブー・バクル・バグダーディーとアイマン・ザワーヒリーとの意見対立、関係断絶の際に繰り返されることになる。マクデスィーは、ザワーヒリーの立場を支持し、イスラーム国建国を裏付けるシャリーアに基づくイスラーム法的根拠はないと判断した。

二〇〇四年一〇月、メッセージを通じた八カ月に及ぶ交渉の末、ザルカーウィーは渋々アルカーイダに参加することになった。彼は組織の名称を「タウヒードとジハード」から、「二つの河の地のアルカーイダ」に変更し、二〇〇五年六月、ウサーマ・ビンラーディンに対し忠誠を誓う。

アイマン・ザワーヒリーとムハンマド・アティーヤ・リービー(アルカーイダの最も有名な理論指導者の一人)は文書を通じ、ザルカーウィーを厳しく非難した。彼らは、ザルカーウィーらによる残虐な外国人捕虜の公開処刑、イラク人に対する、極端なまでのシャリーアの強制を批判した。ザルカーウィーのこうした行動は、スンナ派イラク人の間にアルカーイダに対する否定的な考えを植え付け、支援が停止されることを彼らは懸念したのである。彼らの懸念はのちに現実のものとなる。数千人のスンナ派部族が、駐イラクアメリカ軍総司令官デービッド・ペトレイアスが設立した「覚醒評議会」に参加することになった。

ザルカーウィーは、現在のイスラーム国指導部同様、テロ(彼らは「野蛮さ」と呼ぶ)は、カラシニコフ銃と同等の「武器」と認識した。彼が「戦闘の半数はメディアの世界で起きる」と言ったことは有名である。イスラーム国は、彼と同じ理論に基づき、非常に影響力の強いメディア(後述)を作り上げることになる。

ザルカーウィーは、「アブー・クターダ」の名で知られる宗教指導者ウマル・ウスマーン・アブー・ウマルを介してウサーマ・ビンラーディンに忠誠を誓った。当時アブー・クターダはロンドンに在住(二〇一三年、彼の身柄はヨルダンに移された)しており、ザルカーウィーは、アルカーイダの指導者がどこに隠れているのかを知らなかった。私はこの経緯を、『クドス・アラビー』紙の私の事務所を訪問したアブー・クターダから直接聞いた。アブー・クターダはこの時保釈中の身であり、行動には警察の許可が必要だった。彼は右足首に、自身の位置を知らせる足枷の一種を取り付けられたまま、事前の約束もなく現れた。

私は、アブー・クターダが収監されている間中、彼に『クドス・アラビー』紙を無料で送っていた。私はアブー・ハムザ・ミスリー、ハーリド・ナフラーン、アーデル・アブドルバーリといった収監者にも新聞を送っていた。長身で紳士的な外見のアブー・クターダは、これまでに会ったイスラーム主義者の中で最も面白い人物だった。彼は、かつてカーバ神殿に掲げられた詩など、多くの詩を多く暗記していた。彼は特にムタナッビー（一〇世紀期のアラブの詩人）の詩がお気に入りだったが、現代詩は「好きではない」としながらも、よく知っていた。

ザルカーウィーはその後も、アルカーイダからの分離、独自の組織の立ち上げを企図し続けたが、アルカーイダのネームブランドと人気を利用し、より多くの戦闘員の獲得を成功させるという実利的な目的から、実行には移さなかった。アルカーイダの資金援助、メディア効果、兵站《へいたん》（戦場の後方にあって、作戦に必要な物資の補給や整備連絡などにあたる機関）支援も捨てがたかった。事実、ザルカーウィーがビンラーディンに忠誠を誓って以降、「二つの河の地のアルカーイダ」は以前より勢力を増した。しかしザルカーウィーは二〇〇六年に殺害される。

アルカーイダのイラク支部の独立志向を強めた背景には、アルカーイダの本部が隠匿され、支部は遠隔操作で動かされていたという事情がある。イラク支部は、より多くの武器や資金を供給することによって、配下の戦闘員をコントロールしようとした。二〇〇〇年代初頭の「二つの河の地のアルカーイダ」の独立志向は、後のイスラーム国の基盤作りとアルカーイダからの独立といった行動に受け継がれることになる。

シリア人ジハード主義者らは、シリアで政権に対する武装革命が開始された後、故国に戻った。

イラクのイスラーム国は、諸部族からなる「覚醒評議会」(二〇〇七年から二〇〇八年にかけ、アメリカ軍によって支援を受けた)の結成後支配権を失い、シリアへの本拠地の移動が検討されていた。

二〇一三年九月、ザワーヒリーは『ジハードの主要事項』と題する文書を公表、過去の活動を総括した。この中で彼は、二〇〇五年当時のザルカーウィーの行動に言及した。この総括、批判の本当の目的は、アブー・バクル・バグダーディー率いる「イラクとシャームのイスラーム国」にメッセージを送ることであった。文書内で重要だったのは、ザワーヒリーが「イスラーム諸派に対する武力、あるいは言葉による攻撃」を禁じ、「彼ら(イスラーム諸派)に、真のイスラームの基本事項を教育し、彼らを味方につける」よう呼びかけたことである。ザワーヒリーはまた、市場などの公共な場所での爆破行為を「犠牲者の大半はムスリムである」として禁じ、「ムスリムやムジャーヒディーンに対する軍事行動を起こす意図を持たない」人々を攻撃しないよう命じた。彼は、これらの事項を遵守することは「指導部を重んじる」ことであるとした。

ザルカーウィーは、アルカーイダ本部の指導部による、イデオロギーや政治に関する忠告やアドバイスに従わなかった。ザルカーウィーは一点のみ、ザワーヒリーのアドバイスに従った。それは「強固な戦力基盤を作ること」であった。

ザルカーウィーは、ジハード主義者同士の内部抗争の危険性を承知しており、彼は自らの計画のために、内部抗争を回避することにした。彼は「ムジャーヒディーン・シューラー評議会」を結成し、これを統合司令部とした。この評議会が、後のイスラーム国建設の礎石となる。

二〇〇六年六月、ザルカーウィーはアメリカ軍機の空爆によって殺害された。彼の自信過剰が招いた死ともいえた。ビンラーディンとザワーヒリーは、映像に登場する際は背景に注意を払い、必ず背後に毛布を掛けて撮影を行なった。二人を追う各国諜報機関に居場所を特定されないためだった。ザルカーウィーにとり最後となった映像は、あたかもアメリカ映画「ランボー」を真似たような内容だった。それは、身を隠していたザルカーウィーが同僚らとともに機関銃を撃ちながら飛び出す映像であり、撮影場所は荒野だった。この映像は、アメリカ側の専門家に絶好のチャンスを与えることになった。専門家らは映像からザルカーウィーの居場所と特定し、行動パターンを観察、殺害に成功した。

二〇〇六年一〇月、ザルカーウィーの後継者アブー・ハムザ・ムハージル(エジプト人)は、アブー・ウマル・バグダーディーに、最高指導者の地位を譲った。バグダーディーは同時に、「イラクのイスラーム国」の設立を宣言した。イスラームにおけるバイア(忠誠を誓う儀式)は通常、一対一の対面方式で行なわれる。しかし、ザルカーウィー、アブー・ウマル・バグダーディーとも、ウサーマ・ビンラーディンとその後継者アイマン・ザワーヒリーに対し、この方式に則《のっと》ったバイアを行なっていない。そもそも、ザルカーウィーの暗殺後の「イラクのイスラーム国」は、思想的にも、そして法的にもアルカーイダに属さない組織となっていた。過去八年間、「イラクのイスラーム国」は独立組織として活動してきた。

アルカーイダに所属する諸組織をどう名付けるかについて問題が発生した。ザルカーウィーによる爆破、支配地域へのシャリーアの厳格な実施などの行ないは、アルカーイダの敵に対し、アルカーイダという組織や指導部を貶《さげす》めるチャンスを与えかねなかった。九・一一事件や二〇〇四年のマドリード、二〇〇五年のロンドンの爆破事件により、アルカーイダはテロリズムの代名詞となった。

二〇一一年パキスタンのアルカーイダ支部は、別個の組織「アンサール・シャリーア」を国内で立ち上げると発表した。これにより、同組織はより多くの支持を集め、リクルートに成功した。

パキスタンのアボタバードにある、ビンラーディンが殺害された邸宅からは、アルカーイダの名称変更を検討するメモが見つかった。新たな名称の候補は、「タウヒードとジハード共同体」(「タウヒード」とは、アラビア語で〈神の唯一性〉を意味する用語)「統一ムスリム団」「イスラーム共同体統一党」「アクサー解放機構」「正統カリフ復興機構」だった。

ザルカーウィーが命名した「二つの河の地のアルカーイダ」がアブー・ウマル・バグダーディーの就任後「イラクのイスラーム国」に改称されたことに、ビンラーディンは満足した。アルカーイダは西欧で「テロリズム」と同義語になっていたためである。また、新しいメンバーが欧米で逮捕され、裁判にかけられたとしても、アルカーイダの名前は出さずに済む。

混乱を避けるため、現在イスラーム国と称する組織の旧名称を以下に記す。

二〇〇〇年~二〇〇四年　……　「タウヒードとジハード」(指導者:ザルカーウィー)
二〇〇四年~二〇〇六年　……　「二つの河の地のアルカーイダ」(指導者:ザルカーウィー)
二〇〇六年　……　「ムジャーヒディーン・シューラー評議会」(指導者:ザル

カーウィー)

二〇〇六年〜二〇一三年……「イラクのイスラーム国」(指導者：アブー・ウマル・バグダーディー。アブー・ウマルは二〇一〇年に殺害。アブー・バクル・バグダーディーが後継)

二〇一四年……イスラーム国(指導者：アブー・バクル・バグダーディー)

アブー・バクル・バグダーディーは、モスルのヌーリー・カビール・モスクにおいて初めて公の場に姿を現し、「ムスリムのカリフ」を称し、自らと忠誠誓約を交わすよう呼びかけた(前出P.83、85)。

「覚醒評議会」が「イラクのイスラーム国」の影響力を低下させ、「スンニ・トライアングル」と呼ばれたスンナ派の都市や町の大半から撤退させることに成功すると、イラク国内の暴力が減少した。「イラクのイスラーム国」の戦闘員らは、他の地に転戦した。アメリカ、イギリス両軍と戦うため、アフガニスタンに移った者もいた。

「イラクのイスラーム国」戦闘員のアフガニスタンへの移動と「ターリバーン運動」との共闘は、これまでアフガニスタンでは起きなかったある出来事から確認された。「イラクのイスラーム国」がイラクで使用していた時限爆弾、遠隔操作による路肩《ろかた》爆弾がアフガニスタンで見られるようになったのである。「イラクのイスラーム国」は、これらの爆弾の製造法や使用法を、旧フセイン政権の共和国防衛隊関係者から伝授されたのである。「イラクのイスラーム国」の戦闘員はこのとき初めて、「ターリバーン運動」の支援の下で活動してきたアルカーイダ戦闘員と共闘することになった。ウサーマ・ビンラーディンの子息サアド・ビンラーディンは、この頃イラクからアフガンスタンに移ったといわれる。

二〇〇八年四月、ザワーヒリーは「イラクのイスラーム国」の戦果を賞賛した。彼は、アメリカ軍、イラク政府軍・治安部隊、「覚醒評議会」という三つの敵と同時に対峙している「イラクのイスラーム国」の勇猛さを称え、「イラクのイスラーム国」をはじめとするイラクのムジャーヒディーンを支援するよう呼びかけた。ザワーヒリーは、「今この時彼らを支援することは、ウンマ(共同体)の義務である」と述べた。二〇〇八年八月ザワーヒリーは、アルカーイダの広報部門「サハーブ」を通じて音声声明を発表した。ここでザワーヒリーは「覚醒評議会」の敗北を予見、「アメリカ軍は『覚醒評議会』とイラク軍、治安部隊を支援している。そのアメリカは、抵抗勢力の攻撃により、敗北したまま撤退するだろう。取り残される『覚醒評議会』は、ムジャーヒディーンの手に委ねられることになる」

アルカーイダ本部と「イラクのイスラーム国」の関係が良好であった時期も、双方のイデオロギー上の対立は表面化していた。

第九章

野蛮さをあえて宣伝することの意味

イスラーム国は、きわめて短期間のうちに、シリアとイラクの広範囲の地域を支配下に置くことに成功、二国間の国境を廃し「カリフ制」の礎《いしずえ》を築いたと言えよう。そしてイラク・シリアの両政府軍の武器庫から大量の武器や装備を鹵獲《ろかく》し、五億USドル（約六二〇億円）を超える現金をモスルの中央銀行から奪った。最も大きな成功を収めたのは、自らの主張を伝えて敵を恐れさせるための、世界中に影響力を持つ強力な広報部門と思われる。

イスラーム国のメディアは、これまでに例を見ないような高いクオリティーと斬新さを持っており、欧米アラブ諸国の大手メディアを圧倒した。これに比べると、過去二〇年に、声明や映像で世界中を震撼させたアルカーイダのメディアは非常に簡素なものに思われてくる。

イスラーム国がメディアにおいて使用している新技術は、ミサイルや戦車、自爆や仕掛け爆弾による攻撃と同等か、あるいはそれ以上の効果をもたらしている。なぜなら心理戦はときに、実戦よりも重要な意味を持つ場合があるからだ。

「フェイスブック」や「ツイッター」のようなＳＮＳ、ＹｏｕＴｕｂｅを見れば、その意味の重要性が判るだろう。イスラーム国の「電子軍」は、インターネット上を支配している。

この「電子軍」は、世界中のメディアに対し、自らの名称は「ダーイシュ」ではなく、「イスラーム国」であることを周知させた。彼らは、「ツイッター」や「フェイスブック」上で、この新名称(イスラーム国)を使用することの重要性を宣伝、「ダーイシュ」を使う者に時に警告、時に脅迫を行なっている。彼らは「ダーイシュ」の呼称を用いられることを非常に嫌っている。

やがて、全世界の通信社、欧米の主要紙は、新名称イスラーム国を使用するようになる。英語における略称は「ＩＳ」とされた。アラブを含む世界各国のニュースソースを配信しているロイター通信、ＡＦＰ通信は、「ダーイシュ」の呼称を止めた。

「ツイッター」の私のアカウントにも抗議のメッセージが寄せられた。私の新聞『ラーイ・ヤウム』が、時折「ダーイシュ」の呼称を用いるためである。抗議は、短期間の間に複数のアカウントから発せられた。このことは、イスラーム国の「情報省」が、何らかの指令を出していることを示しているようだ。

「ダーイシュ」の名称を用いるのは、イスラーム国壊滅を目指すアメリカ主導の有志連合に参加しているアラブ諸国のメディアだけとなった。これらの諸国政府は、イスラーム国を地域の安定、そして自らの政権に対する最大の脅威と認識している。

私が「ダーイシュ」の呼称を使用する人々に向けられる激しい攻撃に関し、記事を書いた時のことである。ここで私は、「ダーイシュ」は「イラクとシャームのイスラーム国」の略称であり、それ自体に侮蔑の意図はないこと、略称を使うことは、活字メディアにとっては便利であり、連なる単語は見出しには用いづらく、「アメリカ合衆国」は「ＵＳＡ」と略され、「国際連合」は「ＵＮ」と略されていることを説明した。しかし、大半のメディアは「ダーイシュ」の呼称を用いた際に寄せられる多数の抗議のため、イスラーム国の名称を用いるようになっている。

ウサーマ・ビンラーディンは、アルカーイダを自組織の名称としなかった。彼が称した組織名は「ユダヤ・キリスト教徒(十字軍)と戦う世界イスラーム戦線」であった。一九九八年、ビンラーディンは、アイマン・ザワーヒリー(エジプトの「イスラミック・ジハード」)、リファーイー・ターハー(エジプトの「イスラーム集団」)らジハード主義諸組織の指導者らと臨んだ記者会見において、この名称を発表した。しかしビンラーディンは後に、欧米のメディアが命名したアルカーイダの名称を採用することになる。これに彼は「ジハード」を加え、「カーイダ・ジハード(ジハードの基地)」と称し、これを組織の別称とした。アルカーイダという名称があまりにも有名となり、変更するのは困難と判断したのである。

イスラーム国は、自らの厳格なイスラーム主義のイデオロギーを広め、イラクとシリアにおける自らの戦闘の模様を世界中の数百万人のフォロワーに伝えるため、メディアを非常に重視している。イスラーム国のメディアは、世界最先端の技術を用い、ハリウッド映画や世界の主要テレビチャンネルを圧倒している。

アメリカ・メリーランド大学のジハード主義組織の研究者フィリップ・スマイスは、イスラーム国のメディアに関するリサーチを最近発表した。スマイスは二〇一四年六月から七月にかけ、SNS上のイスラーム国の広報活動が非常に活発になったことを指摘した。それはちょうどイスラーム国がラッカ(シリア北部の都市)、デリゾール(シリア北東部の都市)、そしてイラク第二の都市モスルを制圧した時期と重なる。

「インターワイヤドットコム」編集長J・M・バーガーは、SNS上のジハード主義組織の活動を数年間にわたって観察してきた。彼によれば、「ツイッター」上の、イスラーム国と直接的、あるいは間接的つながりのあるアカウント数は数千に及ぶといい、これらをカテゴリーに分別した。それは、①イスラーム国構成員のイスラーム主義者、②イスラーム国の思想を支持し、同組織を支援するが、イスラーム国構成員ではない者、③イスラーム国に共鳴するが、各国諜報機関によるこれらのサイトとその関係者の監視を避けるため、イスラーム国に帰属せず公式にも非公式にも関係を持たないことにこだわる者。

バーガーは次のように指摘している。「これらのアカウントは、あらゆる言語を駆使し、『リツイート』機能を使って拡散をはかるなどして情報を共有している。フォロワーの中には、ニュースや映像、声明、特に人質を斬首する映像を、欧米の政府関連のアカウント、メディアや著名人に対し送り付ける者も見られる」

イスラーム国がメディアに力を入れ、広報部門に多額の予算を投入する目的は、第一に「預言者ムハンマドとそのカリフたち、教友、その一門らの時代に存在したような『真のイスラーム』としてのイスラーム国のイデオロギーを広めることであり、第二に欧米諸国を挑発し、軍事介入へと導くためである。そして、絶望したムスリムの若者、特に西欧に住む若者をイスラーム国へと誘い込むためである。彼らがアラビア語に加え、英語、フランス語、ドイツ語による情報発信を行なうのは、西欧のムスリムをターゲットにしているためである、と理解できる。

イスラーム国は、複数の強力なメディア部門を有している。この「凶暴なメディア」を支えるのが、「電子軍」である。メディア部門の中には、多言語で発信を行なう西欧向けの広報活動部門「ハヤート」の他、「ファールーク」「フルカーン」「ヤキーン」「イウティサーム」といった部門が存在する。これらは、ドキュメンタリー番組、映画、ニュース番組などを制作している。制作された映像やニュースは、「インスタグラム」（無料の画像共有アプリケーションソフトウェア。デジタル画像の撮影や画像編集が可能で、同サービスあるいは、フェイスブック、ツイッターなどのＳＮＳで共有できる）「ツイッター」「ＹｏｕＴｕｂｅ」「フェイスブック」上で公開されるほか、ラジオ番組も放送している。

西欧の若者のリクルートが第一目標

「ハヤート」は、イスラーム国の広報部門の中で最も有名である。同部門はアラブ人ではない外国人をターゲットにし、西欧諸国に住むムスリムの若者に影響を与えた上で、リクルートを行なうことを目的にしている。制作された映像は、ＣＮＮやＢＢＣ、ＣＢＳのような世界的なメディアに劣らない質のものである。映像には、イスラーム国の黒地に白の旗が画面の上にロゴとして表示される。制作されているのは、数分程度のニュース映像、一時間前後のドキュメンタリー番組である。

「ハヤート」はまた、機関誌『ダービク』を数カ国語で発刊しており、そのデザインや、インパクトの強い記事が印象的である。『ダービク』とは、かつてローマとの間で激しい戦闘が行われた、シリア国内にある町の名である。預言者ムハンマドは、ローマ帝国がダービクで敗北することを予言したとされる。

アメリカの「ランド研究所」の研究員コリン・クラークは、『ダービク』を「スーパーマーケットのようなもの」と評し、「イスラーム国に関するものは、そこに立ち寄るだけで何でも手に入る」とした。

「ハヤート」が制作した六〇分の映画「戦争の炎」は、最も恐ろしい内容のドキュメンタリーであった。この映画には、家のフェンスの上に置かれ晒《さら》された複数の人間の首、厳格なイスラームのサラフィー主義に反するとしてムスリムの聖者の墓、廟、霊場が爆破される様子、磔刑や髪を覆わない女性に対する鞭打ち刑、不義を犯した女性に対する石打刑の様子が映し出されていた。

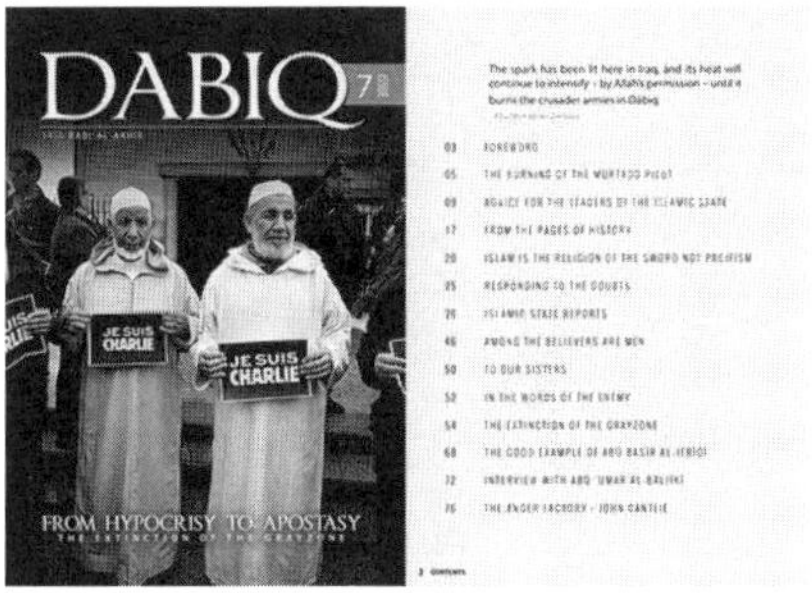

イスラーム国の広報部門「ハヤート」が数カ国語で発刊している機関誌『ダービク』

最も恐ろしかったのは、ラッカに囚われていたシリア政府軍第一七師団の捕虜の処刑映像である。彼らは処刑される前、墓穴を自ら掘るよう命じられたが、そのうちの一人は穴を掘りながらカメラに向かってこのように語った。

「イスラーム国がアッラーとともにあるように。イスラーム国の勇敢な戦闘員は、第一七師団の基地を瞬時に制圧した。第一七師団は総勢八〇〇人だった一方、イスラーム国側は数十人だったにもかかわらずだ」

しかし、実態は異なった。イスラーム国、「自由シリア軍」、「ヌスラ戦線」は、ラッカ県の第一七師団の基地を陥落の数カ月前から包囲していた。イスラーム国は数週間の戦闘の後、基地の制圧に成功したのである。

この映像に現れた、イスラーム国に媚びていたシリア軍兵士は殺害され、自ら掘った穴に埋められた。彼の阿諛《あゆ》は何の役にも立たなかった。

イスラーム国は恐怖に満ちた映像ばかりではなく、自らの人間性を宣伝する映像も制作している、イード・フィトル(断食明けの祝祭)で子供たちと朝食をともにし、アイスクリームやゲームを子供たちに配る戦闘員たちの姿や、支配下地域で住民が安心して暮らしている姿などを映した番組がそれである。

イスラーム国が「YouTube」などを通じて発表しているすべての映像は、彼らの撮影技術、演出、編集技術の高さを示している。それは、高度な技能を持った集団が存在していることを意味する。その例が「切結ぶ者たち」と題する、彼らの戦場における闘いを記録した一連のドキュメンタリー番組である。ある情報提供者が私に語ったところによると、ムスリムに改宗した西欧出身者や、西欧で高等教育を受けたムスリムの専門家らが、この番組制作に関わったという。

ジェームス・フォーリーと、スティーブン・ソトロフの二人のアメリカ人ジャーナリストの処刑と、それに続く二人のイギリス人NGO関係者アラン・ヘニングとデービッド・ヘインズの処刑の映像を見た者は、心理学やメディアの影響に通暁《つうぎょう》した人物が映像の制作に関与したことに気付かされるであろう。処刑された人々は、グアンタナモ基地でアルカーイダの囚人が着ていたのと同じオレンジ色の囚人服を着せられていた。彼らの隣には、覆面をしナイフを持った男が立っており、ロンドン訛りの英語で、彼らに対し自らの政府のイスラーム国への空爆参加を非難するよう促す。そしてこの男は彼らを殺害し首を切断、その首を胴体の上に置く。このような醜く恐ろしい映像を公開する目的は、自らの領地に侵入しようとする国にそれを思いとどまらせることにある。イラク政府軍はイスラーム国が到達する前に敗走を始めたが、映像はこうしたこと(戦わずして敵の敗走を促すこと)を狙っているのだ。

欧米諸国の諜報機関とテロ対策班と、イスラーム国の広報部門の間では、激しいメディア戦が行なわれている。

このメディア戦は二つに分けられる。一つは、SNS上のイスラーム国のページの閉鎖を、そのSNSの管理者の協力を得て行なうことである。もう一つはメディアを駆使した、反イスラーム国キャンペーンである。こうしたキャンペーンはイスラーム国の危険性と恐るべき計画、イスラーム国に関するデマの拡散などである。「アブー・バクル・バグダーディーはアメリカのエージェントであり、戦闘員を感化するためアブー・グレイブ監獄に派遣された」といったものや、「ヒラリー・クリントンはその著書『困難な選択』の中で、アメリカがイスラーム国を設立したことを認めた」といったデマである(クリントンはこの記述の存在を自ら否定せざるを得なくなった)。

アメリカのあるテレビチャンネルは、「イスラーム国戦闘員がメスのロバと性行為を行なっている」とする映像を公開した。その映像は航空機から撮影されたもので、判然としなかった。こういったキャンペーンはそれほど成功していないように思われる。イスラーム国は依然、インターネット上で非常に活発に活動しており、彼らは処刑をエスカレートさせると同時に、インターネット上のアカウントを増やしている。彼らは「フェイスブック」を模倣したサイト「ムスリムブック」を立ち上げているからである。

失敗したメディア戦争

アラブ諸国政府も、イスラーム国の関係者とその支持者のサイトやアカウントを閉鎖しようと試みた。イラク政府は、インターネットの監視を強化、禁止サイトを設けるなどしたが失敗した。多くの人々が「TOR《トーア》」というプログラムを使い、これらの禁止サイトを開いていたためである。公式筋に近い報告によると、わずか数日間に一万人あまりのユーザーが「TOR」を使用したという。

有名なイラク人「ブラックハット」ハッカーの一人ムスタファ・バッサームは、当局によるインターネット監視をいかにかいくぐるかを具体的に示したサイトをアラビア語で立ち上げた。彼はその中で「TOR」をダウンロードして使用することを教えたのである。

バッサームは、「デイリードット」のサイトにおいて、「当局の監視は滑稽だ。特に、その独裁政権を倒すために倒れた数十万人の犠牲の上に、民主主義や自由を尊重するふりをしているイラク政府のことが可笑しくて仕方がない」と語った。

イラク政府は「TOR」のサイトをブロックしたが、活動家らはその直後、禁止サイトを開ける他のプログラムをダウンロードできるリンクを随所に貼り付けた。当局とイラクの若者らとの戦いは、今も続いている。

「ツイッター」と「フェイスブック」でも、似たような戦いが繰り広げられた。サイトの管理者が、アカウントをブロックするや、同様のアカウントが別の名前で現れるのだった。これらのアカウントはほとんどが偽名によるもので、そのアイコンの多くは黒い旗であった。イスラーム国戦闘員らはこうしたアカウントを使い、戦場から実況を行なっており、自らを批判する者と汚い言葉を使って口論をし、互いを「裏切り者」呼ばわりする。

二〇一四年春、ドバイ在住のアラブメディアの研究者ファーディー・サーリムは、ドバイで行なわれた、電子メディアに関する会議の席上AP通信のインタビューに答えた。彼は、SNSに対する中東諸国の政府の緊急の対応は、サイトを監視するか、禁止するかのどちらかであったとし、SNSを危険視せず活用しようとした政府はごく僅かであったと指摘した。

二〇一一年一月二五日、ホスニ・ムバーラク政権を打倒することになるエジプト革命が始まった日、政府は、インターネット回線を遮断した。活動家がSNSを駆使して影響を及ぼすことを危惧したためである。シリア当局もまた同様の行為に出たが、遮断した地域は、反体制武装勢力に支配された地域に限られた。サウディアラビア当局は数百万のサイトを「道徳上、政治上の理由」で閲覧禁止にしている。ジェッダ（サウディアラビア西部にある、首都リヤドに次ぐ大都市）の「アブドルアズィーズ王大学」内には、禁止サイトを管理する特別な機関があり、一〇〇〇人以上が働いている。各国政府のこうした努力にもかかわらず、その効果は限られている。そればかりか、逆の事態がこれらの政府を脅かしているのだ。

サウディアラビア情報文化省の広報担当アブドルアズィーズ・ムルヒム博士は、国内各紙向けに発表した声明で次のように述べた。

「インターネット上に流布するイデオロギーと戦うことには困難を伴う。SNSを監視、管理しようと努力することは、空気を管理しようとする試みに等しい」

サウディアラビア当局は、SNSを管理するために別の手段を用いた。「国家の安全」に関わること、政府批判、政権打倒、政治改革、国家指導部の方針、宗教指導者に関わること、イスラームの信条への疑念をツイートした人物に、最高一五年の禁固刑を科す法令を発令したのである。この法令に基づき、「ツイッター」に上記のことに関する話題をツイートした人物が実際に投獄された。

「フェイスブック」の管理者は、中東地域だけで七一〇〇万のユーザーが存在していることを明らかにした。そして、一五歳から二九歳の若者層のユーザーが全体の七〇％を占めているとした（二一年前のドバイの大学の政策学部による調査）。

「フェイスブック」社の経済・政府担当のエリザベス・リンダーは、電子メディアに関するドバイでの会議においてＡＰ通信のインタビューに答え、「インターネットから距離を置いてはならず、インターネットにアクセスし、サイトを開くことが求められている」と述べた。

アメリカ政府もリンダーと同様のアドバイスを行ない、自らＳＮＳに本格的に参入した。そしてイスラーム国に反対するための多くのツイート、映像の制作を行なった。イスラエル政府は、アラビア語に堪能な政府広報担当アフィハイ・アドロイを起用、「ツイッター」「フェイスブック」を経由し、アラブ人とコミュニケーションをはかっている。彼を「ツイッター上」でフォローするアラブ人は一〇万七〇〇〇人に及ぶ。彼は、イスラエルの政策や、二〇一四年夏にガザで行なわれたイスラエル軍の犯罪行為などをアラビア語で擁護する発言を行なっている。

カメラのレンズに映し出されるバグダード

イスラーム国は、イラクの首都バグダードに重点を置いたメディアキャンペーンを、数週間、数カ月間にわたり行なった。彼らの目的は、バグダードの住民を恐慌に陥れさせた上で侵攻を開始することであった。フォトショップで加工された、バグダードにいるイスラーム国の戦闘員の写真が公開された。写真には「バグダードよ、我々は間もなく現れる」とあった。イスラーム主義組織の研究者Ｍ・Ｊ・バーガーは、『アトランティック・マガジン』誌上で、「この写真は、膨大な回数リツイートされた。ツイッターで『バグダード』の単語を検索すると、これらの写真が真っ先に現れるほどである。イスラーム国はこのようにして、住民を恐怖に陥れるという目的を達成した」と述べた。

『ガーディアン』紙のバグダード特派員マーティン・チュロフは「ＳＮＳで拡散された一連のキャンペーンにより、バグダード侵攻の恐怖は増幅された」と報告した。

イスラーム国広報部門のポスター作製技術もまた、プロフェッショナルと言える。

「バグダードよ、我々は間もなく来る」のポスターの他にも、ムスリムの若者に向けたメッセージ「死ぬ機会は一度しかないのだから、殉教者として死のうではないか」や、有名なスローガン

「(イスラーム国は)存続し、伸張する」をあしらったポスターが存在する。彼らは「インスタグラム」を用い、こうしたポスターを世界中に拡散させる。

イスラーム国は、アルカーイダの第一世代、特にウサーマ・ビンラーディンより幸運だったといえる。

アルカーイダは当初、アラブと世界のメディア、そして自らの支持者に対するメッセージを拡散するために「アルジャジーラ」を頼っていた。このとき発せられたメッセージは、欧米の圧力により各所から削除された。一方イスラーム国は独自のメディアを持ち、メッセージを世界中に発信する際に第三者を頼ることはなかった。この時彼らが利用したのが、SNSや「YouTube」である。

SNSのオーナーは、イスラーム国関係者や支持者のページを監視し始めた、「ツイッター」や「フェイスブック」の投稿が削除されたり、宣伝映像の公表が阻止されたり、アカウントが閉鎖されたりした。しかし同時にイスラーム国の専門家は、こうした妨害を回避し、他の手段で発表する方法を即座に見い出した。

イスラーム国と彼らの複数の敵とのオンライン上の戦いは続き、最新兵器を有するアメリカ主導の有志連合との戦いも続いた。この戦いは数年、あるいは数十年単位で続くかもしれない。そして、その結末を予測することは難しい。

イスラーム国の構造や戦闘員に関する一般的なイメージ——特に「長い顎鬚《あごひげ》を生やし、教育を受けていない者たち」といったもの——の多くは正しくない。彼らは現代的で、科学技術、軍事、政治、戦略、メディアの分野に秀でた人材を有している。オンラインメディアにおける戦いは、今後メディアの発達とともに発展し、激化するであろう。メディアは六カ月単位で発達しているという。イスラーム国は今のところ、この戦いに勝利し、敵を恐れさせながら自らの目標を達成し続けているといえる。

第十章 西欧とイスラーム

――危険なゲーム

何世紀もの間、西欧諸国は、イスラームを自らの外交政策の「道具」として用いようとしてきた。イギリスの場合、大英帝国の時代からこうした政策が行なわれてきた。現代において、アメリカとイギリスの同盟は、アフガニスタン、イラク、リビア、シリアにおいて、厳格なイスラーム主義者との関係を構築したが、後に両者と敵対することになる。この章ではアメリカとイギリスが、自らの軍事的、政治的、外交的目的の一時的な達成のために様々な集団に対して行なった、無節操な武装支援政策について触れる。

これらの政策は結果的に、シリアとイラクの世俗・民主・リベラル諸勢力の弱体化(本来はこれらの勢力がパートナーとなるはずだったが)を招き、イスラーム国の台頭を許すことになる。

カリフ制の支援

オスマン帝国は数世紀の間、史上最大の統一イスラーム政体であり続けた。その版図《はんと》は北アフリカ、ヨーロッパ南西部、中東全域に及んだ。イギリスは一六世紀以来、オスマン帝国に味方しただけでなく、カリフ制を支持し、そのスルターン(イスラーム世界における君主の称号のひとつ。アラビア語で「権力［者］」、「権威［者］」を意味する)を「カリフ」、「イスラーム共同体の統治者」として支援してきた。カリフ制の樹立とイスラーム共同体の統一を目標とするアルカーイダや、アブー・バクル・バグダーディー率いるイスラーム国と敵対する現代のイギリスとは正反対の立場である。イギリスによるオスマン・カリフ制支援は、「東方問題」と称されるイギリスの利害に基づくものだった。オスマン・カリフ制の領土はイギリスにとり、フランスとロシアという、同じ植民地主義者のライバルに対する防衛線であり、東方との交易路を保護するものであった。

イギリスによる支援は、形式的な外交関係にとどまらなかった。一八五四年から一八五六年にかけて行なわれたクリミア戦争において、イギリスとオスマン帝国は共闘してロシアを破った。

イギリスの四〇〇年にわたるミステリアスなオスマン帝国支援は、第一次世界大戦の勃発により終焉を迎える。ムハンマド五世はこのとき、ドイツ側について参戦した。イギリスは一五〇〇万人以上のムスリムにカリフが及ぼす影響を恐れて、その処遇についての立場は揺れ動いていた。カリフを支配することは、スンナ派を支配することでもあるからである。イギリスは、ムハンマド五世を退位させるためアラブ人による革命を起こすこと、そして自らに従う適当な同盟者をその後継にさせることを決定した。そして、メッカの太守《たいしゅ》で預言者の一族とされるフサイン・ブン・アリーを同盟者に選んだ。イギリスはこの革命にアラブ人の優越感を利用した。メッカとマディーナで創始されたイスラームは自分たち(アラブ)のものである、とい

メッカのシャリーフでオスマン帝国からのアラブ独立運動の指導者、フサイン・ブン・アリー

オスマン帝国に対するアラブ人の反乱を支援した人物で、映画『アラビアのロレンス』の主人公のモデルとなったイギリス人、トーマス・エドワード・ロレンス

うものである。一九一四年、イギリスは「カリフ制を保持できるムスリムの共同体は、アラブ共同体のみである」と宣言、この宣言に基づき太守のフサインに書簡を送り、「純粋なアラブ人が、メッカとマディーナを中心としたカリフ制を建てる時」であると告げた。預言者の死後、マディーナはカリフ制の中心であった。イギリスは、武力を用いてでもカリフ制を守護する準備があるとし、聖地(メッカとマディーナ)を外敵から防衛すると約束した。

現在「テロとの戦い」を行なっている国が、一〇〇年前には「アラブによるカリフ制の復興」を、軍事力を用いてまで策していたのは奇妙なことである。

一九一六年、アラブ人による革命が始まった。しかし同じ年、イギリスとフランスによる悪名高い「サイクス・ピコ協定」(前出P.42、46)が結ばれる。この協定の目的は、太守フサインに保証されていた土地を分断するためであった。西欧による、自己の利益のみに基づいた裏切りと翻弄《ほんろう》に満ちた中東への介入はこの時始まり、現在に至るのである。

二年間続いた「大アラブ革命」は、オスマン帝国の崩壊をもたらした。イギリス軍とその同盟者、非正規アラブ軍は第一次世界大戦中、オスマン軍と戦っていた。

この戦いで有名となったのがトーマス・エドワード・ロレンス、「アラビアのロレンス」として知られる人物である。ロレンスは、太守フサインとその子息ファイサルとの間に信頼関係を築き、太守フサインによって「子息」と呼ばれるまでになった。ロレンスはファイサル指揮下に属し、数多くの戦闘に参加、のちにファイサルのアドバイザーとなる。オスマン帝国側がロレンスの首に一万五〇〇〇ポンドの賞金を懸けたが、それに応えたアラブ人は誰もいなかった。しかし不幸なことに、アラブ人のこうした高貴なマナーが報いられることはなかった。一九一六年、イギリスの諜報機関による覚書が作成された。ロレンスがその執筆者であった。彼はこの中で、アラブ革命の宣揚の裏にある計略について言及、「アラブ人社会はトルコ人社会のように安定しておらず、モザイク化した政体を持っている。分裂を好み、嫉妬にとらわれ、首長国が乱立しており、団結することができない。共同で我々に対し反乱を起こすこともできないだろう」とした。ロレンスは別の文書で、次のようにも語っている。「戦争が起きたため、『イスラームの分割』という、緊急の課題が付け加えられた。太守フサインは、この分割のために選ばれたのである。分割し、統治せよ、というわけである」

この目標の実行に際し、西欧は特定の宗派を選択しなかった。イギリスはイラクの支配を続けるために、時にスンナ派指導者に擦り寄り、時にシーア派指導者に近づいた。

石油の保障と西欧の外交政策

ここでは、一九五〇年～一九六〇年代の歴史を見てみたい。当時すでに石油は、西欧の外交政策を決定する上での基本事項となっていた。そして、「分割して統治する」政策がふたたび用いられることになる。一九五八年にイギリス政府が発行した文書には「我々の権益は、四カ所の産油地域(サウディアラビア、クウェート、イラン、イラク)にあり、この四地域は、異なる政体によって統治される必要がある(これらの国々は統一されるべきではない)」とあった。この政策に基づき、西欧はイラクとイランに軍事支援を行なう。その結果が、一九八〇年代の戦争となる。一九九〇年から一九九一年の第一次湾岸戦争においては、イラクのクウェート併合が阻止された。アメリカ、イギリス、他のヨーロッパ諸国は、アラブ民族主義がアラブの統合をもたらす可能性を危惧した。アラブ民族主義は、エジプトのナセル大統領(ジャマール・アブドンナーセル)とイラク、シリアの同盟者に率いられた民族運動となった。政治的、軍事的に強力な、左翼的政策を持った三つの国家がイスラエルに対抗することは、西欧にとっての悪夢であった。西欧諸国はこの阻止に動くことになる。

台頭するアラブ国家主義に対抗するため、西欧諸国はアラブ諸国のイスラーム主義運動、特にムスリム同胞団を支援するようになる。また、サウディアラビアのような湾岸諸国、ヨルダンのような、イスラーム主義者の王国と外交関係を強化した。こうした関係は、後述の通り、現在に至るまで中東の諸問題の原因となっている。

スンナ派のラディカルなイスラーム主義は、サウディアラビアのワッハーブ主義に代表される。サウディアラビア政府は、国際組織や国際的なイスラーム宣教機関を通じ、ワッハーブ主義を世界に広めた。一九六二年、サウディアラビアは「イスラーム世界連盟」を結成、亡命生活を送るムスリム同胞団関係者が多数参加する。

西欧諸国政府と、湾岸諸国の王制国家やムスリム同胞団との関係は常に不安定だった。すべてが西欧自身の利害に基づく行動であったためである。この問題については後述することにし、ここでは「アラブの春」以前と「アラブの春」における、エジプトのムバーラク政権に対する反対運動について述べたい。アメリカとイギリス両政府は、ムスリム同胞団を「最も(あるいは唯一の)誠実な政治的反体制勢力」と目し、支援していた。しかし二〇一四年、両国はサウディアラビアの圧力により、これまでの方針を転換しムスリム同胞団を「テロ組織」と見做すようになる。二〇一三年六月、国軍に率いられたエジプトの新たな世俗政権は、イスラーム主義者の大統領モルシーに対しクーデターを起こし、のちにムスリム同胞団指導部が法廷で裁かれることになる。

モルシーに対するクーデターを指揮したシーシ(前出P.204)は、イスラエルにとって「より好ましい友人」であり、新たな革命の動きが少しでもあれば、サウディアラビア当局が使ったような苛烈な暴力を用いるだろう。そしてそれは、サウディアラビアの政権の生き残りをかけた闘争に対する精神的支援となるだろう。サウディアラビアの実利的な政策は、自国とアメリカ、イギリスとのこれまでの関係にそってより強化されていくことになる。「イラクとシャームのイスラーム国」台頭のような中東を覆う混乱の主要な原因は、サウディアラビアの政策にあるのだが。

共産主義は「最大の敵」

一九五〇年代以来、ムスリム同胞団はCIAの資金援助を含む支援を受けていた。ナセルがエジプトのムスリム同胞団の殲滅を図ったとき、CIAはムスリム同胞団指導部のサウディアラビアへの亡命を助けた。亡命した指導部は、王国内のワッハーブ主義者に合流、地位を確立することができた。同時にサウディアラビア当局は、ムスリム同胞団の支部を国内に設立することを厳しく禁じる一方で、アラブ諸国のムスリム同胞団には資金援助を行なうなどして支援した。西欧に支援されたアフガニスタンでのジハード(一九七九年―一九八九年)の最も有名な指導者の一人にブルハーンディーン・ラッバーニーがいる。彼はカイロに留学経験を持つムスリム同胞団のメンバーであり、のちに「ジャマアーティ・イスラーミー」指導者となる。

アメリカとイギリスは、「自由の敵」とみなした共産主義の台頭を懸念していた。両国の共産主義に対するイメージはのちに、厳格なイスラーム主義者の間で共有されることになる。ソ連は第二次世界大戦後、地球の六分の一の面積を占め、地理的にも政治的にも真の大国となり、アメリカと交戦できる力を蓄えた。一九四九年、共産主義国家としての中国が建国されると、アメリカは、将来中国が他の共産国家と同盟関係を結ぶことを懸念するようになった。欧米にとって、共産主義と社会主義は国内の体制を脅かす存在ともなった。共産主義と社会主義が、「公正で自由な社会の実現のための変革」を掲げていたためである。外に目を転じると、中東における共産主義と社会主義の人気が高まっていた。欧米は、ソ連寄りの革命国家がアラブに誕生することを望まなかった。彼らの石油供給が脅かされる危険があったためである。

西欧にとって、ラディカルなイスラームは「共産主義とアラブ民族主義に対抗するパワーバランスとなりうる存在」であったのだ。

マーク・カーツはその著書『秘密の関係―イギリスとラディカルなイスラームの共謀―』で知られる。この著書の中で彼は、数百に及ぶイギリス政府の公文書を調査した印象を次のように記している。

「文書には現地の人々に関する言及はほとんどなく、彼らの利益はイギリスにとって重要でなかったことを示している。中東の人々の権利は、イギリスの地域戦略のために犠牲にされた。中東地域は、未だこのダメージから立ち直っていない」

イスラーム主義系政治組織ジャマーアティ・イスラーミーの最高指導者で初代アフガニスタン・イスラーム国大統領のブルハーンディーン・ラッバーニ

一九六七年、六日間戦争での(アラブ諸国の)敗北ののち、アラブの統一を志向する人々の感情は、イスラーム原理主義への回帰とシャリーアの施行を志向する流れへと変化していった。この変化は、アメリカとイギリスを満足させた。こうした「原理主義の覚醒」は一九七〇年代も続き、一九七〇年代後半に、アフガニスタンに侵攻したソ連と一〇年間にわたって戦うことになる「アラブのジハード戦士」が現れることになる。

現在のシリアとイラクにおけるスンナ派ジハード主義者たちと似た状況が、当時のアフガニスタンにおいても見られた。アフガニスタンでは、スンナ派の主要な組織は七つあり、これらはアメリカやサウディアラビア、イギリス、パキスタン、中国から六〇億ドルもの軍事支援を受けていた。これに加え「奉仕事務所」と呼ばれる組織があり、アブドッラー・アッザーム(前出P.138)が責任者を務め、ウサーマ・ビンラーディンはそのメンバーだった。この組織からのちにアルカーイダが誕生することになる。同組織は当時、グルブッディーン・ヒクマティヤール率いるアフガニスタン人のジハード組織とのみ共闘していた。

人々がアフガニスタン戦争について語るとき、実のところ反乱は最初からイスラーム主義者によるもの(=西欧にとって危険なイデオロギーに基づいた反乱)であったことに言及するのを避ける傾向がある。また、スンナ派のイスラーム主義諸組織のほかに、イランにより訓練、資金援助を受けたシーア派組織が八組織存在した。イラク戦争の直後の反乱の初期段階においても、ムクタダー・サドル(前出P.143)率いる「マフディー軍」がスンナ派武装勢力と共闘、ファッルージャでアメリカ軍を敗走させたこともある。それゆえ西欧が、現在中東を分断している血塗られた宗派紛争の扇動に努めているのも不思議ではない。

ソ連のアフガニスタン侵攻からわずか数カ月後、西欧は介入を開始した。このことについて触れる人は少ないが、本書では外国がアフガニスタンに介入した意図とその手法についてあえて述べたい。シリアとイラクで現在起きていることは、アフガニスタンでかつて起きたことの繰り返しであるからだ。

中国、パキスタンに国境を接するアフガニスタンの位置は戦略的要衝であり、アフガニスタンの支配権をめぐる大国間の戦いは数世紀に及んだ。一九七九年、アフガニスタンでクーデター（過去五年間で三回目のクーデターだった）が発生、ソ連寄りのムハンマド・タラーキーが全権を掌握した。これはイスラマバード、ワシントン、ロンドン、リヤドにとって好ましくない事態だった。まずパキスタン諜報部ＩＳＩが「イスラーム革命」を企図したが、人々の支持を得られず失敗した。その五カ月後（ソ連侵攻前）、アメリカの大統領ジミー・カーターは、パキスタンとサウディアラビアの協力を得ながら、イスラーム主義系反体制勢力に対する支援を秘密裏に開始した。カーターの国家安全保障問題担当補佐官ズビグネフ・ブレジンスキーは、「もしイスラーム主義者が蜂起すれば、ソ連が介入することになるが、その侵攻は失敗する。ソ連はベトナムのような泥沼に陥るだろう」とカーターに書き送った。一九七九年九月、新たな軍事クーデターがカブールで発生、副首相ハフィーズッラー・アミーンが全権を掌握する。モスクワは、アミーンが地位に留まることはできないと判断、同年一二月に軍隊をアフガニスタンに派遣する。アミーンはＫＧＢの特殊部隊員により殺

アフガニスタンの政治家、第２代革命評議会議長、ハフィーズッラー・アミーン（右）。後にKGBにより毒殺。アフガニスタンの政治家、初代革命評議会議長、ムハンマド・タラーキー（左）

ラディカルなイスラーム主義者を支援したイギリスの元首相、マーガレット・サッチャー(右)と、アフガニスタンのムジャーヒディーンを支援したことを後に後悔した、パキスタン元大統領ペルヴェーズ・ムシャラフ(左)

害され、ソ連のエージェントであるバブラク・カールマルが後任に就く。ブレジンスキーはカーターに対し、「イスラーム諸国と協力調整しながら、革命家を秘密裏に支援するキャンペーンを行なう必要がある」と提案した。

当時のイギリスは、アメリカと比べ介入に積極的でなかったが、首相マーガレット・サッチャーはアメリカの提案を歓迎した。一九七九年一二月、サッチャーはニューヨークにおける外交政策に関する会合において、ラディカルなイスラーム主義者への支援を発表し、イラン革命を賞賛、「私達は新たな試練に直面している。彼ら(イラン)が自らの宗教に基づいた国を建国したことは、私達の利益となる。彼らが輸入された偽のマルクス主義の虜《とりこ》になるのは見たくない」と述べた。

サッチャーはまた、イギリス議会において、アフガニスタンのムジャーヒディーンを「反乱勢力」と呼ぶべきではないと主張、彼らは「外国の侵攻と戦い、国土を防衛する人々」であるとした。ムジャーヒディーンの使節団がダウニング街の首相官邸を訪問した際、サッチャーは「皆さんは、あなたの宗教を否定し破壊しようとする無神論者の政権を拒否した」と称賛した。なお、サッチャーの歓迎を受けた使節団のメンバーの一人に、グルブッディーン・ヒクマティヤールがいた。彼の兵士達は、捕虜の皮を剥ぐ拷問で知られていた。

しかし、この「鉄の女」は当時、パレスチナでイスラエルの占領と戦っていたPLO、南アフリカの白人至上主義者と戦っていた「アフリカ民族会議」を、「テロリスト」と呼んでいたのである。

「イラクとシャームのイスラーム国」は、西欧のシリア、イラク介入の結果生まれたものである。かつてアフガニスタンのムジャーヒディーンを支援した西欧諸国が、ムジャーヒディーンの中からアルカーイダが生まれ、反西欧と「カリフ制復興」を掲げることになろうとは、想像していなかった。パキスタン元大統領ペルヴェーズ・ムシャラフは自らの日記にこう記した。「パキスタンとアメリカは、自ら設立を許可した組織に属するウサーマ・ビンラーディンが将来どのような行動に出るか、予測できなかった」

ラディカリズム――西欧の問題

一九九〇年代、ラディカルなイスラームはより厳格化していった。サウディアラビアはこれを支援し、資金を与えた。同時にムスリム同胞団の人気は低下していき、指導部らは「穏健すぎる」「エジプトの民主化運動に参加している」と非難された。ムスリム同胞団は国政選挙に無所属として参加し得票を得、ホスニ・ムバーラク政権に対する野党勢力としての地位を固めていた。サウディアラビアのムスリム同胞団支援も行なわれなくなった。一九九〇年、ムスリム同胞団はフセイン政権によるクウェート侵攻を支持したためである。ムスリム同胞団の安定化を望まないサウード家は、ラディカルなイスラーム主義者であるサラフィー組織を支援した。サラフィー組織は、サウディアラビアが公認するワッハーブ主義に傾倒していた。

西欧は、極端なイスラーム主義思想を懸念しはじめた。サラフィーたちが世界各地の戦闘に参加するようになっていたためである。一九九二年、アラブ人ジハード主義者たちがボスニアのムスリム支援のためヨーロッパに向かった。一九九三年、ニューヨークの世界貿易センタービルの爆発事件が、ラディカルなイスラーム主義者の手で実行された。彼らはアメリカ国内に浸透していたのだった。また、アルカーイダと関係する北アフリカ出身のジハード主義者「イスラーム武装集団」がパリの地下鉄を爆破、八人が死亡し一〇〇人が負傷する事件が起きる。

アメリカとイギリスはしかし、アルカーイダや他のイスラーム主義者の組織を支援するサウディアラビアを刺激したくなかった。結果、ラディカルなイスラーム主義者は野放しにされた。

イギリス政府と情報部は、極端な思想を持ったイスラーム主義者が直接的な脅威になるとは認識しておらず、一九九〇年代には、「ロンディスタン」とメディアで呼ばれることになるコミュニティーが形成された。こうした「放置」には利点もあった。イスラーム主義者はロンドンに移住し活動したが、これによりイギリスを標的とした攻撃は起きなかった。事実、「ロンディスタン」で最も有名な存在だったアブー・ムスアブ・スーリー（ウサーマ・ビンラーディンの「駐ロンドン大使」であったハーリド・フォワースもいた）は私に、イスラーム主義者とイギリス情報部の間に「非公式な合意書」が存在することを認めた。

一九九〇年代を通じ、二〇〇一年に九・一一事件が起きるまで、サウディアラビアの団体からアルカーイダや他のサラフィー主義組織に支払われた資金の総額は三〇〇万USドル（約三億七二〇〇万円）に及ぶ。その間も、アメリカとイギリスはサウディアラビアと良好な関係にあった。一九九三年、議会を引退してちょうど一年になるマーガレット・サッチャーは、チャタムハウスにおける会合において、「サウディアラビアは、穏健で、安定性を持つ世界屈指の国家」と述べた。サウディアラビアの人権侵害に関する報告に関して尋ねられた彼女は、「私達は、サウディアラビアの国内問題に介入するつもりはない」とだけ答えた。のちにトニー・ブレアは、サウディアラビア、湾岸諸国、トルコ、パレスチナ自治政府、イスラエルを「穏健の枢軸」と評した。

第一次湾岸戦争は、地域に二つの大きな変化をもたらした。一つは、サウディアラビアがイスラエルのように、存続のためアメリカに完全に依存するようになったことであり、もう一つは、アメリカが、かつてベトナムで行なったような暴力的な手法を、中東で繰り返すようになったことである。CIAはサッダーム・フセインを弱体化させるため、イラク南部でのシーア派による反乱を扇動したが、フセインによる空軍を使ったシーア派への徹底的な反撃、弾圧を黙認した。ヘリコプターを使ったこの空爆により、数千人のシーア派が殺害された。

アメリカの介入は、最初から最後まで、こうした醜聞に満ちている。ブッシュ（父）政権は、この秘密の反乱に四〇〇〇万USドル（約四九億六〇〇〇万円）を費やした。アメリカはまず、シーア派とクルド人の指導者をサウディアラビアに呼び、訓練を行なうと同時に、主要な二つの反体制派――「イラク国民合意」と「イラク国民会議」――の設立と資金援助を行なった。「イラク国民合意」は、イギリス情報部MI6と関係を持つアドナーン・ヌーラに率いられていたが、ヌーラは一九九六年にクーデター未遂事件を起こし処刑される。「イラク国民会議」は、アメリカ国防総省に近いアフマド・ジャラビーに率いられていた。

サッダーム・フセインは、湾岸戦争後厳しい経済制裁に晒されながらも、一二年間延命した。アメリカとイギリス、その同盟者である「穏健なスンナ派」の計画が失敗した結果であった。

ブッシュ父子の政権、サッチャー、ブレア両政権は、その短期的な政策で知られた。目前の目標達成のためにあらゆる手段が用いられ、その後起こるであろう結果、あるいは意図せぬ結果については考慮されなかった。こうした近視眼的なビジョンと、金融市場をコントロールしようとする無遠慮な行動は、西欧の中東政策を破綻させる恐れがある。彼らの政権の初期、アフガニスタン戦争終結後にアルカーイダが現れた。

その後アルカーイダはイラク占領期間中成長を続け、最も血塗られたアルカーイダの「カリフ」が、イスラーム国を率いて現れる結果となった。それは、シリアとイラクにおける宗派抗争の産物だった。

アメリカとイギリスの軍事、政治両面にわたる中東支配は、産油国のスンナ派王制国家によって支援されていた。これらの王制国家には、自らの存続のためにアメリカとイギリスの軍事力が必要であった。二〇〇三年、アメリカとイギリスが共謀して起こした第二次湾岸戦争は、その計画性のなさにより最悪の悲劇をもたらした。西欧はイラクを、自らの宿敵であるイランに差し出すことになり、現在に続く地域の混乱を創出した。この大混乱に乗じ「二つの河の地のアルカーイダ」が台頭し、のちの「イラクとシャームのイスラーム国」、イスラーム国となる。

しかし、アメリカとイギリスは「過激派と戦うため」、従来の「穏健なイスラーム」との同盟を継続した。二〇〇四年、駐シリア・イギリス大使バシル・エストッドと、レーガン政権時代の国務副長官リチャード・マーフィーは、「中東における政治的イスラームの変遷」に関する報告を作成、西欧諸国の今後の中東政策に対する参考とするよう勧告した。二人はこの報告において、中東で最も人々の支持を得ている政治組織の殆どは「残念ながら」政治的イスラームであると指摘した。この指摘は、チュニジアとエジプトにおける「アラブの春」が成功し、イスラーム主義者が選挙で勝利した劇的な展開の中で現実のものとなる。

この時西欧は初めて、政治的イスラームの中に二つの流れがあることに気付く。一つは、非暴力による改革を志向する諸派、もう一つは暴力を宣揚するジハード主義者である。

のちに後者(ジハード主義者)はより多くの支持者を得ることになる。二〇〇六年、トニー・ブレアは、「中東において起きる次なる戦争は、穏健なイスラーム主義者と、厳格なイスラーム主義者の戦いになろう」と明言した。ブレアはまた、ロサンゼルスの国際問題研究機関において、西欧は穏健な勢力を支援することになるとし、「我々は穏健なイスラーム主義者を、ラディカルなイスラーム主義者に勝利させなければならない」と述べた。ブレアは、ダウニング街の前任のイギリス歴代首相たちと変わらない。彼は中東の人々のことを考えず、自国の経済的な利益に基づいて行動しているだけである。彼はこれまで、アラブ諸国の諸機関から得られる経済的利益のことしか語ってこなかった。彼はこうも語った。「穏健なイスラーム主義者の勝利は、『開かれたイスラーム』を意味する。『開かれた』とは、『世俗化した』ということである。」

少し前まで西欧諸国の政治家は、「穏健」という言葉をサウディアラビアや湾岸諸国を指す言葉として用いてきた。二一世紀に入り、彼らはムスリム同胞団を「穏健」のカテゴリーに入れるかどうかで悩んでいる。二〇〇五年、エジプトの総選挙でムスリム同胞団が躍進したのち、イギリスとアメリカは、ムスリム同胞団とコンタクトを取り始めた(ムスリム同胞団はムバーラク政権下では非合法組織であったため、彼らは無所属として選挙に立候補していた)。イギリスとアメリカは、「アラブの春」が始まる以前より、アラブの大国内での混乱を企図していたようである。二〇〇七年から二〇〇八年にかけ、イギリスとアメリカは、亡命中の「シリア・ムスリム同胞団」指導部らと接触する。イラク戦争直前の二〇〇三年二月、トニー・ブレアはイギリス議会において、「イラクは、『シリア・ムスリム同胞団』のようなラディカルなイスラーム主義者を支援することでテロ支援に手を染めている」と発言していたにもかかわらず、である。

二〇〇八年から二〇〇九年にかけ、イギリス閣僚ジャック・ストローとヘーゼル・ブレアズは、「『ムスリム同胞団』はテロ組織ではない」と議会で発言した。二〇一一年、ヒラリー・クリントンはエジプトのムスリム同胞団と良好な関係を築くと明言した。この時ムスリム同胞団は政権与党であった。クリントンは議会において「彼ら(ムスリム同胞団)は平和的で、暴力の行使を行なわないと明言している」と発言した。二〇一四年、アメリカとイギリス、サウディアラビアは、ムスリム同胞団を「テロ組織」と認定した。同時期、アルカーイダや類似の組織はムスリム同胞団を「民主運動に参加し、武装闘争から離れた」と非難していた。

西欧は今も、「穏健なサウディアラビア」が、世界中の「過激派」の問題を解決してくれると信じている。この信念に、中東のアナリストは驚かされた。サウディアラビアは五〇〇億USドル（約六億二〇〇〇万円）あまりを、ワッハーブ主義を世界中に広めるために費やしてきた。そして、アルカーイダや類似の組織に数十億USドル（約数千億円）を支払ってきた最大のスポンサーは、サウディアラビアの団体や個人だった。加えてイスラーム国には多数のサウディアラビア人が参加している。また、イラク国内の外国人戦闘員の情報を登録した「シンジャール文書」（前出P.298）によって、二〇〇七年当時イラク国内で活動していた外国人戦闘員の四五％がサウディアラビア人であることが明らかになった。

アラブ諸国の革命は、シリアとリビアに大混乱をもたらしたが、こうした混乱の中では、「穏健派」と「厳格なイスラーム主義者」の区別がつかなくなった。西欧のリビアに対する介入は、ラディカルなイスラーム主義者を解放し、旧カッザーフィー政権が所有していた武器が持ち去られるという結果をもたらしたため、オバマ政権はシリア政策を変更せざるを得なくなった。この変更はサウディアラビアを怒らせる結果となった。そして結果的に、重武装した最も過激なイスラーム主義者が支配権を握ることになった。

先に挙げた、「分割し、統治する」方法は、明確なプランが用意されていれば成功を収めるであろう。しかしこの方法は、同盟関係が目まぐるしく変わり、混乱が拡大する現代の中東にあっては、適用するのが困難になりつつある。

アメリカとイギリスによる、ラディカルなイスラームとの「共謀」は、計画したときとは逆の結果をもたらした。それは「イラクとシャームのイスラーム国」のような最も極端な思想を持った組織を生むことになり、西欧がかつて望んだような「世俗的でリベラルな民主国家」の建設は、不可能に近くなっている。中東地域は、終わりのない暴力的な権力闘争、果てしのない宗派抗争の泥沼に沈みつつある。

第十一章

イスラーム国の未来

イスラーム国は短期間のうちに、国際法が規定するところの「国家」を建設した。この「国家」はさらなる領土拡大を狙っているが、軍事作戦によって壊滅させることは難しいと思われる。彼らは既に、あまりに多くの都市や町村に拡散してしまっているばかりか、世界中の様々な類似のイスラーム系勢力に支援されているためだ。加えて彼らは、すばやく回復し拡散する能力を持っている。ある場所で形勢不利になるとただちに撤退し、別の場所に侵攻し再び拡散するという手法を繰り返している。

アルカーイダ系を含むイスラーム系武装勢力諸派の中には、当初イスラーム国に忠誠を誓うことを拒否しながらも後にそれを撤回する例もみられる。「アフガニスタン・ターリバーン運動」の場合、イスラーム国に忠誠を誓わないまま、彼らを支持した。「ターリバーン運動」には自らの「カリフ」ムッラー・ウマルがいたためである。しかし、いずれ彼らもイスラーム国に忠誠を誓うか、イスラーム国と戦うかの選択を迫られることになるかもしれない。

最も危険なシナリオは、イスラーム国と「ターリバーン運動」が相違を乗り越えて合意に達し、共闘関係を築くことである。それは中東・アジア地域を揺るがすものとなるだろう。

中東は今、サウディアラビアとイランに代表される宗派抗争に忙しく、イスラーム国との本格的な戦争を始められる状態にない。仮に今後、サウディアラビアとイランがイスラーム国に対し、何らかの共同行動をとることに合意できたとしても、その時はすでに手遅れになっているだろう。宗派抗争、「アラブの春」、圧政者との戦い、騒乱、破綻国家、インターネット、西欧の「十字軍的思考」……すべてが中東を混乱させた。

六〇カ国が参加する「有志連合」（一九九〇年代以降の冷戦終結後、国際連合の規定する国際連合平和維持活動の形を取らず、平和維持活動や軍事介入を行う、地域概念にとらわれない、意思と能力に基づく連携関係の称）という形をとった、アメリカ主導の西欧による無計画な軍事介入は、地域の混乱を助長した。西欧のこうした介入は、中東地域の人々の目には「宗教、文化の価値観を変えようとする試み」と映った。

イスラーム国は戦争や戦闘員のリクルートを行なうにあたり、「宗教的な正当性」で理論武装する必要があった。もし非難を受けた場合、宗教的に権威づけられた反論を行なう必要があったためである。この目的のためにイスラーム国が依拠したのが、サウディアラビアの宣教者バンダル・ブン・シャーラーンだった。ブン・シャーラーンは、宣教者をリクルートすることになった。しかし結果的には、こうした旧式の宣教者たちの説教や言説よりもイスラーム国の戦果の方が、若者たちのリクルートに役立ったのである。

イスラーム国の弱点は、空軍と防空システム、長距離ミサイルを有さないことにあるが、士気が高く、殉教精神に富み、自爆攻撃も厭わない地上軍がこの弱点を補っている。

内部抗争や離反以上にイスラーム国が恐れる事態は、「バグダーディーの死」であろうが、バグダーディーの周囲は厳重に警備されているほか、有能な側近が揃う中枢機構は盤石《ばんじゃく》である。「政府機関」も安定した運営を行なっている。こうした強力な機構は、万一の時新たなカリフを選出できるであろうし、現在のカリフを退任させることも可能であろう。アルカーイダは指導者の暗殺によって弱体化したが、イスラーム国はアルカーイダのような、一人の指導者によって率いられる組織ではない。

ジハード主義組織の歴史において、イスラーム国が行なっているような、広範な地域の支配と諸機関の管理、徴税や裁判所の開設、治安維持、自前の資金・武器の所有、政権運営を実現させた組織はこれまで存在しなかった。イスラーム国はこうした能力により、組織の維持と領土拡大を実現したのであり、このことは、イスラーム国の軍事・政治機構の壊滅を困難にしている。アルカーイダはアラブ諸国から数千キロ彼方のアフガニスタンで設立・育成された。そして二〇年間に及ぶアメリカ軍の空爆や戦争に持ちこたえながら、九・一一事件のような、アメリカやヨーロッパを標的とした攻撃を継続して行なってきた。イスラーム国はアルカーイダよりも、存続と拡大の機会を有していると言えるだろう。「イスラーム国」は自身の出身地(アラブ)に本拠を置き、「客人」ではなく自らの意思、自らの資金と武器で行動していることに加え、より整備された機構を有しているためである。何よりも彼らは、他の組織に忠誠を誓わず、「カリフ」であるアブー・バクル・バグダーディーを指導者としている。

イスラーム国誕生の背景には、イラクにおけるスンナ派に対する弾圧と冷遇、国内外から支援を受けたスンナ派とシーア派間の宗派抗争がある。この宗派間抗争は今後数十年の間続くと思われる。ヌーリー・マーリキー(前出P.59、154)からハイダル・アバーディー(前出P.60、169)への政権交代によっても中央政府の宗派が変わることはなく、国内のスンナ派、そしてサウディアラビアをはじめとするアラブ湾岸諸国の不満は収まっていない。アバーディーは、就任・組閣後初めての外遊先にテヘランを選び、イラク人を落胆させた。

中東全域、特にイラクとシリアは、これまで以上に激しい内戦へと向かっているように見える。トルコやイラン、サウディアラビアといった周辺諸国は、近い将来この内戦に巻き込まれることになるだろう。

イスラーム国の領域は、今後数年間、対戦国との戦闘の推移により拡大と縮小を繰り返すであろうが、彼らが存続し拡大する可能性は、壊滅の可能性よりも大きいように思われる。アメリカ軍機によるイスラーム国拠点への空爆は増加しているが、依然その効果は限定的である。イスラーム国は、「ターリバーン運動」が一三年間の空爆に耐えたように、空爆に「慣れて」きたのかもしれない。

イラクは、アメリカとその同盟国のアラブ諸国にとって、大きなトラウマとなるだろう。二〇〇三年の最初の軍事介入は、アルカーイダに「最適の環境」を提供し、彼らにアフガニスタンからアラブの「中枢部」に侵入する機会を与えた。現在起きている軍事介入は、同様の結果か、それ以上の結果をもたらす可能性がある。イスラーム国の人気は軍事介入後上昇し、絶望した数千人のムスリムの若者の新たなリクルートに成功した。今後、シリアのイスラーム主義勢力諸派によるイスラーム国との直接的、あるいは間接的な関係構築の動きは活発になるだろう。ここでいう「間接的」とは、イスラーム主義勢力諸派内部で離反した一派がイスラーム国に合流するといった事態を指す。

イスラーム国は、その賛否はともかくとして、世界中の絶望したムスリムを最も惹きつける勢力であることに間違いない。彼らにとってイスラーム国は、「不信仰者や十字軍、アメリカの支配と戦い、イスラームの栄光を取り戻す」ためのシンボルとなっている。

イラク第二の都市モスル、ラッカやデリゾールを支配下に置き国境を撤廃したイスラーム国の成功は、若者たちを惹きつけた。「アラブの統一」というスローガンを掲げてきた、シリアやイラクのバース党のような世俗政党や、マルクス主義者が数十年にわたって失敗し続けてきたことを、イスラーム国は実現したのである。

政府軍がイスラーム国を打ち負かす可能性は極めて低い。アメリカは、イラクとシリアへの地上軍投入を躊躇している。サウディアラビアもトルコもまた、自らの損害と、非正規軍との市街戦の経験不足から、介入を躊躇している。

トルコが抱える問題

レジェップ・タイイップ・エルドアンのイスラーム政党「公正発展党」に率いられたトルコの現政権は、今後、対イスラーム国地上戦に参加しても、あるいは参加しなかったとしても、大きな打撃を受けることが予想される。もし対イスラーム国戦に参加しなければ、様々な宗派が混在する複雑かつデリケートなトルコ社会に深刻な影響を及ぼすほか、ＮＡＴＯ加盟国としての外交関係、目標とするEU加盟にも悪影響が出るだろう。

トルコはアサド政権打倒に失敗し、エルドアンの「イスラーム世界を『ムスリム同胞団』が支配する」計画は混乱をきたした。ムスリム同胞団はエジプト、チュニジア、イラク、リビアに存在していたが、エジプトのムスリム同胞団政権が崩壊し、ジハード主義者たちがその空白を埋めるように存在感を増したことに、エルドアンは失望した。イスラーム国もまた、厳格なサラフィー・イスラーム主義思想に基づき、空白地帯のすべて、あるいは一部を長期間占有できるチャンスを摑んだ。

アメリカのイスラーム国に対抗するための地域政策は、長期かつ段階的なプランに基づいている。第一段階は、空爆によりイスラーム国を疲弊させ、第二段階ではアメリカがサウディアラビアにおいてシリア反体制派を訓練し新規のシリア軍を設立することと、アメリカの専門家によるイラク軍の再建を同時に実現させることになっている。

トルコの前首相で現第12代大統領、レジェップ・タイイップ・エルドアン

新たに設立されることになるイラクとシリアの軍が、イスラーム国に対抗しうる力になるかは疑わしい。イラク軍の総数は三五万人であり、訓練と武器支援に四一〇億USドル（約五兆八四〇億円）が費やされたにもかかわらず、イスラーム国のモスル進軍を前にあえなく崩壊した。将兵の戦意が喪失していたことに加え、宗派主義的なマーリキー政権のもとでは、戦う意味が見出せなかったので

である。

シリアの「覚醒評議会」

シリアの反体制武装勢力は、ジハード主義勢力（イスラーム国、ヌスラ戦線、アハラール・シャーム）と、湾岸諸国に支援された「穏健派」と称される世俗主義勢力に分類されるが、双方による血塗られた抗争が今後予想される。ジハード主義勢力が今後、彼らが「シオニスト・アメリカ連合」と称するアメリカの攻撃に対抗するため団結し、アメリカや「背教者」（アメリカの同盟者のアラブ諸国）に戦いを仕掛けることも考えられる。

対イスラーム国戦を指揮するアメリカ軍中枢は、かつて駐イラク総司令官デービッド・ペトレイアスが、二〇〇六年から二〇〇八年にかけてイラク国内で伸張した、アルカーイダ系勢力を壊滅させるため設立したような「覚醒評議会」を、シリアにおいても設立することにした。イラクの「覚醒評議会」の総数は一〇〇〇人であり、アルカーイダの掃討と本拠地アンバルからの放逐に成功した。

「穏健なシリア反体制派」と「自由シリア軍」、「イスラーム軍」、「ハズム」等の勢力が、「シリア覚醒評議会」を設立することになり、イラクの「覚醒評議会」がジハード主義組織に行なったような作戦を遂行することが予定されている。その第一陣とみられるのが、二〇一四年一〇月に、「クルド統一党」の戦闘部門「クルド人民保護部隊」救援のために向かった勢力である。「自由シリア軍」指導部はかつて、この「クルド統一党」を「アサド政権と協力する裏切り者」と非難していたが、シリア北部アイン・アラブ(クルド名コバニ)をイスラーム国の攻撃から防衛するために、「クルド統一党」救援を決定したのである。

新しく発足した「シリア覚醒評議会」は、「有志連合」による空爆が続いている限りは、イスラーム国を弱体化させることができるだろう。しかし、イスラーム国を壊滅させることができるかどうかは疑わしい。「覚醒評議会」は、イスラーム国がアイン・アラブ攻略に向かう途上で支配していった地域の支配権を取り戻すことができるであろうが、戦闘は「ヒットアンドラン」の繰り返しである。二〇〇八年から二〇〇九年にかけイスラーム国は、イラク政府軍の攻撃を受けた際は「スンニ・トライアングル」に逃げ込むことを繰り返していた。

「有志連合」と「覚醒評議会」がイスラーム国に対して行なっている戦争で最も得をしたのはシリア政府であろう。シリア政府は、互いが殺し合うのを傍観していれば良いのである。しかし仮にアメリカがイスラーム国の弱体化、壊滅に成功したならば、彼らは安閑としていられなくなる。アメリカの次なる目標は、シリア政府なのだ。

アラブの大国であり、かつてのウマイヤ朝とアッバース朝の本拠地であったイラクとシリアが、宗派主義に基づいて分断される可能性は高い。一九四七年のインドで起きたような分断(インド、パキスタンへの分割)、そしてユーゴスラビアのような分断(セルビア、ボスニア、クロアチア、コソボ、モンテネグロ、スロベニア)の可能性である。イギリスの思想家バーナード・ルイスが構想したこうした分断は、領土拡大を目指し伸張し続けるイスラーム国にとっては好都合となるだろう。

武装民兵は、敗北を続ける従来の軍隊に代わる存在になりつつある。イラク軍、リビア軍、イエメン軍は、スンナ派・シーア派双方の武装民兵によって崩壊に追い込まれた。イラクの「権利を持つ者の軍」、「バドル軍」、「サラーム軍(旧マフディー軍)」、クルドのペシュメルガ、イエメンの「ホウシーのアンサールッラー」、レバノンの「ヒズブッラー」はいずれも、正規軍より強力な存在となった。一方、シリア政府軍は離反によっても動じず四年間戦闘を続け、エジプト政府軍はエジプトの支配者となり、アルジェリア政府軍は、一九九〇年代初頭以降、イスラーム主義者による革命を抑えることに、現在に至るまで成功している。

宗派に基づいた三つの連邦でイラクを分割する計画は、依然成功していないが、イラク人の間で統一されていたアイデンティティは弱まっている。イラクには二つの選択肢がある。ドイツのビスマルクのように強力な武力で国内を統一するか、イラクを三つの独立国(スンナ派の国、シーア派の国、クルドの国)に分割するかのいずれかである。

「イラクのビスマルク」が現れる可能性は低いだろう。イラクが分割される可能性も不透明である。仮にイスラーム国が、イエメンの「ホウシーのアンサールッラー」が首都サナアやホデイダ、南部の大部分、紅海の入り口バーブルマンデブ海峡を制圧したように、バグダードを制圧することになれば、イラクの地図自体が変わることになる。イスラーム国の指導部はビスマルクを超える事業を成し遂げるのであろうか。

彼らが建国を望むカリフ国の首都と定めているのは、バグダードではなくメッカである。アブー・バクル・バグダーディーが自らの名称に常に「フサイニー」と「クラシー」を冠し預言者一族の出自を示しているのは偶然ではない。

失敗、あるいは成功の可能性

二〇〇一年の九・一一事件後、アメリカは「テロとの戦い」を開始したが、そこで大きな失敗を犯した。アメリカはこれまでに二兆USドル(約二四八兆円)を費やし、やがて五兆ドルに達する可能性がある。戦争は、六〇〇〇人のアメリカ兵のイラクとアフガニスタンにおける死、自ら誇っていた民主的な憲法の改悪、人権と表現の自由の制限、西欧の大使館、空港のセキュリティー強化をもたらした。アメリカはイラクに戻り第二の戦争を始めようとしているが、次なる戦争はこれまでの戦争のような結果になる可能性がある。

アルカーイダに対する戦争は激しいものであったが、その結果アルカーイダはさらに強力となり、より広範に拡散した。九・一一事件前、アルカーイダの拠点はアフガニスタンの一カ所にすぎなかったが、このアルカーイダのアフガニスタン拠点は、今や彼らの本拠地ではなくなっている。アルカーイダの本部は、力をつけたイエメンやイラク、パキスタン、マグリブ諸国、ソマリア、アフリカ沿岸地域の支部に比べると、弱小な存在となった。

イスラーム国は段階的に、アルカーイダの本部の後継者となっていった。そしてイスラーム国は、その軍事的勝利と、彼らの言説によれば純粋なイスラームを復興するところの厳格な一神教のイデオロギーによって、アルカーイダの中東の支部の後継者ともなる可能性を秘めている。イスラーム国の戦闘員は一〇万人を超え、正規軍に加え、市街戦向けのゲリラ部隊も有している。このような構成の軍隊は、中東のみならず世界でも珍しい。

二〇一一年初頭「アラブの春」が起きたとき、アラブの人々は、民主化、腐敗した独裁政権の崩壊、社会の平等化と公正の実現、人権と自由の保障が実現すると希望を抱いた。しかし、この革命は外国と、自国の体制維持に執心するアラブの非民主的な王制の介入によって失敗することになる。この失敗は、革命が起きた国には短期的な、湾岸諸国には長期的な「破滅」をもたらした。革命が到達したイラク、リビア、イエメン、シリアといった国々は流血の混沌に覆われた破綻国家になってしまった。特にシリアとイラク、イエメンでは、中央政府の崩壊は、ジハード主義的イスラーム主義という(民主化の)代替候補を利し、それが以前より強力になって甦るのを許した。

アラブ・イスラエル紛争の解決の失敗とヨルダン川西岸の植民地化、二年ごとに起き、数千人の犠牲者を出した封鎖下のガザに対する攻撃は、イスラーム国に存立の口実を与えることになった。

PLOが調印したオスロ合意(イスラエル軍が、第三次中東戦争で占領したガザ、ヨルダン川西岸両地区から撤退してパレスチナ側が暫定自治を行うことや、境界線や最終地位を巡る交渉を進めることを定めた合意)、「ハマース」の武装闘争を止めさせるための宣撫《せんぶ》(占領地などで、占領軍の方針をよく知らせて人心を安定させること)、アラブ諸国政府によるイスラエルとの密約やガザ攻撃に関する「共謀」は、厳格なジハード主義者に「パレスチナのための戦い」という大義を与え、彼らがパレスチナ内部で台頭する結果になった。イスラーム国は既にガザ地区と西岸地区に到達し、ラファハ（パレスチナ自治区都市ガザ地区の南西端、エジプトとの国境沿いに位置する都市）には既に細胞が形成されたとの情報もある。

この細胞が数カ月、あるいは数年の間に成長し拡散する可能性も否定できない。預言者イブラーム（アブラハム）がモスクで行なったような、アクサー・モスクに対するイスラエル当局による（アラブ人とユダヤ人の間での使用権の）空間的時間的分割が行なわれるならば、この細胞はさらに成長するだろう。

パレスチナ問題

イスラーム国は、パレスチナ問題に全く関心がないとする見方がある。「パレスチナに向け、一発の銃弾も撃っていない」というのがその根拠である。確かに、この見方は表面上は正しいように思われるが、裏の実情は異なると思われる。

私はイスラーム国の理論指導者の一人（匿名）に、イスラーム国がパレスチナ問題に触れない理由について直接尋ねたことがある。彼は次のように答えた。

「イスラーム国には優先順位がある。今イスラーム国は力を蓄える段階にある。この段階が完了すれば、次の段階『解放』に向けて動くことになり、私達はユダヤ人とその政府と戦い、双方を滅ぼすだろう。第二代カリフ・ウマル・ブン・ハッターブの治世においてパレスチナ、シャーム全域が解放されたが、それはペルシャとイラクの解放が行なわれた後に実行された」

イスラーム国は「野蛮さの戦略」を、SNS上のメディア等を通じ、可能な限り公表拡散しているが、その目的は敵を恐れさせることにある。彼らは今後もこの戦略に基づき、殺害や石打、奴隷化を、「誇りをもって」世界中に報告する作業を続けるだろう。

外国人の人質をカメラの前で殺害し、その映像を高度な技術で編集し、インターネット上に公開する行為は、アメリカと同盟国をアラブの地におびき寄せた上で戦闘に持ち込むことを最終目標としている。この目標達成のために、彼らは今後も処刑をエスカレートさせることが考えられる。

またイスラーム国は今後数年間、宗派対立をさらに扇動し、「スンナ派の軍事責任者」を自認するだろう。チンギスハーンが行なったような、恐るべきテロは続けられる。イスラーム国はトルコに対し、アメリカ主導の「有志連合」に加わることがあれば、トルコ国内に「戦場を移し」、トルコの観光産業に打撃を与えると脅迫した。「有志連合」に参加し、油田などを空爆したサウディアラビアや他の湾岸諸国の国内に眠るイスラーム国の細胞を呼び覚まし、国内の治安を混乱させることも考えられる。

イスラーム国の次なる戦場がどこになるかを推測するのは難しい。モスルを制圧したイスラーム国が進撃する先はバグダードと誰もが推測していたが、彼らが向かった先はアイン・アラブ(コバニ)だった。トルコ―シリア国境に緩衝地帯を設けることが侵攻の目的だったとみられる。偶

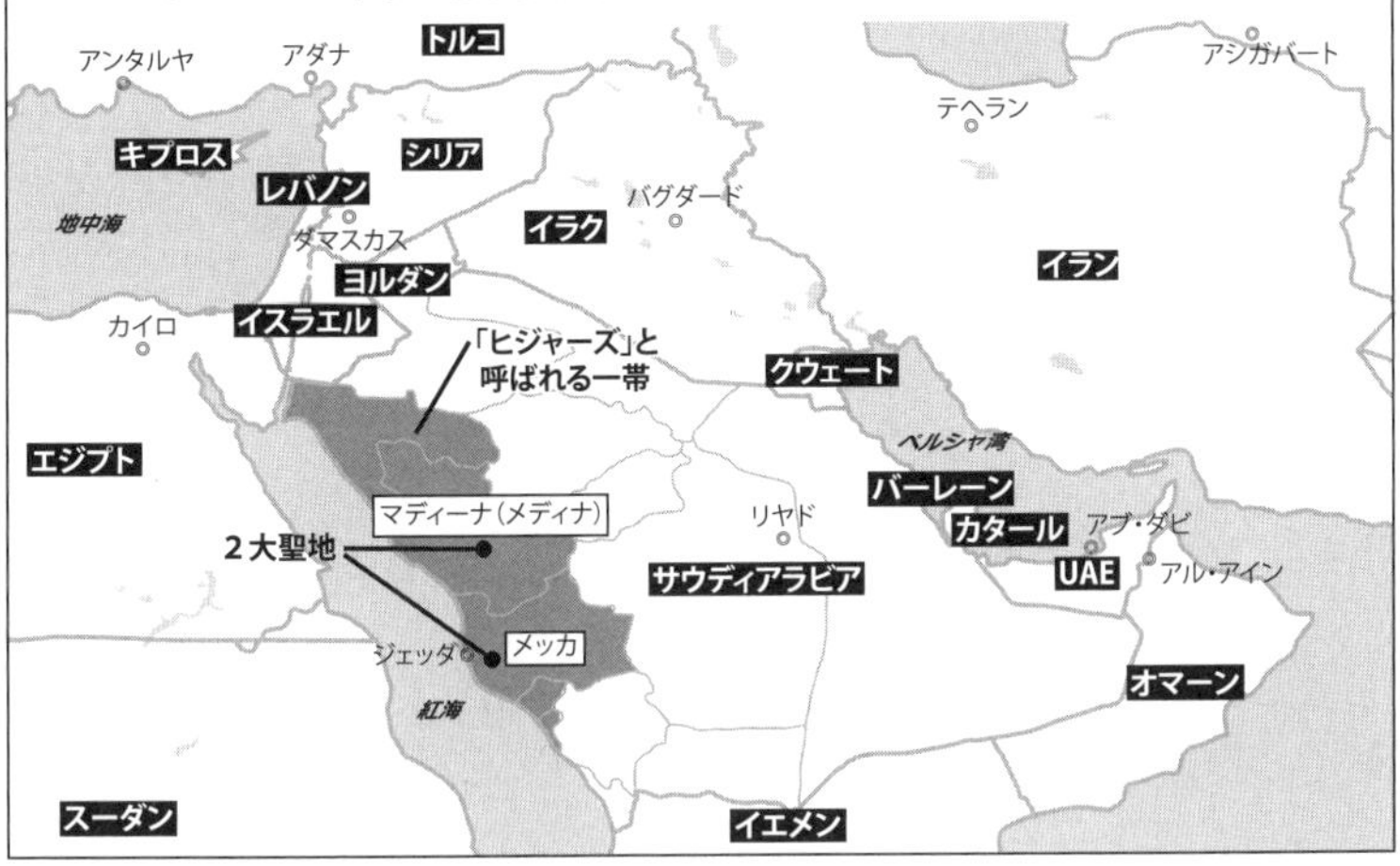

イスラーム国の最終目標の地、「ヒジャーズ」と2大聖地

然にも、トルコ政府は同じ緩衝地帯構想を持っており、アメリカはこの構想を拒否し続けている。バグダードはイスラーム国の制圧目標であることに変わりはない。イスラーム国は制圧のタイミングを狙っている。

私は、バグダーディーに近いある人物に、イスラーム国の最重要目標は何かと問うたことがある。この人物は即座に「ヒジャーズ（前出：アラビア半島の紅海沿岸の地方）の地と、そこにある聖地だ」と答えた。

今後、私達はイスラーム国の行動を注視する必要がある。カリフ制の確立を完成させるには、メッカとマディーナを支配しなければならないのである。

欧米はイスラーム国が、アルカーイダが実行したような、九・一一事件やマドリードの鉄道爆破、ロンドンの地下鉄爆破といった、欧米の首都を標的とした行為に及ぶ可能性を検討している。

イスラーム国の用いる手法、政治的、軍事的な戦略は、アルカーイダのそれとは異なる。イスラーム国は、「テロ組織」ではなく「国家」として振る舞い、彼らが優先するのは領土の支配と拡張である。イスラーム国がアルカーイダのように、欧米に細胞を送り込んで復讐に及ぶ行為は、現時点では考えられないと思われるが、将来的には考えられる。二〇一四年一〇月カナダの首都オタワにおいて、議会に侵入し首相を暗殺しようと企て、カナダ軍兵士を殺害したマイケル・ゼハフのように、「有志連合」の参加国の内部にいる細胞に「任務」を実行させる可能性は今後考えられる。カナダではゼハフの他に、マーティン・ロコがカナダ軍兵士を車ではね殺害する事件も発生している。ゼハフもロコも、イスラーム に改宗したばかりで、凶行の動機はいずれも「カナダが『有志連合』に参加し、イスラーム国拠点を空爆したことへの抗議」であった。

イスラーム国は、欧米国籍の七〇〇〇人以上の戦闘員、広報・技術部門関係者を擁する。イスラーム国は、自組織の安定化に成功した後、次のステップとして欧米諸国を標的とすることも考えられるだろう。

イスラーム国の構成員を「首を切り、石打の刑を執行する以外には能がなく、殉教だけを目標としている冒険的なジハード主義者」と決めつけるのは誤っている。彼らは、行政、軍事、政治、メディア、治安など様々な分野の「頭脳」を結集した集団であり、プランニングとリサーチに長け、諸機関を運営している。こうした実態は、イスラーム国内部からもたらされた情報に基づいており、真実に近いと思われる。ヨーロッパの一流大学、軍事アカデミーで教育を受けた人材に加え、イスラーム主義思想に転向した旧イラク軍の将校が軍事指導者として参画している。旧イラク軍関係者は一切表に出ずに活動しており、カメラの前に登場した人物は一人もいない。

イスラーム国壊滅を目指す「有志連合」は、世界で最強の大国であり、最新鋭の兵器を有するアメリカにより率いられている。

「有志連合」は、「アラブ・イスラームとの連合」という体裁をとっている。イスラームで最も神聖な二つの聖地の奉仕者を最高指導者とするサウディアラビアの「有志連合」への参加は、イスラーム法上の正当性を演出している。こうした演出は、この戦争が何らかの成果をもたらすのではという期待を抱かせる。しかし戦争が長引けば、戦場における力関係は変化することになる。軍の諺に「地元民には、土地が味方につく」というものがある。

アメリカ主導の「有志連合」の中東地域における目標の達成は容易ではなく、その道は複雑である。大統領バラク・オバマはこの戦争を避けてきたが、世論と議会の圧力に負け、開戦せざるを得なくなった。

アメリカはイラクとアフガニスタンで勝利することができなかった。そしてリビアでの計画に失敗し、エジプトの事態に困惑している。イエメンでの「テロとの戦い」も功を奏さなかった。アルカーイダ壊滅に向けた戦いは今も終わっていない。アルカーイダが残した遺産は、アルカーイダよりさらに危険な存在となった。

アメリカ政府はかつて、パリでベトナム政府と交渉した。後に「ターリバーン運動」とも、アメリカ軍のアフガニスタン撤退から二年後、統治権に関し交渉せざるを得なくなった。では、アメリカがイスラーム国の「アラブ代表」や「ヨーロッパ代表」と、交渉せざるを得なくなる日は来るのであろうか？　私は、そのような日は来るのではないかと考える。イスラエルは「テロリストの首領」とみなしていたPLOのアラファト議長と交渉した。イギリスは「テロリスト」IRAと交渉した。

中東地域は今、根本的な転換点にある。失われるパワーがある一方で、別のパワーが台頭するだろう。国境線の一部は書き換えられ、新たな宗派対立に基づく内戦が起き、現在起きている内戦はさらに悪化するだろう。イスラーム国の存続を示す兆候が複数見受けられる。アメリカ国防長官、CIA長官を歴任したレオン・パネッタの予測では、これらの戦争は「三〇年間続く」という。

最も恐ろしいシナリオは、イスラーム国が化学兵器を所有することである。彼らは敵に対し化学兵器を使用することを躊躇《ためら》わないであろう。彼らに使用を思いとどまらせる理由はない。アサド政権のように、アメリカ軍の空爆を恐れてはいないのだ。失うものは彼らにはない。彼らはこれまで数千人を、斬首や爆弾で殺害してきた。アメリカ軍による空爆など重要ではないし、「覚醒評議会」との戦いも辞さない。彼らは、アラブや西欧諸国によって非難されることを恐れていない。彼らにとって「悪名」は「名声」であるからだ。

シリア、リビア、イラク国内には、化学兵器やその残骸が今も存在している。イスラーム国のメンバーにはイラク旧政権の専門家が含まれており、彼らが化学兵器製造に協力することも考えられる。アルカーイダはかつてアフガニスタンにおいて化学兵器を開発し、犬を使って実験していたことを忘れてはなるまい。

（完）

監訳者・解説

本書の著者アブドルバーリ・アトワーンは『アラビアンビジネス』誌の「最も力あるアラブ人一〇〇人」、『ミドルイーストマガジン』の「最も影響力のあるアラブ人五〇人」に選ばれたアラブを代表するジャーナリストの一人である。彼の名を一躍世界に高からしめたのは一九九六年にアフガニスタンに潜伏中のウサマ・ビンラーディンに対して行った単独インタビューであった。CNN、BBCの欧米主要メディアにも頻繁に出演し、幅広いアラブ情勢の解説者としても知られているが、『アルカーイダ秘史』(二〇〇六年)『ビンラーディン後の次世代アルカーイダ』(二〇一二年)などの著作があり、イスラーム主義武装闘争派に関しては文字通り他の追随を許さない世界的権威である。本書『イスラーム国』は、著者の長年にわたるイスラーム主義武装闘争派に関する取材の集大成であり、イスラーム国の解説書の決定版と目されるものである。本邦でもイスラーム国についてのにわか仕立ての解説書が数多く出版されているが、本書は盛り込まれた情報において質量共にそれらの類書を圧倒しているのみならず、分析の深さと視野の広さにおいても比較を絶している。

アトワーンは一九五〇年パレスチナのガザに生まれ。カイロ大学卒業後、リビア、サウディアラビアの新聞社に勤務したが、一九七八年イギリスのロンドンに移住し、一九八九年からはロンドン発行の汎アラブ・アラビア語日刊紙『クドス・アラビー』の編集主幹を務めたが、現在はロンドン発行のアラビア語紙『ラーイ・ヤウム』の主筆である。

アトワーンの長所は、まずアラブの代表的知識人でありながら欧米の文化を知り尽くし、アラブ・イスラーム世界の論理を欧米人にも理解可能な言語で語ることができる幅広い教養である。これは一見すると近代西欧の論理からは理解不能な狂気の沙汰とも思えるイスラーム国のような現象を読み解くには不可欠の資質である。

第二にアラブ社会主義の独裁者のサダム・フセインからもイスラーム主義の「テロリスト」のビンラディンからも信頼されるジャーナリストとしての不偏不党の中立性である。イスラーム国をめぐる言説の殆どが、敵対する立場からのプロパガンダである中で、価値評価を極力抑えたアトワーンの分析の客観性は際立っている。またアラブのみならず、欧米のメディアすらサウディアラビアの資本支配による言論統制をまぬがれていないが、アトワーンは独立であり、イスラーム国とサウディアラビアの関係を論じた第五章「パワーの源泉——ワッハーブ主義、サウディアラビア、アメリカとイスラーム国」は本書の白眉である。

アトワーンの第三の特質は、その抜群の取材力である。事実の取材を欠いた二次資料に基づく憶測のみによる陰謀論はアラブのジャーナリストたちの宿痾である。ところが本書は、アフガニスタンに潜伏中のビンラディンとの単独インタビューを初めとする、イスラーム国の前身であるアルカーイダやシリア、イラクのバアス党の幹部たちに対する長年にわたる取材に基づいているため、謎の多いイスラーム国について、選り抜かれた信頼すべき情報に則ったバランスのとれた説得力のある説明を与えることに成功していると言えよう。

『イスラーム国』は以下の一一章構成になる。

イスラーム国が「イスラーム国」を名乗るのは二〇一四年六月であるが、その直接の前身はイラク・イスラーム国であり、アメリカ軍の占領下のイラクに成立した。イラク・イスラーム国の人的系譜は直接的にはアフガニスタンでのジハードから帰国したザルカーウィーらのサラフィー

・ジハード主義者と、イラク戦争後にイスラーム化した旧サダム・フセイン政権の残党である。

本書はビン・ラディンらアルカーイダの中枢とザルカーウィーが当初から思想と戦略を異にしていたことが、第二章と第八章で詳述されている。

また序と第一章と第三章において、アメリカとの戦いの中で既にイスラーム化していたバアスメリカ軍の占領政策の失敗とシーア派政権によるスンナ派弾圧によりイラク・イス党の残党に接近していった過程が明らかにされ、神秘のベールにつつまれたイスラーム国の指導者アブー・バクル・バグダーディーについても、アメリカ軍の占領下で投獄された経験がイスラーム学者だった彼をジハード主義の活動家に変えていったことが、サッカー好きであったというような日常的なエピソードも交えて彼を個人的に知る者の証言によって活写されている。

イスラーム国の前史と現状の詳細については本文を読んでいただくとして、ここでは、本書の特徴と意義について簡単に纏《まと》めたい。

まず目を引くのは、本書の分析の視野の広さである。たとえば、イスラーム国の評価についてである。本書は、イスラーム国を事実上の国家と見るべきである、と述べている。ロレッタ・ナポリオーニの『イスラーム国　テロリストが国家をつくる時』も同様の立場であるが、本書は、同書と違い単に国家としての実体を備えているとの事実を指摘するだけでなく、既存の国家群からの承認によって国家と認められる国家と並んで、国境と領民と政府を有すれば、他の国家群からの承認がなくても国家と認められるとのモンテビデオ条約を引いて、イスラーム国を国家と認めるべきであると論じている点が出色である。アトワーンは、イスラエルを例に挙げ、国連を含めていかなる国家群にも国家を承認する独占的権利がないことを示しており、ムスリム諸国や国連などがイスラーム国を承認していないから、イスラーム国を国家とは呼べない、と断ずる自らのイデオロギー性に無自覚なナイーブな類書と違い、広い視野に立つことによって客観性を確保することに成功している。

現実の世界には、北キプロス・トルコ共和国のように、トルコ一か国からしか国家として承認されていなくとも存立している「国家」もあれば、ソマリランドのように、国連から承認されたソマリア連邦共和国が破綻国家化するなか、国際的にはどこからも国家承認をされていなくとも事実上、国家として機能している「国家」も存在する。そもそも国際的な国家承認を求めず、むしろ既存の国際秩序そのものに異を唱えるイスラーム国の特殊性を理解するには、先ず、アトワーンのように、広い視野に立ち客観的に、イスラーム国が「国家」であることを認めることが正しい出発点になるのである。

また今や人口に膾炙したかの感があるイスラーム国の残虐性、野蛮についても、本書は、それ[illegible]らの残虐な本性、狂気などに帰すことはなく、「第六章：野蛮さという戦略」、「第九章：野[illegible]された戦[illegible]て宣伝することの意味」の二章を割き、広い歴史的視野に立ち、意図的に選ばれ管理[illegible]心理戦とみなす。

アトワーンは二〇〇四年にアルカーイダの理論家アブー・バクル・ナージーが発表した『野蛮さのマネージメント[illegible]共同体が経験することになる最も危険な時代―』を引用し、サラフィー・ジハード主義者によると「野蛮さのマネージメント」は「イスラーム国家の建設」のために通るべき過程であると論じている。アトワーンが主宰する『ラアイ・ヤウム』二〇一五年七月一七日号によると、バグダーディーは、捕虜の斬首の映像がムスリム大衆や子供の拒絶反応を招くとの理由から、映像の公開を禁ずる命令を発している。このことも、イスラーム国の残虐性が野蛮な本性によるものではなく、カリフ制の実現という目的のために戦略的に計算されたものであること、逆に言うなら、残虐に振る舞う必要がないと判断されれば、いずれ消滅するものであることを示している。

またアトワーンは、ドナルド・デイトンの著書『集団虐殺と過剰な暴力の心理学』を引き、古くはローマ帝国のシーザーから、米軍の原爆投下、ベトナム戦争まで豊富な実例を挙げて、イスラーム国の残虐さを相対化する。

アトワーンは以下のようにむしろ野蛮は現代の特性であることを指摘する。

「苛烈な暴力は、政府による反体制運動弾圧という形でも用いられた。二〇世紀を通じ、様々な国の政府は、一億七〇〇〇万人の自国民を殺害した。うち六二〇〇万人はソ連国内で一九一七年から一九八七年の間に殺された。

二〇世紀は人類史上最も血塗られた世紀といわれたが、二一世紀は前世期を上回るようにも思われる。地域全体を巻き込む戦争が起き、殺害のための兵器はより進化している。」

カトリックの十字軍の残虐行為を述べ忘れることはないが、アトワーンの客観性は、西欧や現代を断罪するだけでなく、ウマイヤ朝やアッバース朝のみならず、初代正統カリフ・アブー・バクルが指揮した背教者戦争も残虐行為に数えており、預言者ムハンマドさえも例外とせず「ジハードは、七世紀以来合法的なものとされてきた。預言者ムハンマドは、イスラームの宣教と、多神教徒の制圧のために剣を用いた」と述べていることにも明らかである。

アトワーンは、イスラーム国の残虐性を歴史的に相対化するだけでなく、イスラーム国の暴力の直接の起源である英米兵によるアブー・グレイブ監獄などのイラク国内の監獄でのイラク人の囚人への拷問や殺害、二〇一一年三月二五日金曜にシリアのダルアーで政府治安部隊がデモに参加した市民七九名を殺害し五月二四日までに市民一〇〇〇人以上が殺害されたこと、二〇一三年四月のイラクのホウェイジャの町での平和的な座り込みを行ったスンナ派住民五〇人がイラク政府の治安部隊により殺害されたことなどへの言及も忘れない。

またアトワーンはイスラエルが中東における心理戦とプロパガンダのパイオニアでありパレスチナ人を恐怖に陥れるためにデイル・ヤーシーンなどで残虐な虐殺を行なったことを指摘するが、これはイスラーム国によるヤズィーディー教徒の扱いを考える上で示唆的である。デイル・ヤーシーンの虐殺とは一九四八年四月にイスラエルがアラブ人のデイル・ヤーシーン村を襲い女子供を含む百人以上の住民を殺害した事件で、噂を聞いてパニック状態に陥った数十万のアラブ人がイスラエルから逃げ出し難民化したと言われている。

イスラーム国の襲来にパニック状態に陥ったシンジャルの数万人のヤズィーディー教徒は町を捨てて逃亡したのは、イスラーム国の残虐性が喧伝されていたせいであるが、後になってイスラーム国は数百人単位の老人や子供などのヤズィーディー教徒の捕虜を釈放しており、実際には目的はヤズィーディー教徒の殲滅ではなく追放であり、デイル・ヤーシーン事件を参考にしたように思われる。

またワッハーブ派とサウディアラビアがイスラーム国の力の源泉であることを指摘した第五章も出色である。重要なのは、サウディアラビアの諜報機関の長であったバンダル・ブン・スルターンが、サウディアラビアから私的な寄付金がイスラーム国へ流れるのを黙認し、その責任を問われて二〇一四年四月に解任された、二〇〇七年当時イラク国内で活動していた外国人戦闘員の四五%がサウディ人であり、イスラーム国に多数のサウディ人が参加している、などの治安情報ではない。イスラーム国の力の基盤がサウディアラビアのワッハーブ派を中核とする世界に広がるサラフィー主義者のネットワークであること、しかしサウディ王家の目的は王家の存続であり、ワッハーブ派の対外支援もそのためであること、そして豊富な石油収入を背景に、イスラーム世界の政府、イスラーム団体、メディアだけでなく、欧米の政府やメディアに対してもその事実の隠蔽工作をしてきたことの指摘が本書の特色なのである。

本書はサウディアラビアの建国にまでさかのぼって、イスラーム国とサウディアラビアの深い関係を詳細に解き明かす。サウディアラビアとは、一八世紀にサウディ王家の祖であるムハンマド・ブン・サウードがワッハーブ派の名祖ムハンマド・ブン・アブドルワッハーブの教えを奉じて樹立した宣教国家であるが、イスラーム国もまた自らを「一八世紀にムハンマド・ビンアブドルワッハーブが示した道を忠実に歩む唯一の存在」と称し、サウディアラビアの王族を「宗教から逸脱した一族であり、殺害されなければならない」としており、二〇一四年七月インターネット上で行われたアンケート調査は九二%のサウディアラビア人が「イスラーム国はシャリーア(イスラーム聖法に従い、正しいイスラームを体現している」と答えている。一七九〇年イブン・サウードはメッカとマディーナを除くアラビア半島の大半を支配下におき、一八〇一年イラクのシーア派の聖都カルバラーを攻撃し、五〇〇〇人のシーア派を殺害し女性を捕虜とした。そしてシーア派の殺害、聖廟の破壊など、実のところ、ワッハーブ派とイスラーム国の思想は基本的に同じであり、現在のイスラーム国の行為の多くは、ワッハーブ派がかつて行ったことの繰り返しに過ぎない。

「『ワッハーブ派』という名は知られていたにも関わらず、サウディアラビアの指導部とウラマーは『ワッハーブ派』を自称せず、単に『ムスリム』と自称した。」「サウディアラビアは、自国の王を『全てのムスリムの指導者』(守護者)という見方をしている。」とアトワーンが述べていることは重要である。

つまりサウディアラビアは自分たちワッハーブ派こそがムスリムであり、それゆえサウディアラビア国王こそが世界中のムスリムの指導者、カリフだと考えている。しかしそれを明言せず資金力を背景に政治家やメディアをコントロールすることで曖昧にしたまま、ワッハーブ派の思想を世界に広めることによって、イスラーム世界の覇権を握ろうとの世界戦略を有している。つまりワッハーブ派と同じ思想を有するイスラーム国はそのライバルであるが、自分たちがワッハーブ派であることを隠蔽しているために、ワッハーブ派に対してはワッハーブ派の教義に基づく正当性を証明しつつ、国際社会に対してはイスラーム国との同一視されることを避けるためにワッハーブ派的側面を隠さなければならない、との極めて困難な立場に立たされているのである。

アトワーンは、「絶望的な状況下においては、陰謀論や、反西欧感情が噴出する」と述べており、イスラーム国を、欧米がイスラーム世界を分裂、弱体化させて支配、搾取するために作りだした傀儡である、といった陰謀論を拒否し、あくまでもイスラーム世界の現象として内在的に理解しようとする。それは一八世紀に生まれたワッハーブ派に遡る厳格なスンナ派イスラーム国家樹立運動の系譜を引き、直接的にはアルカーイダの人的系譜に連なり、「アラブの春」の失敗の社会状況から生まれた。アトワーンは言う。

「イスラーム国の旗を掲げる行為は、宗教的メッセージを掲げる目的よりも、政治、社会、文化に関する意見を表明するために掲げられるようになった。

イスラーム国の厳格なイデオロギーと過剰な武力は、数十年にわたって繰り返されてきたものと変わらない。イスラーム国が発する語句は、イスラーム世界、西欧においても聞き慣れたものとなった。

『アラブの春』の後も、イスラーム世界の状況は何も変わらなかった。このことは、イスラーム国が自らの思想を広めるために役立った。ムスリムたちは、『アラブの春』の失敗、特にエジプトにおける失敗を目の当たりにした。民主化のプロセスが軍事クーデターによって奪われ、合法的に選ばれたイスラーム主義者の大統領ムハンマド・モルシーが失脚した。世俗的な革命が混乱だけを引き起こし、腐敗は継続し、不正が蔓延した。（略）

厳格なイスラーム主義者は、西欧、民主主義、リベラリズム、世俗主義を拒否している。過激な暴力は、アラブ世界、西欧世界に新たな若者文化を生んだ。西欧の大都市圏のムスリムの若者は、疎外と差別に悩んでいる。こうした状況下に住む若者にとり、ジハードに参加することは、ギャングに参加できたのと同じような快感をもたらす。ギャングへの参加と異なるのは、彼らが、共通の思想、目的、地位を持ち、戦闘の準備を整えた『同胞たちの社会』に入っていく点である。西欧に住む悩める若者は、これによりコンプレックスから解放される。

ビデオゲームや映画、SNSなどに支配された世界に暮らす人々は、日常的なものに満足しなくなり、心を満たすために非日常的な何かを求めるようになる。戦車に乗り、カラシニコフ銃を持って馬に跨り、五回の礼拝を欠かさない長髪のジハード戦士の姿、ジハードを呼びかける歌、大義のために命を捧げ、戦闘で勇敢に戦う行為は、こうした人々を刺激した。そして何よりインパクトがあったのは、イスラーム国の『成功』である。」

アトワーンは、イスラーム国の発生をイスラーム世界に内在的なものと捉えている。また外国人義勇兵について論じる「第七章：イスラーム国の外国人戦闘員」においても、ホームグロウン・テロに関心が偏った欧米や日本の類書と異なり、彼自身がロンドン在住であり、ヨーロッパのムスリムコミュニティーへの目配りも忘れていないが、イスラーム国にとってより本質的に重要なサウディアラビアや北アフリカなどからの義勇兵についての記述に主眼が置かれている。

しかしイスラーム国をまずイスラーム世界の文脈におこうとのアトワーンの姿勢は、彼が欧米の影響について無知である、あるいはそれを過小評価しているからではない。アトワーンは、共産主義との戦いの中で、ムスリムを利用したアフガニスタン戦争におけるムジャーヒディーンの支援、石油利権をめぐるサウディアラビアとの癒着によるサウディアラビアのアルカーイダ支援の黙認のような、イラクを宗派対立に導いたアメリカの杜撰《ずさん》なイラク戦争の戦後処理など、イスラーム国が生まれるに至った直接の原因となるような自己の利害打算のみに基づく欧米の場当たり的な対イスラーム政策を詳述しているだけでない。「第十章：西欧とイスラーム――危険なゲーム」の冒頭で、ロシア、フランスとの対抗上オスマン帝国と四〇〇年にわたって友好関係を築いた英国外交までをも視野に収め、欧米の外交と「国際関係」が徹頭徹尾国益によるものであり、利用できさえすれば「カリフ」とでさえ同盟を結びうることを述べていることは、西欧の民主主義、民族主義、人権思想も、イスラームのカリフ制といった理念なども全て、国際関係の力学の中では相対化され、どのようにでも取り扱われうるとの、アトワーンの客観性、醒《さ》めたリアリズムをよく示している。

以上、本書の特徴について述べてきたが、一言で纏《まと》めると、本書は、単にイスラーム国についての知識を得るために最も優れた研究であるだけでなく、イスラーム国をいかに理解すればよいのかを学ぶ最高の書、ということになる。イスラーム国は、領域と領民に主権的実効支配を及ぼしており、我々が国家と呼ぶべき実体を備えているが、他の国からの国家承認を求めているわけではなく、逆に既存の国際秩序そのものを否定しそれに挑戦している点において、北キプロス・トルコ共和国やソマリランドなどのような、国際的な国家承認を受けていない事実上の国家とも根本的に異なっている。

自由、人権、民主主義、民族自決、政教分離などといった領域国民国家システムが前提とするような近代西欧的理念を、いったんすべて括弧に入れ相対化しない限り、イスラーム国は理解不能な狂気の集団に映ることになる。しかし、アトワーンは、世界の諸文明の歴史に関する該博な学識と、アラブの要人たちから反体制イスラーム武装闘争派の指導者たちに至るまでの幅広い人的ネットワークを駆使した豊富な取材体験に基づき、イデオロギーを排して事実を客観的に伝えるジャーナリストとしての類稀《たぐいまれ》な才により、イスラーム国の成立と行動を理解可能なものとして描き出すことに成功している。

第二次世界大戦直後、アメリカは経済的に世界の富の約半分を占め、軍事的にも核兵器も独占する超大国であり、アジアアフリカ諸国の多くは未だに植民地であり、欧米の覇権はゆるぎなかった。しかし、今日、アメリカはいまなお世界一の超大国ではあるが、経済的にも軍事的にも不可逆的な凋落傾向にあり、かつての植民地は独立を果たし、中国、インドをはじめ急速な経済発展を遂げており、世界規模での欧米の覇権はもはや失われており、それに伴い、欧米の世界統治の枠組みであった領域国民国家システムも綻《ほころ》びが目立ち始めている。

欧米、特にアメリカはなおかつての覇権国として、世界に大きな影響を及ぼしているが、もはや欧米には世界を思うままに動かす力はない。日本もまた、欧米だけを見ていればよい時代は既に終わったことに気付くべき時を迎えている。

半世紀以上前、日本の比較文明学者梅棹忠夫《うめさおただお》は「文明の生態史観」(一九五七年)において、「地中海・イスラーム世界をおおう、新しい「巨大帝国」の再建」を予言していた。梅棹によると、古代以来西欧と日本を除く旧世界には中国世界、インド世界、ロシア世界、地中海・イスラーム世界、という四つの自己完結的な単位があり、近世になってそれが清帝国、ムガル帝国、ロシア帝国、トルコ帝国においてその構造が完成したとし、「植民地主義者のつごうからつくられた」「たいして根拠のあるものではない」「こまかな国境わり」を超えて「おのおのの『世界』の再建」の過程にある。ロシア・ブロックがまず、革命による厚生策に成功する。中国、インドも着々と効果をおさめつつあるが、四つのうち、いちばん事態がおくれているのが、地中海・イスラーム世界であった。梅棹の予言は見事に実現し、中国、インド、ロシアは、欧米の政治的・経済的覇権を脱し、文明圏としての独自性の主張を強めつつある。そして梅棹によって再建が最も遅れていると指摘された「地中海・イスラーム世界」がようやく再建に向けて歩み始めたのであり、イスラーム国の成立はその過程の一環と捉えるべきなのである。

欧米による覇権の終わり、真のグローバリゼーションの時代にあって、もはや日本人も欧米だけを見ているだけでは、生き残りも覚束ない。これからは欧米の世界観の枠組を当てはめるのではなく、中国、ロシア、インド、イスラーム世界の文明をその固有性において理解することが求められる。その中で歴史的、地理的に日本から最も遠く理解が困難であるのがイスラーム世界である。そして、政治的、文化的に欧米の覇権に真っ向から挑戦するイスラーム国は、我々日本人のイスラーム理解が問われる試金石であり、比較文明論の該博《がいはく》な知識とジャーナリストの客観性を兼ね備えた著者の手になる本書は、イスラーム国の出現と言う世界史的出来事を読み解く格好の入門書と言えるであろう。

中田考

〈写真版権・帰属一覧〉

P 53	アブー・バクル・バグダーディー―ウィキコモンズ
P 57	アブー・ムハンマド・アドナーニー・シャーミー―ウィキコモンズ
P 60	ヌーリー・マーリキー、フアード・マアスーム、ハイダル・アバーディー―ウィキコモンズ
P 63	バラク・オバマ、フランソワ・オランド―You Tube
P 87	アブー・バクル・バグダーディー―You Tube
P 91	アイマン・ザワーヒリー―ウィキコモンズ
P 97	アブー・ムスアブ・ザルカーウィー―ウィキコモンズ
P 107	サッダーム・フセイン、アフマド・ハサン・バクル、ハーフィズ・アサド、バッシャール・アサド―ウィキコモンズ
P 108	ムハンマド・ホスニ・ムバーラク―ウィキコモンズ
P 120	ナーセル・ウハイシー―ウィキコモンズ
P 121	ドローン―ウィキコモンズ
P 127	アンワル・アウラキー―ウィキコモンズ
P 128	雑誌『インスパイア』―ウィキコモンズ
P 129	サマンサ・ルースウェイト―ウィキコモンズ
P 130	アルカーイダの黒旗―ウィキコモンズ
P 132	中東諸国における「アラブの春」のデモ活動―ウィキコモンズ
P 139	アブドッラー・アッザーム―ウィキコモンズ
P 140	イラクのスンニ・トライアングル―ウィキコモンズ
P 143	ムクタダ・サドル―ウィキコモンズ
P 149	アーヤトッラー・バーキル・ハキーム―ウィキコモンズ
P 151	アブー・アイユーブ・ミスリー―ウィキコモンズ
P 152	デヴィッド・ペトレイアス―ウィキコモンズ
P 157	イヤード・アッラーウィー―ウィキコモンズ
P 167	ターリク・アズィーズ―ウィキコモンズ
P 169	イッザト・ドウリー―ウィキコモンズ
P 175	アニーサ・マフルーフ―ウィキコモンズ
P 176	アスマー・アフラス―ウィキコモンズ
P 179	リファアト・アサド―ウィキコモンズ
P 185	マーク・サイクス、ジョルジュ・ピコ―ウィキコモンズ
P 195	ムアンマル・カッザーフィー、アリー・サーレフ―ウィキコモンズ
P 201	サウード・ファイサル―ウィキコモンズ

P 204　アブドルファッターハ・シーシ―ウィキコモンズ
P 205　ムハンマド・モルシー―ウィキコモンズ
P 206　ハサン・ロウハーニ―ウィキコモンズ
P 207　ムアーズ・ハティーブ―ウィキコモンズ
P 210　ユーセフ・カラダーウィー―ウィキコモンズ
P 213　イマーム・ムハンマド・ブン・アブドルワッハーブ―ウィキコモンズ
P 214　タキーユッディーン・イブン・タイミーヤ―ウィキコモンズ
P 220　アブドルアズィーズ・イブン・アブドッラフマーン・アール・サウード―ウィキコモンズ
P 221　シャリーフ・フサイン（＝フサイン・ブン・アーリー）―ウィキコモンズ
P 222　バンダル・ビンスルターン―ウィキコモンズ
P 224　ジュハイマーン・ウタイビー―ウィキコモンズ
P 227　フランクリン・ルーズベルト―ウィキコモンズ
P 229　ファイサル・ビン・アブドルアズィーズ・アール・サウード―ウィキコモンズ
P 230　モハンマド・レザー・シャー・パフラヴィー―ウィキコモンズ
P 232　ファハド・ビン・アブドルアズィーズ―ウィキコモンズ
P 234　アブドッラー・ビン・アブドゥルアズィーズ―ウィキコモンズ
P 245　ジャマール・アブドンナーセル―ウィキコモンズ
P 246　ウンム・クルスーム、アブドルハリーム・ハーフィズ―ウィキコモンズ
P 249　サルマーン王子―ウィキコモンズ
P 258　ウルバヌス2世―ウィキコモンズ
P 259　レイモン・ド・サンジャル―ウィキコモンズ
P 268　アリー・ハサン・アブドルマジード、スルターン・ハーシム―ウィキコモンズ
P 293　ウマル・ムフタール―ウィキコモンズ
P 331　イスラーム国の機関紙『ダービク』―ウィキコモンズ
P 343　フサイン・ブン・アーリー―ウィキコモンズ
P 344　トーマス・エドワード・ロレンス―ウィキコモンズ
P 349　ブルハーンディーン・ラッバーニ―ウィキコモンズ
P 351　ハフィーズッラー・アミーン、ムハンマド・タラーキー―ウィキコモンズ
P 352　マーガレット・サッチャー、ペルヴェーズ・ムシャラフ―ウィキコモンズ
P 367　レジェップ・タイイップ・エルドアン―ウィキコモンズ

〈訳者略歴〉

春日 雄宇
（かすが ゆう）

1980年新潟県生まれ。
中央大学文学部卒業。日本史学専攻。同大在学中の2001年、国立ダマスカス大学（シリア・アラブ共和国）に1年間留学。2004年からシリアの首都ダマスカスに在住。現地の商社に勤務し、日本と中東諸国（主にイラク・カタール）間の貿易に携わるかたわら、日本のテレビ局、新聞の中東取材のリサーチ・通訳・コーディネートを多数担当。2014年日本に帰国、同年JAPAN ARAB ENTERPRISE(リサーチ・コンサルタント・翻訳業)を設立。

〈監訳者略歴〉

中田 考
（なかた こう）

1960年岡山県生まれ。
東京大学大学院人文科学研究科修士課程修了。カイロ大学大学院文学部哲学科博士課程修了、博士号取得。同志社大学高等研究教育機構客員教授。専門はイスラーム法学・神学。1986年在サウディアラビア日本国大使館専門調査員、山口大学教育学部助教授を経て、2003年から2011年まで同志社大学神学部教授。2011年よりアフガニスタン平和開発研究センター客員上級研究員。著書に『イスラーム 生と死と聖戦』（集英社新書）『カリフ制再興』（書肆心水）『私はなぜイスラーム教徒になったのか』（太田出版）『日亜対訳クルアーン』監修（作品社）など。

〈著者略歴〉

アブドルバーリ・アトワーン
(Abdel Bari Atwan)


1950年パレスチナ、ガザ生まれ。

作家・ジャーナリスト。

ロンドンに本拠を置く新聞『クドス・アラビー』編集長を25年間務めた後、現在、アラブ初の『ハフィントン・ポスト』型ニュースサイト、『ラーイ・アルヤウム』編集長。イギリスの新聞『ガーディアン』『スコティッシュ・ヘラルド』紙等に寄稿するほか、BBCのニュース番組「デートライン・ロンドン」にレギュラー出演するなど、そのメディア活動は多岐にわたる。1990年代後半にウサーマ・ビンラーディンの単独インタビューに成功するなど、「アルカーイダ」系諸組織、「イスラーム国」等のジハード主義組織に幅広い情報源を持ち、常に独自の取材を行なってきた。著書に『アルカーイダ秘史』『ビンラーディン後の次世代アルカーイダ』、また回想録に『言葉で紡ぐ祖国—難民キャンプから新聞の第一面に至る、あるパレスチナ人の旅路』など。

公式サイト：http://www.bariatwan.com

イスラーム国《こく》

2015年8月31日　第1刷発行

著　者　アブドルバーリ・アトワーン
翻　訳　春日雄宇《かすがゆう》
監　訳　中田　考《なかたこう》

発行者　舘　孝太郎

装　丁　刈谷紀子(P-2hands)
デザイン　高木巳寛(P-2hands)
図版作成　石川実和

発行所　株式会社集英社インターナショナル
〒101-0064 東京都千代田区猿楽町1-5-18
電話　03-5211-2632

発売所　株式会社集英社
〒101-8050 東京都千代田区一ツ橋2-5-10
電話　読者係 03-3230-6080
販売部 03-3230-6393(書店専用)

印刷所　図書印刷株式会社

製本所　株式会社ブックアート

Printed in Japan
ISBN978-4-7976-7298-5 C0014